安康
古代教育史略

主　编 ◎ 刘勇先
副主编 ◎ 年　静　郭　斌　王典根　沙忠平

中山大学出版社
SUN YAT-SEN UNIVERSITY PRESS
·广州·

版权所有 翻印必究

图书在版编目（CIP）数据

安康古代教育史略/刘勇先主编．—广州：中山大学出版社，2014.12
ISBN 978 - 7 - 306 - 05140 - 0

Ⅰ.①安… Ⅱ.①刘… Ⅲ.①教育史—安康市—古代 Ⅳ.①G527.413

中国版本图书馆 CIP 数据核字（2014）第 304379 号

出版人：徐 劲
策划编辑：吕肖剑
责任编辑：陈 芳 高 洵
封面设计：世图文化
责任校对：廉 锋
责任技编：何雅涛
出版发行：中山大学出版社
电　　话：编辑部 020 - 84111996，84113349，84111997，84110779
　　　　　发行部 020 - 84111998，84111981，84111160
地　　址：广州市新港西路 135 号
邮　　编：510275　传　真：020 - 84036565
网　　址：http：//www.zsup.com.cn　E-mail：zdcbs@ mail.sysu.edu.cn
印 刷 者：广州中大印刷有限公司
规　　格：787mm×1092mm　1/16　15 印张　300 千字
版次印次：2014 年 12 月第 1 版　2014 年 12 月第 1 次印刷
定　　价：32.80 元

如发现本书因印装质量影响阅读，请与出版社发行部联系调换

安康文庙　　　　　　　　　　　清代文庙前的下马石碑

2012年在安康文庙重修时出土，　　2012年安师重修时出土，现藏于安康历史博物馆
现藏于安康历史博物馆

汉阴县文庙

邮票上的古代书院

民国三十六年（1947）汉阴县县长兼校长王肇基题写的校名碑

旬阳县文庙

明成化十四年（1478）重修洵阳县（今旬阳县）庙学记（原碑及拓片）

清末兴安府（安康）保留的明代所建老城墙一段

明嘉靖三年（1524）　　　明嘉靖三十七年（1558）　　明嘉靖三十七年（1558）重修
重修洵阳县庙学记　　　重修洵阳县庙学记（正面拓片）　洵阳县庙学记（拓片）

明万历十八年（1590）重修　明万历十八年（1590）重修　明万历四十四年（1616）
洵阳县庙学记（原碑）　　洵阳县庙学记（拓片）　　　重修洵阳庙学记

明万历三十三年（1605）洵阳县重修儒学创建坊牌、奎星楼记碑（正面、北面拓片）

清乾隆四十一年丙申（1776），洵阳县重修文庙棂星门及补葺照壁墙垣新开泮池建敬一亭（碑记及拓片）

清道光三年（1823）洵阳县文庙大成殿重建碑记及其北面拓片

清同治四年（1865）洵阳县重修文庙碑记及其正面拓片

清道光十三年（1833）重修汉阴县文庙碑记

清光绪三年（1877）动工修建的"唐氏祠堂"，位于紫阳县高桥镇龙潭村，曾为私塾教育场所

宁陕县四亩地义学遗址

陕西省督军府（省政府）秘书长张孝慈题安中树人楼碑碣

清康熙二十四年（1685）奉御制匾额"万世师表"恭悬文庙大成殿内

1935年陕西省立安康中学新建树人楼照片

清道光元年辛巳科（1821）举人张鹏飞笔迹

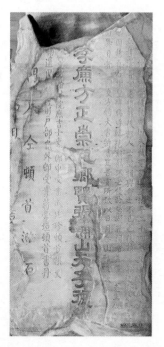

清咸丰四年（1854）张鹏飞逝世，他的学生进士武廷珍、蒋常垣给他树碑"清拣选知县四川候补直隶州州判孝廉方正崇祀乡贤张补山夫子德政碑"（张鹏飞，字补山）

清道光十七年（1837），举人张鹏飞创建"来鹿堂"木刻雕版印书社牌匾

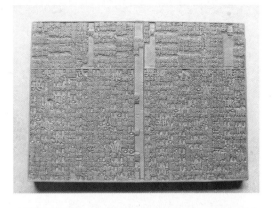

"来鹿堂"遗址（今安康新城路 111 号）　　"来鹿堂"雕版《诗韵集成》卷三之一（双面刻字）

清道光元年辛巳科（1821）举人张鹏飞笔迹

目 录

序 ……………………………………………………………………… (1)

前　言 ………………………………………………………………… (1)

引言　源远流长的汉水文化 ………………………………………… (1)

第一编　安康市简介 ………………………………………………… (4)
    第一节　安康史志的沿革 ………………………………………… (4)
    第二节　安康市地理环境 ………………………………………… (5)

第二编　安康的古代教育 …………………………………………… (7)
    第一节　《兴安州志》之《学校志》、《选举志》 ……………… (7)
    第二节　《重续兴安府志》之《学校志》、《书院志》、《选举志》 …… (26)

第三编　府县重视教育的部分官员 ………………………………… (65)

第四编　安康市各区县有关教育方面的部分碑版遗存 …………… (104)

第五编　安康地区各县县志关于教育事业的记载 ………………… (147)
    第一节　关于教育事业的记载 …………………………………… (147)
    第二节　反对溺毙女婴的《育婴会碑》 ………………………… (162)
    第三节　各县创办女子学校 ……………………………………… (163)

第六编　安康民间教育的发展 ……………………………………… (165)
    第一节　教育经费的来源 ………………………………………… (165)
    第二节　政府及开明士绅办义学 ………………………………… (171)
    第三节　民间自发成立联合奖学金董事会 ……………………… (174)
    第四节　张鹏飞创建的"来鹿堂"木刻雕版印刷社 …………… (175)

第七编　安康元明清进士名录 ………………………………………(176)

附录：刘勇先有关专题文稿8篇 ………………………………………(193)

　　对安康清代两名"进士"的初探 …………………………………(193)

　　汉阴为什么人才辈出 ………………………………………………(196)

　　两府道台张成勋《奏折抄存》的价值 ……………………………(200)

　　安康历史长河中一颗灿烂的文星

　　　　——清嘉道咸年间教育家、出版家张鹏飞 …………………(204)

　　从容瞻气度　峻清见精神

　　　　——跨越晚清、民国、中华人民共和国成立后三个时期的陕南地方

　　　　　名人张孝慈 …………………………………………………(207)

　　陈树藩与和珅的淑春园、燕京大学校长司徒雷登的瓜葛 ………(212)

　　《建修仙峰书院碑记》及紫阳县"官员薪俸单"表明清代重视偏远

　　　　山区教育 ………………………………………………………(217)

　　清代"民人"刘洪春捐资兴学碑被发现 …………………………(220)

后　记 …………………………………………………………………(223)

序

人类社会发展的历史表明，教育对每个国家和民族的发展都至关重要。作为一个人口众多的发展中国家，把发展教育摆在更加突出的位置对我们而言尤为必要。只有办一流教育，出一流人才，才能建设一流国家。对于发展中的安康来说，把教育当成头等大事是全市各级领导义不容辞的神圣职责，也是全市人民的企盼。有了一批建设安康的一流人才，才能为安康的经济社会和文化事业大踏步前进奠定坚实的基础。

安康市老年科技工作者协会会员、年近八旬的作家刘勇先生，带领年静、郭斌、王典根、沙忠平4名年轻人，历时两年编写了一部《安康古代教育史略》。他们把散见于本地区的一些古代史志、碑板，以及现代报刊中有关安康教育的零星资料，加以梳理、订正，辑录成书，呈现了安康古代教育的一个简略的轮廓。当代的读者可借此知晓安康地区古代先贤"治国以教化为先，教化以学校为本"的为政理念，了解他们对本地教育发展、文化传承及社会文明进步所做出的贡献。安康地区山清水秀、人杰地灵，是古老的文明之乡。当前，我们正在建设绿色安康、和谐安康、富裕安康，相信《安康古代教育史略》的出版，会给我们安康这方热土增艳添彩。

刘先生是山东人，20世纪轰轰烈烈的水利工程建设使他与安康结缘。他热爱安康，对安康文化教育史的研究及文史资料的保护倾注了极大的热情。2011年12月，他以老科协会员的身份就保护"来鹿堂"木刻雕版印书社问题，致信时任中共安康市委书记的方玮峰同志："来鹿堂"遗址在安康市新城路111号，仍有11间房和一通石碑，它是安康文明城市的象征，应加以保护。该问题得到了方玮峰书记的首肯和批示：把"来鹿堂"作为安康市文物保护单位。

2013年5月，刘先生等在安康市汉滨区新城办木竹桥村9号（东药王殿梁）一居民院内发现一通"民人"刘洪春捐入兴贤学社田地房屋自记碑，碑阳面为安康县知县焦云龙批示，阴刻楷书；碑阴面刻绘有文约及所捐房地产位置略图。刘先生鉴于安康文庙原有的元代至清代的15通石碑被散遗的事实，随即建议安康市有关单位把这通石碑征集到修缮后的安康文庙院内，妥为保藏。

社会的文明进步离不开教育，安康古代教育在与历史发展的同步进程中，也曾有过辉煌。据《兴安州志》、《重续兴安府志》记载，明清时兴安府（兴安府即现在的安康市）境内10县共有11座书院，各县还有县学、兴贤学舍，民间贤达还出资兴建不少义学，晚清时仅安康县城乡就办有16所义学。官办的书院和学校都配有学田，给贫寒学子提供伙食、卷墨印红杂费。各县城乡一些较富裕的人家自愿出资组成"助学基金联合会"，资助贫困学生和奖励优秀刻苦的学子。兴安府一时向学成风。当时，汉阴仅仅是陕南一个山区小县，没有巨商大贾，也没有丰富的矿产资源，是典型的农业县。其人口，有史可查的是清嘉庆二十三年（1818），全县有18900户，121660人。但就是在这个人口不多、以农业为主的偏远山区小穷县里，仅明、清两朝，就出过王应泰、茹金、温予巽、胡印远、谢化南、张成勋等21名进士，占总人口的0.18‰。这是科举时代安康教育的奇迹。

为了让教育发展的历史星光辉耀当代，并发挥其史鉴作用，刘勇先生坚持数年，多方索骥安康地方史志，广泛踏勘安康古代教育遗存，把安康古代可圈可点的教育史实、文教先贤、科举士子精炼出来，献给广大读者，这是安康教育的一件幸事。

党的十八大对我国的教育发展提出总体目标——努力办好人民满意的教育，并特别指出教育是民族振兴和社会进步的基石，必须摆在优先发展的战略地位。有好的教育制度，才有好的教育；要真正办好教育，还必须有好的教师。我们安康市有3万余名教育工作者，他们长期以来兢兢业业，默默耕耘，不计名利，甘为人梯，培养了一批又一批优秀人才，为安康市的教育事业和现代化建设做出了不可磨灭的贡献。尊师重教是社会文明进步的体现。各级政府都要满腔热忱地支持和关心教育工作，积极改善教师的工作和生活条件，吸引更多优秀人才长期从教、终身从教；要认真落实教师绩效工资等政策措施，制定和完善教师医疗养老等社会保障政策和住房优惠政策，依法保证教师平均工资水平不低于或者高于国家公务员的平均工资水平并逐步提高；要大力宣传教育战线的先进事迹，让尊师重教蔚然成风，让教师成为全社会最受人尊敬、最值得羡慕的职业之一。

强国必强教，强国先强教。办好人民满意的教育任重而道远。我们要在以习近平总书记为核心的党中央领导下，以邓小平理论和"三个代表"重要思想为指导，深入贯彻落实科学发展观，解放思想，开拓创新，锐意进取，扎实工作，努力开创安康市教育事业改革和发展的新局面。

《安康古代教育史略》一书不仅让我们了解了安康先贤是如何重视教育的，更鞭策我们秉承先贤风范，再创教育辉煌。这部书的发行是很有价值的，故此，我乐于为此书作序，也借此感谢一位"异乡客"、一位文化老人对安康教育的极大关注。

安康市老科教工作者协会会长
原安康市政协主席
陈安生

前　言

　　退休之后的十几年间，我在写作中零零星星接触了不少安康地区古代教育的资料。明清时期在兴安府（今安康市）任职的知府、知县或通判大多是进士、举人等社会精英和饱学之士（古代是异地做官，官员来自外省）。这些人不但把经济、文化发达地区的行政管理经验带进安康，而且更重要的是他们重视教育，带来了各地好的教育经验，重修文庙，尊崇孔子，设学田、书院田、印红田、状元田，扶助贫困学子。他们还和开明士绅一起办义学。义学是由官绅私人捐资，照顾贫寒子弟的免费学校。我们还惊奇地发现，汉阴这个山区小县，明清时期人口只有12万多，但金榜题名的进士竟有21名，这在全国是少见的。民国时期，民间自发成立联合奖学金董事会奖励优秀刻苦的学生，但会对领受奖金的学生进行考核，其学业、操行、体育成绩每学期逐渐降低者减发奖金。有的普通百姓也热心助学，史载光绪十二年（1886），安康县"民人"刘洪春把自己的一些房屋、土地捐给"兴贤学舍"。

　　让我最感慨的一件事，就是晚清和民国时期安康地区各县创办了女子学校，从教育入手，与重男轻女之恶俗做斗争。

　　更值得一提的是，安康地区古代一些有识之士，对民间重男轻女、随便溺毙女婴的习俗深恶痛绝。他们为民族的兴旺发展考虑，自发制定了乡规民约。安康市紫阳县瓦房店有一通《育婴会碑》。该碑是清代同治八年（1869）立石，记载了由紫阳县监生熊中立倡议，并得到县令孔广晋的支持成立育婴会的过程。育婴会针对当时乡间重男轻女、溺杀女婴的恶俗，大声疾呼"共襄义举，勿戕生命"，"倘有溺毙女婴，准即公同禀究，治以故杀子女罪"。我只在当地史志上看到过有关此事的简单记载，并没有《育婴会碑》的图片及实物。安康市教研室蒲耀才副主任及安康市广电局丁珂同志费尽周折，终于帮我在紫阳县城西南十里瓦房店乾隆年间兴建的西北5省6馆17家商会院内找到了《育婴会碑》。这是全国少见的石碑，史料价值、文物价值颇高。

另外，我们还发现一些关于教育方面的地方史料记载有讹误，有对其订正的必要，因此，产生编撰一部《安康古代教育史略》的冲动。后来又得到年静、郭斌、王典根、沙忠平4位年轻人的大力协助，这本书才得以形成初稿。由于我们手头的资料有限，编写这本书可谓简而又简、略而又略。不足之处，还望方家指正。

引言　源远流长的汉水文化

陕南安康地区古代教育的发展，以该地区古文明及原始经济的存在及发展为基础。

1985年，安康地区紫阳县汉城乡马家营遗址出土了一块直径56.8厘米的多窝石器（图1），似五角形，一面较平，上有42个大小不等的磨窝，呈圆形，磨窝最大的直径7.2厘米，最小的直径1.6厘米，深0.4厘米，背面呈龟背形状，压在一个圆口袋状灰坑上面，坑内残存火迹和动物骨头。这

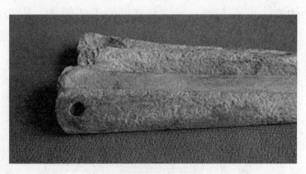

图1

是新石器时期李家村文化类型的器物，有的专家认为它与原始祭祀有关，但都没为它命名。这件多窝形石器不论名称及用途如何，笔者认为它是古安康地区文明的象征。

陕南安康地区于1958、1978、1981、1983、1986、1988、1989、1990年8次对境内进行考古挖掘，发现旧石器遗址1处，新石器文化（含仰韶文化半坡类型、庙底沟类型）遗址39处。在新石器遗址——安康县五里乡柳家河遗址、花园乡柏树陵遗址、四合乡张家坝遗址、建设乡王家碥遗址，出土有仰韶文化半坡类型、庙底沟类型的细泥红陶、夹砂粗陶、泥质灰陶、宽带纹陶等，可辨认的器形有尖底瓶、圜底钵、盆、罐、瓮、

图2

纺轮、网坠等，生产工具有通体磨光的石斧、石铲、叶形小刀、骨针等；在旬阳县李家那遗址、汉阴县阮家坝遗址、石泉县好汉坡遗址、岚皋县萧家坝遗址、白河县张家庄遗址、平利县八里岗遗址、紫阳县马家营遗址等，出土有绳纹陶器残片，陶质松脆，火候不高，器壁较薄，陶器有深腹平底罐、瓮、杯、平底钵、圈足碗、纺轮、锉等，石器有石斧、石刀、石锛、石铲、石锄、石凿、石网坠等，还有骨针等。

1978年，陕西省考古研究所发现，安康县西区月河川道新石器时代半坡类型文化时期以柳家河遗址为中心，南去5里有张家坝，北去5里有柏树岭遗址，柏树岭西去不远又有王家碥遗址。这些遗址面积最大的达20万平方米，最小的也有2万平方米。居住在这里的氏族部落，因为耕作技术提高，生活有了保障，从而过着较长期的定居生活。生活用陶器、生产用石器等在这些遗址大量出土。

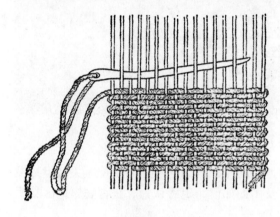

图3

图4

从新石器文化遗址出土的陶纺轮、骨针来看，这时已有纺织、编织生活用品。当时安康地区使用的纺织原料，主要是野生麻类和其他野生植物的纤维。在距今5000年前后的安康县柳家河遗址和紫阳县马家营遗址中，发现出土的陶器壁皆有明显的布纹痕，即以野生麻布固定于轮盘陶坯模印出来的布纹。织布首先需要纺纱。原始的纺纱技术，一是搓捻和续接，即用双手把准备纺制的纤维搓合连接在一起；二是使用原始的纺纱工具——纺轮（也叫纺锤）。这是当时最先进的方法，因为这种工具已经具有能够完成加捻及合股的能力。纺轮，顾名思义，是形状如轮的圆盘，中有小孔，使用的时候在小孔中插一根植物杆，使之成为纺锤，利用纺轮转动时产生的力偶，使纤维抱合并连接。原始的织造方法是在编席和结网的基础上发展起来的。孙星衍辑《仓颉篇》说："编，织也。"说明这两者之间存在密切的关系。在安康地区新石器时代遗址中出土最多的是石网坠和骨针，它们的用途主要是结网沉水捕鱼，而结网的发明，证明织造技术已正式进入人们的生活之中。从缝制兽皮、编织渔网到纺织野生麻类，无一不是安康先民对整个人类社会文明做出的贡献。这些远古纺织用具及技术，都是土生土长、连续发展起来的，具有鲜明的地方特色。

陕南桑、麻、棉的种植与纺织业的发展，与家庭纺织业的发展有着比较深厚的关系。自先秦的大禹起，梁州（陕南）就是土壤肥沃的纳贡区，尤其是商周时期，陕南的族国所制造的手工业品就有石器、骨器、木器、铜器、陶器等，纺织品有麻布。金州（今安康）的石泉、汉阴、平利、紫阳等县都有植棉，并不同程度地存在着一些丝织业和棉麻纺织业。

植桑养蚕，在陕南有着深厚的历史渊源。史料证明，在汉代以前先民们就在这块土地上植桑饲蚕，《诗经》中有不少对汉南蚕桑的吟诵，尤其是石泉县出土的西汉鎏金蚕，雄辩地说明秦汉时陕南蚕桑事业的发展盛况。王国维《水经校注·汉水》称："汉水右对月谷口，山有坂月川，于中黄壤沃衍，而桑麻列植。"至明清，兴桑养蚕在陕南逐渐兴盛起来。

陕南安康地区属于郧西、汉江古文明板块。据考古发现，在东起郧县梅铺杜家沟，西至汉中南郑龙岗寺，在约1000千米的范围内的郧县青曲镇曲运河口、屈家岭、旬阳县构元新天铺、安康关庙的忠义渡口、紫阳县马家

图5

营、汉阴县阮家坝、城固县李家河、西乡县李家村、南郑县的龙岗寺等地都发现旧石器时代及新石器时代的文化遗址。在这些文化遗址中遗存了大量的石器，它们经过敲打、砸击制成，有刮削器、尖状器，还有粟谷类、兽骨等。这说明先人已经能够制作简单的工具，也已经掌握和使用天然火，这是人类文明的一大进步。

第一编　安康市简介

安康福地，饮秦岭巴山之精，吸汉江之英，是古今有识之士施展才华的地方。

安康市位于陕西省最南部，为秦岭、巴山山地，位于北纬 31°42′~33°49′、东经 108°01′~110°01′之间。辖汉滨区和紫阳、岚皋、石泉、宁陕、镇坪、平利、旬阳、汉阴、白河 9 个县。面积 23391 平方千米，耕地 2890 平方千米，人口 303 万。该地区为我国北亚热带动植物典型代表区，有羚牛、朱鹮、云豹、大鲵等珍稀动物，也是陕西省茶叶、蚕茧、油桐、生漆主产区。中药材黄连、吴茱萸、当归等占据很大比例，号称"巴山药乡"。襄渝、阳安铁路及国道西万公路横穿全境。安康市是全国绿化模范城市、中国十大节庆城市、中国十大宜居小城市。

第一节　安康史志的沿革

安康市古称"金州"，为陕西省第二大综合交通枢纽城市，是东方圣母——女娲的故乡，素有"天然生物基因库"、"中药材之乡"、"中国硒谷"、"中国民歌之乡"、"中国茶乡"等美誉。安康属古汉水文明区域，历史悠久。从史料记载和考古发现得知，早在 7000 年前的新石器时期秦巴川区及汉水两岸就有部落先民在这里从事渔耕，繁衍生息。夏代安康属于梁州（古九州之一，辖境大约包括今陕南及四川的一部分）；商周时安康为庸国的封地（在汉江之南，春秋时灭于楚），史称上庸；春秋时被秦、楚、巴三国分割。秦统一中国后，在安康设置汉中郡西城县，为郡治所在地。汉袭秦制，在此置安阳（故城在今陕西城固县东）、长利（故城在今湖北郧西县西）、旬阳、锡县（故城在今陕西白河县东）4县；东汉建安二十一年（216）曹魏攻占汉中，分郡之东（即今安康地区）为西城郡；曹魏、西晋时设魏兴郡，隶属荆州，辖 7 县；西晋太康元年（280），取"安宁康泰"之意，改安阳县为安康县，"安康"从此而得名；南北朝时期安康先属南朝，后属北朝；隋复设西城郡，属梁州，辖 6 县；唐复置金州，改曰汉南郡，寻复为金州；宋曰金州安康郡，治西城（今安康县治）；元复曰金州，省西城县入之；明改为兴安州；清升为兴安府。

明成化戊戌十四年（1478）秋九月，白河知县普晖创修《兴安州志》。按元史记载："金州（明改为兴安州）统五邑，曰洵阳、曰平利、曰汉阴、曰石泉，旧领也，唯白河为新开。旧志俱落寞不悉，无乃道典有缺欤。"这就说明成化戊戌十四年（1478）前安康地区没有地方志，其史料只散见于其他典籍。这部《兴安州志》后又经过明嘉靖丁亥（1527）知兴安州事郑琦补修，明万历乙未（1595）知兴安州事胡天秩改修，万历丁巳（1617）陕西布政使司右参政吴愈及陕西按察使吴维东两人重修、知兴安州事许尔忠重修；清康熙二十年（1681）寓客兴安州的江南常州武进人高寄重修、康熙二十三年（1684）奉直大夫知直隶兴安州事关左李翔凤重修，清嘉庆十六年（1811）兴安知府叶世倬续修；安康大儒鲁长卿从民国十五年（1926）起到民国三十三年（1944），花费18年的时间完成《重修兴安府志》的编撰。① 他在序言中写道："盖穷乡僻壤，藏书家颇少，而辛亥国变，凡学校之图书，官府之典籍，荡然无存。即吾家所藏之高寄（所撰）州志，被前县志局借作参考，亦于是时损失。"这说明他修志缺乏历史资料，困难重重。董铭竹在给鲁长卿编撰的《重修兴安府志》所作的序中写道："兴安府志自嘉庆十六年叶健庵（世倬）太守续修后，迄于清末正一百年整。其间疆域之纷更，制度之改革，政治建设之因袭废置，与太平天国之变，忠孝节烈、可歌可泣之事实，以及各县文物典章之繁复，倘无人写焉，搜而辑之，则代远年湮，其必有阙略散漫无复存焉者矣。"鲁长卿倾其家产及毕生精力撰修的《重修兴安府志》尚未刊刻付梓，就因积劳成疾辞世。其手稿在社会上辗转流落，幸被北京师范大学图书馆收藏。直到20世纪80年代，应陕西省地方志办公室的要求，安康市汉滨区档案史志局组织人力，将鲁长卿手稿复印再核，终成《重修兴安府志（校注）》，于2006年出版。

第二节 安康市地理环境

安康是伟大祖国壮丽河山的一个重要组成部分。南屏巴山，北倚秦岭，汉水横贯其境，地处川、陇、豫、鄂交通要冲，东西宽约200千米，南北长约240千米，有"西安后花园"之称。它是连接祖国西南、西北和华北、华中、华南的重要交通枢纽，阳安、襄渝、西康铁路在此交汇，是我国包柳铁路和沪汉蓉大通道的十字中心。辖一区9县和一个省级高新技术产业开发区（陕南唯一），人口303万。

在起始于魏晋南北朝，落幕于晚清前后的大移民期间，那些或因于战乱，或

---

① 这时兴安府建置：汉阴厅（今汉阴县）、砖坪厅（今岚皋县）、安康县、平利县、石泉县、紫阳县、洵阳县（今旬阳县）、白河县、镇坪分县（今镇坪县）。

祸于饥荒，或始于拓荒，或出于圈地，八方移民陆续从赣、闽、皖、浙、湘、粤、川、鄂、晋等地迁徙秦巴汉水间，并将湘楚、秦晋、巴蜀、闽、皖、浙先进经济文化和生产力带到安康。其间，又有羌突等西域文化随之涌入。在大移民、大流动的历史时空里，先民溯江而上，强者和勇者得江占川拥地，弱者溯江而上，进入汉江谷地纵深和秦巴山脉的高端，在那里拓荒、置地、造屋、繁衍，于是便有了我们后来看到的款式多样的民居，形式与内容不尽相同的耕作方式、生活方式乃至各异的宗教信仰。辖区内几十种方言及方言之间的相互杂融就源于此。移民们与原住民相亲相和，共同向山挑战，与水拼争，于是便孕育了两大文化体系：一个是山地文化，一个是水文化。

安康属北亚热带湿润季风气候区，四季分明，气候温和，雨量充沛，境内的森林覆盖率为56.5%，生态环境良好，野生动植物资源丰富，其中产于镇坪县的珙桐（又称鸽子树）被称为250万年前的活化石。

无论是地理气候、方言习俗还是饮食习惯，安康与陕西的关中、陕北地区都有很大的差异，而与川北极为相似。独特的地理环境，形成了安康独特的风俗文化圈。域内民间文化艺术积淀丰厚，有各级非物质文化遗产保护名录330个，其中国家级名录3个、省级22个、市级145个。

第二编　安康的古代教育

科举制度在中国实行了整整 1300 年，对中国乃至东亚、全世界都产生了深远的影响。隋唐以后中国的社会结构、政治制度、教育、人文思想，莫不受科举的影响。

第一节　《兴安州志》之《学校志》、《选举志》

教育，在安康发展史上有着举足轻重的地位和价值。因为教育的发展与否，决定了安康人民掌握文化知识的广度和深度；而这种狭义上的文化普及程度又极大地影响、制约着整个社会物质生产与精神财富的发展水平，即影响着广义上的安康文化的面貌。

教育是和人类社会同时出现的一种社会现象。它随着人类社会的发展，经过了由简单到复杂、由初级到高级的不断发展、完善的漫长过程。在安康的教育发展史上，原始社会的教育主要是通过生产劳动和社会生活实践来进行，没有专门人员和机构；教育手段是通过语言口耳相传，以观察模仿；教育的内容和目的也主要是传授生产经验和劳动技能，以及社会生活常识。史载，原始社会末期或奴隶社会初期，由于生产力的提高，中原地区的物质生产得到发展。在此基础上，学校于公元前 2700 年开始出现。此后的 2000 年间，官办学校一直缓慢地发展着。到春秋战国时期，私学兴起，养士之风盛行，教育的形式和内容发生了重大变化。从公元前 221 年秦统一中国，到公元 220 年东汉灭亡的 400 多年间，是我国历史上统一的封建国家形成和确立的时期，也是我国封建教育制度化和定型化的时期。魏晋南北朝时期，不同内容与性质的专门学校产生，私学与家庭教育进一步发展。隋代虽然短暂，但它所创立的科举制度对之后整个封建教育的发展都有着重要的影响。唐、宋两代，中国封建制度、封建教育更加系统化。科举制度进一步确立，中央到地方的学制系统逐步完善。遗憾的是，在这段漫长的时间里，安康教育事业方面的史料多毁于战火或洪灾。所以，我们只能根据这段时间安康经济、文化的发展及人才的涌现，对安康教育事业的情况做一个大概的分析与推论。

安康有史可考的，以孝廉入仕的只有西晋时的王逊。据《晋书本传》载，王逊为魏兴人（三国时今安康为魏兴郡），以孝廉科入仕为吏令令史转中殿将军，屡加散骑常射、安南将军等，赐爵褒中侯。还有许多出身无考，但功名彪炳者，如西汉交趾太守锡光，东汉书佐王戒（石门颂书丹者）、行丞事韩朗，北周大将军、晋爵安康郡公、赠金州（今安康市）总管的李迁哲，唐光禄大夫、行汾州刺史的李袭志，以及其弟李袭誉。据《唐书本传》载，袭誉性严谨，所在以威肃闻，凡获俸禄，必散之宗亲，其余资金写书而已。还有开创南岳一系、光大南宗禅学的大慧禅师怀让和尚等人。他们或因文章而传世，或因战功而留名，无疑都与青少年时期受过不同方式和不同程度的教育有关。

史载，元朝至元十四年（1277），当时的金州知府唐天骥创建了安康历史上第一所州学。至正十年（1350），兴元路金州监司达鲁花赤买闾重修。（见《金州重修文庙碑记》）学校的建立主要为培养人才，元代以明经科入仕的有金州人许应可，以进士科入仕的有石泉人白圭，说明元代的教育已初见成效。

明王朝建立后，在思想、文化、教育领域中，实行了一系列控制思想、强化中央集权的措施，学校和科举制度发展得更加缜密。明立国之初，即在全国诸府、州、县设立学校。安康的学校教育在这一时期掀起了一个热潮。明洪武四年（1371），石泉县学建立；洪武五年（1372），安康县学、平利县学、洵阳县学建立，金州知府马大本重修了州学。短短几年间，新建的4所县学引人瞩目。到了明成化、嘉靖年间，白河、紫阳县学也先后建立。至此，安康当时所辖6县县学全部建齐，为发展教育事业打下了基础。官学的学习内容和中原、江南发达地区大致相同，即分礼、射、书、数4科，颁经史礼仪等书，要生员熟读精通，朔望又须学射于射圃，每日习书五百字，数学须通《九章》之法。官学经费来源于学田收入。建学之始，即由地方官府划拨一定数量的学田，以保障经费供给。明代金州知州郑琦、郑福（于明成化十三年）和关南守道丁致祥等均为官学设置学田的数额。（见《兴安州志》）

元明时期，安康教育机构与官学并存的是私学。当时的私学，分蒙学和经馆两类。蒙学，顾名思义，带有启蒙教育性质。一般是私人设立，学生就近来校就读，故又称"乡学"、"村学"或"私塾"，也有少数由宗族设立的"义学"和富家设立的"家馆"。当时，安康各县较大的集镇、村落一般都设有此类蒙学。蒙学的学习内容以授《三字经》、《百家姓》、《千字文》、《幼学琼林》等为主，学习方法是背书、识字、写字。教学中强调牢固记忆和基本训练，并注意培养符合封建伦理道德的品质和习惯。经馆，是比蒙学更高层次的私学，主要攻读"四书"（《论语》、《孟子》、《大学》和《中庸》）、"五经"（《诗经》、《尚书》、《礼记》、《易经》、《春秋》）及朱熹的《四书集注》等儒家经典。同时，兼习史书选篇和历代名家散文。还要朗读诗赋词曲，学作八股文章，准备参加科举考试。

明代官学和私学的兴旺，促进了安康人才的培养与文化的发展。安康境内明代有贡生460人，考取进士9人、举人88人。他们大多入仕做官，有的还被选入朝内，成了统治阶级的上层人物。

清廷承袭明制，除中央官学外，地方以区划设府学、州学、县学，统称"儒学"，并于乡间设社学。清初几十年，安康的儒学无甚大的进展，基本维持明末的水平，未建新学，只是拨款或由地方缙绅捐资重修因兵燹、洪水灾害毁坏的县学。到乾隆时期，安康的书院建设出现了一个热潮。

书院，最早出现于唐代的记载。其性质有官办、私办两种，但那时书院还不是聚徒讲学的教育组织，而是刊校、收藏经籍的场所。唐末战乱，许多读书士子无由显身，便建起个人治学的书院。宋初文风渐起，士子要求读书的呼声甚高，但政府无力兴学设校，便支持和资助一批私人书院扩大规模，收徒讲学，书院从此兴盛起来。安康最早的书院是汉阴县仰山书院，建于明嘉靖二十一年（1542），此后200年间，无一为继。直到清雍正十一年（1733），清政权稳固后皇帝才下达圣谕，允许各地新建书院。安康从清乾隆十五年（1750）开始，书院建设出现热潮。短短3年间，安康县文峰书院、洵阳县敷文书院、平利县锦屏书院相继建立。其后，从乾隆四十五年（1780）到乾隆五十三年（1788），又建起了紫阳县仙峰书院、石泉县石城书院、白河县天池书院和宁陕县太乙书院。到清光绪二年（1876），不仅岚皋县岚河书院、镇坪县三山书院建成，辖区的县级书院均已建齐，而且还有汉阴县育英书院、紫阳县东来书院、宁陕县江口镇旬江书院、安康县恒口镇岭南书院等由开明士绅捐建的书院纷纷建立。但自清代建起的这些书院，一般已不再是藏书、抄书和自由讲学的处所，而成了以科举考试为目的、与科举制度联系密切的另一种形式的官学。当然，众多书院的建立，客观上为士子读书求学创造了有利条件。清代安康人才辈出，与这些书院的建立是分不开的。

当时，书院由斋长（或称掌教、山长、院长）主持讲学及院务诸事。另设首士、学长各一人，分别负责办理学生的生活及学习事宜。书院的经费主要来源于学田租金收入。书院所收学生分两类：一类是已进学的秀才，为参加乡试应考举人，每月进行两次辅导，批阅他们的作文，讲授"文生月课"；另一类是县试合格的童生，常年住院学习，攻读"四书"、"五经"，习作八股文、试帖诗、经论、律赋，以备进府应考秀才。书院除斋长讲学外，还礼请有名望的学者讲学。学习方法主要是学生各自钻研、相互问答，斋长答疑解惑。

建设书院的同时，安康较大的集镇聚落、家族祠堂和各省会馆，亦纷纷集资兴办义学或塾馆，其中较著名的有汉阴县通判钱鹤年捐俸修建的养正义学，紫阳县明经王际盛出资兴修的鸡公滩义学，石泉县岁贡张振先、庠生李煜捐修的池河文昌宫义学等。其中最负盛名的为石泉县绅士江耀先、方致成出资兴办的凤阳台集义书院（也称凤阳台义学）。清道光二十八年（1848），知县舒钧立义学条规，明示义学宗旨："学从义名，义举也。在通都大邑可不必设，何者？人知读书也。在穷乡僻壤，不可不设，何者？人不知读书也。即间有欲知读书之人，而无力延师，又不能读书。于是村之中，目不识丁者十人而九。石邑僻介万山，凤阳台尤在石邑山中，延师读书，较他处更为难。即有善士江耀先、方致成等闻风兴起，各捐资若干，乃建学舍，延师儒，设经馆一、蒙馆一，名曰集义。于是欲读书而无力者，皆欣然使其子弟来学矣。"

正是这种原因，义学在安康境内受到了普通群众的欢迎，很快得到了普及。

据不完全统计，清代200多年间，安康地区由于教育的普及和深入，造就了大批人才，自会试而进入殿试，赐进士出身者74人、举人216人、贡生593人，其中以进士资格进入统治阶级上层集团的有34人。

一、学校志

秉懿好德，物则之恒；逸居无教，圣人所忧；王政遂生，继以复性，良有以也。兴郡虽云僻壤，天生蒸①民，厥有恒性，礼乐教化，不因世代为损益者也，作学校志第七。

1. 文庙

在州治之南崇道街。前代无所考。元知州唐天骥建。后50余年，即至正十年（1350）庚寅，达鲁花赤买间重修，郑均为记。明洪武五年（1372），知州马大本重建。永乐十四年（1416），汉水坏庙。明成化四年（1468），知州高嵩修大成殿，戟门、左右角门、棂星门，两庑各9间。又3年，王坪代任，再加修葺。成化八年（1472）五月，汉水泛涨，庙庑漂毁，存大成殿戟门。成化十三年（1477），知州郑福建东西庑各10间及神厨、神库、文昌祠，提学伍福为记。明正德十五年（1520），守道吕和重修。知州郑琦复修庑库、神厨。明万历十一年（1583）大水，仅存大成殿，居民蚁附殿上者以数百计。万历十八年（1590），知州姚凤翔建棂星门、戟门，匾曰"大成门"。万历二十一年（1593），知州陈秉仁建两庑各9间。万历四十三年（1615），守道杨楷修殿庑门垣。清顺治十七年（1660）知州王章重修。清康熙六年（1667）王章再修。康熙七年（1668）知州牟文龙修大成殿。康熙十二年（1673），本州学正屈必捷修棂星门。康熙二十四年（1685），奉御制匾额曰"万世师表"。康熙三十二年（1693），汉水泛溢，淹没州城，大成殿庭四壁，皆倾。两庑、棂星门、戟门、屏壁坍塌殆尽。知州王希舜倡议修之，城守副将郭元章任其事。今棂星门、戟门、泮壁，周围红墙，东西木栅，皆已告竣。正殿两庑，议在捐资重葺，知州王希舜为之序，

---

① "蒸"通"众"。

载《艺文志》。

（1）启圣祠：原在大成殿后东北角会讲堂之东，其基为人占住。知州王章聊建祠3间，在旧祠基之前，大水后几废。知州王希舜倡议修之。

（2）文昌祠：在戟门西南，明知州郑福建。明正德元年（1506），学正张谟迁于射圃亭之北，今久废。

（3）文昌阁：在文庙东。下为崇台，街衢四达，上建高阁，下肖文昌像，南面为兴起斯文坊。明万历十七年（1589），知州姚凤翔建。守道李天麟重修。清顺治十四年（1657），毁于火，止存台基，今州人呼为鼓楼是也。清康熙二十五年（1686），总镇程福亮捐资重修，工未竣，而会程公以致仕去。

（4）魁星楼：在儒学西北，接育贤街，明知州姚凤翔建，今久废。

（5）名宦祠：在戟门东，知州王章建。州同陈维显重修。清康熙三十二年（1693）大水冲圮，知州王希舜倡议修之。

中祀：

毛义，字少节，汉代庐江人。家贫，事母孝，以行谊称于乡里。南阳张奉慕义名，以义为安阳令。后举贤良。建初中，下诏褒宠。史称其行宜之高，孝思之笃，堪以维风式俗。

吉挹，字祖冲，莲勺人（今陕西凤翔）。梁州都护兼魏兴太守。晋孝武帝太元四年（379）己卯夏四月，秦苻坚使韦钟伐魏兴，挹于急口（吉河口）岐山为垒，固守3年。韦钟欲趋襄阳，挹于途邀击，钟回军围城，秦兵继至，城中粮绝，挹力不能抗，秦兵遂破城。挹引刃欲自杀，左右夺其刀。会秦兵拥进被俘获，劝其降，挹不言不食而死。

姚合，陕州峡石人。宰相姚崇曾孙，唐宪宗元和三年（808）进士，授武功主簿。历官金州、杭州刺史、秘书少监。在金州其间，为政简易，吏民和悦，多引外方文化名人来金州唱和游览，如贾岛、无可、皇甫曾等人。同期，有安康山水诗作30余首，使安康山水文化得到重视。

姜公辅，爱州日南人（今越南清化西北）。进士及第为翰林学士，岁满当迁，以母老赖禄而养，求兼京兆护曹参军事。公辅有高才，每进见，敷奏详亮，德宗器之。永贞元年（805）任金州刺史，有政略。

李翱，字习之，陇西成纪人。韩愈弟子。历任校书郎、国子博士、史馆纂修、迁金州刺史。性峭鲠，有文章，见推于时。累官至山南节度使。

贺若敦，代郡人。西魏废帝二年（553）为金州刺史，都督七州诸军事。直州人（今石泉池河）乐炽、洋州人田越、金州人黄国等连接为乱，遣贺若敦、李迁哲荡平之。

伊娄穆，字奴干，代郡人。善骑射，为周太祖（宇文觉）帐内亲信，以机辩见知，尝谓之曰："若伊尹阿衡于殷，致主尧舜，卿既姓伊，庶卿不替前绪。"

于是赐名尹焉。历中书舍人，通直散骑常侍，尝入白事。

尒朱敞，字乾罗，契胡人。自小在宫中长大，父遭诛，逃出，作道士隐嵩高山。略涉经史，数年间，人颇异之。尝独坐岩石下，泫然叹曰："吾岂终此乎？伍子胥独何人也！"乃奔长安。周文帝见而礼之，拜行治郎中、灵寿县伯。保定二年（562）迁开府仪同三司，晋爵为公。隋文帝受禅，改封边城郡公。黔安蛮叛，命讨平之。师旋，拜金州总管，政令严明，吏役惧之，兴寺造佛，风俗化淳。

牛蔚，字大章。僧孺子，第进士，由监察御史，升为右补阙。大中初屡条时政，宣宗嘉之。累迁吏部郎中，失权幸意，贬国子博士。后为金州刺史，有政声，吏民赖之，转升为山南西道节度使。

张仲方，广东韶关人，祖张九龄为开元间名宰相。幼而颖慧，宰相高郢尝异之曰："必为国器。"唐贞元三年（787）擢进士，后坐吕温贡举门生案，贬为金州刺史。仲方在金州有政声，郡人有田，宦人夺之，仲三疏理其冤，卒与民值，人民爱戴之。

崔伟，字尧村，开封人。唐中和二年（822）为金州刺史。黄巢乱，伟保守封疆，民赖以安。从太白山人策，掘破牛山，黄巢军败。宋封为牛山土主"忠惠王"，建庙祀之。

冯行袭，武当人，以谋勇称。唐中和（881—884）初，乡豪孙喜聚众谋攻城，行袭伏士江澳，诱喜，斩之。刘巨容表为均州刺史。李茂贞养子继臻据金州，行袭攻破之。唐昭宗授行袭金州防御使。杨守亮将袭京师，取道金（州）、商（州）。行袭逆战破之，擢戎昭军节度使，镇金州。

裴瑾，字封叔，河东人，以文学显于世。尝为万年令，唐贞元间任金州刺史，关心民生，有政绩，开水利。

陈彭年，字永年，宋南城（今属江西）人。宋雍熙二年（985）进士，宋真宗咸平二年（999）知金州，以文学饬吏治，吏民敬爱之。

鲁有开，北宋仁宗皇祐年间知金州，州有蛊狱坐死者数十人。有开曰：杀人一人胸中策划足够了，安得如此之众。讯之果诬。是时天方旱，久不雨，狱白而雨如注。

范纯粹，字德孺。范仲淹第四子，以荫迁至赞善大夫，检正中书刑房，入为右司郎中。哲宗立，居厚败，命纯粹以直龙图阁往代之。尽革其苛政。徽宗立，以言者落职，贬知金州，有善政。

徐筠，字孟坚，宋代湖北青江人。早岁擢第，初主攸县簿。后知金州，有惠政。

王彦，字子才，上党（今山西长治）人，原籍陕西绥德县。南宋名将。以武艺选为军官，曾从种师道守御西北。南宋建炎元年（1127）在张所部下任都统制。率军7000余渡河抗金，收复新乡。未几入太行，创立"八字军"，联络黄河以北的义军抗战，发展到十多万人。后率一部南下，任张浚部前军统制，金州郡守。

郭浩，字充道，顺德人（今河北）。徽宗时充环庆路第五将部将，累迁至中州刺史，南宋绍兴元年（1131）徙知兴元（汉中）府，旋徙知金州兼永兴军路经略使。金州残弊特甚，户口无几，浩召集流亡，开营田，修渠堰，以其规划上报朝廷，朝廷颁示诸路效仿施行。积赢钱十万缗助户部，朝廷嘉奖之。南宋绍熙十四年（1144）召见，拜检校少保，还金州。

陈咸，字逢儒。南宋淳熙二年（1175）进士第，调内江县尉，有政声，迁东路转运判官。金人截汉水上流，咸不动，转增馈米于金州，人皆曰："金州之险，金人不可向，何以为之？"咸曰："敌至而虑，无及矣。"未几，金人犯上津（今山阳、郧西一带）。守卫依靠这批馈米，固守金州。

郭倪，南宋宁宗庆元二年（1196），以安抚使知金州。宁宗赵扩御书"枕戈"二字赠倪、勒石西城，警其"枕戈待旦"也。

和彦威，南宋端平元年（1234）为金州知州。端平三年（1236）八月，元兵入蜀，彦威遣兵守饶风，元兵不攻而过。及元兵自凤州出，彦威始率军归。其后诸州残败，彦威独守金州孤城，外绝救援，坚壁屹立。第二年六月元军从谷口掩至，百道攻城，金州陷，彦威死之。

蹇彝，（矢里籍），南宋端平三年（1236）任金州通判，时蒙古人伐蜀，来攻金州，金州州守和彦威、通判蹇彝提兵五千从箐口十八谷捣其虚。元兵攻饶风，彦威引兵还，固守金州。嘉熙元年（1237）六月，元兵大举攻城，彝坚守不利被擒，不屈而死。

黄诠，湖北麻城人。监生，明永乐中，任金州州同，莅事勤慎，人多敬畏。

牟坤，四川夔州云阳人。明永乐十四年（1416）以监生任金州判官，佐政公廉，诚悫谨笃，方严有度，远近悦服。

郑福，字伯祥，深州（今河北深州市）人。明成化十三年（1477）因获嘉治，有殊绩出为金州刺史。察民利弊，次第施行，先省沃土，课民树桑棉、艺菽粟。

原杰，（1416—1477），字子英，河南阳城人，从小读书用功，器宇轩昂。明正统十年（1445）中进士，授御史。改左副都御史，会荆襄多流民，命杰出抚。奏选良吏为府州县安集之，流民得所。成化间巡抚金州。

蓝章，陕西巡抚都御使蓝章檄湖广、河南兵分路围剿，湖广兵先追及，于陕西石泉县熨斗坝包围之，意在招抚。明嘉靖间巡抚金州。

洪钟，金州巡抚。字宣之，钱塘人。明成化十一年（1475）进士。为刑部主事，迁郎中，奉命安辑江西、福建流民。还言福建武平、上杭、清流、永定，江西安远、龙南，广东程乡皆流移错杂，习斗争，易乱，宜及平时令有司立乡社学，教之《诗》、《书》礼让。

阴子淑，四川内江人。明成化十七年（1481）以进士知金州。平易近人，时州中婚丧多铺侈，延僧请道，竞相斗靡，甚有倾家败产者，公莅任正婚丧，禁浮屠，风俗为之大变。

云海，西安指挥使，兴安州守御。明正德中，领步卒三百剿贼，会于二州垭，贼众若林，卒皆股栗，海以忠义激之，遂死战。援兵不至，数战失利，手刃十余贼而死。

吕和，浙东四明人。明正德二年（1507）以进士任抚民副使。时州多豪横，民受其害。吕和下车密访，获之禁锢，其闻风逋亡者，至老不敢归，民害以消。复捐俸修葺文庙，恢廓其规模。

张仕隆，河南彰德人。明正德间进士。明嘉靖元年（1522）任分守关南道抚民副使。时有地方土贼聚五峰山（今汉滨区县河乡一带），恃险劫掠，历年为患。世隆督知州张藻、判官文羽宋，领民兵，冒矢石，野宿传餐，战于山沟间，擒杀无遗种。农民安枕，行旅野宿。

何尚德，山西猗氏县人。明嘉靖二十年（1541）以举人任金州知州。历4载，清廉如一日，省刑薄敛，兴利除害，岁积谷千石备赈。

刘致中，河南延津人。起家进士，以名御史指摘当路，出为陇台金宪，寻擢少参驻魏兴（金州）。魏兴固关以南一都会。城垣咫尺汉江，往往见害河伯，当事者卒莫能出民鱼鳖也。明万历十年（1582），公监兹土，下车即兴礼劝学，平徭薄赋，锄强禁奸，与百姓更始。

金之纯，字健之，号复滨，湖北广济人。明万历四十三年（1615）乡荐。崇祯七年（1634）由河南淅川县教谕擢兴安州知州。莅任之日，六属（安康、汉阴、紫阳、平利、洵阳、白河）吏皆迎于道，出舆服，例金进。金之纯叱去之。属例曰："此例也。"之纯愀然曰："州取县，县取乡，民不堪矣！"下车廉访利弊，打击一二豪强之犯法作科为民害者，奸究屏迹，州人悦服。

（6）乡贤祠：在戟门西，知州王章建。水后，知州王希舜倡议修之。

中祀：

锡光，字长冲，汉中西城县人。汉哀、平间，为交州刺史，徙交趾（今越南河内）太守。教导民夷，教其耕稼，置为冠履；初设媒聘，始知姻聚；建立学校，导之礼仪。王莽篡位，据郡不降。

王逊，字邵伯，魏兴人。仕郡察孝廉，为吏部令史转殿中将军，累迁上洛太守。私牛马在郡生驹犊者，秩满悉以付官，云是郡中所产也。转魏兴太守。

李迁哲，字孝彦，安康人。世为山南豪族，少有识度，慷慨善谋，其父元真仕梁为衡州刺史，留迁哲监统部曲事，抚驭群下，甚得其情，累迁东梁州刺史。

李袭志，字重光，本陇西狄道人也。五叶祖景避地安康，复称金州安康人。（北）周信州总管，安康郡公迁哲孙也。父敬猷，隋台州刺史，安康郡公。袭志初仕隋，历始安郡丞。

何妥（虁），南宋绍熙元年（1189）以承直郎宣差知金州汉阴县兼管劝农营田公事。绍兴间，宋军在月河川道实行屯田，宣抚使岳飞建议敕封凤凰山神为昭烈公以掌水利。凤凰山高插云霄，宜为宿将据守，以备攻讨，故于山麓建庙祀之。

李孝儒，金州人。性至孝，每读书有合孝者，辄流涕。唐高宗知其名，召封为遂宁郡公，辞归亲，不欲以富贵移所爱。时人称之曰"孝儒"。

李善，金州人。明永乐中监生，旋补岁贡，授监察御史，骨鲠有治声。

屠济，金州人。明嘉靖三十四年（1555）举人，安民之子，同榜中式。授山西长子县知县，笃志苦学，居官秋毫不取。

侯大化，金州人。明嘉靖三十七年（1558）举人，授四川新津县知县。醇厚恂恂，不为崖异，衷实严毅，不少假借。士大夫中有以私嘱者，皆惮公不敢以私干，其为人推服如此。

刘宇，字伯大，号太和，兴安州城人。明万历十一年（1583）进士，授襄阳令，未几父卒。以忧告养奉亲，事母甚孝，居里平易近人，恂恂布衣行里闬间。尝道遇负薪人，误批其颊，左右惊诧缚其人，公笑而释之，其惠量过人如此。尝捐学田，为诸生童薪水；复立义冢，输3年租为木槽掩埋之费。助筑万春、长春二堤，士民赖之，咸称其义。

祭器：

铜罍三、铜爵一百三十、铜簠簋三十、铜笾豆一百五十，明知州郑福造，今久废。

乐器：

麾幡二、柷一、敔二、琴六、瑟二、埙二、篪二、箫四、凤箫二、笙六、笛四、搏拊二、应田二、业簴二、石磬十六、铜钟一、旌节二、龠三十六、翟三十、乐生三十名、舞生三十名。明万历四十三年（1606），守道杨楷监造，久废。

2. 儒学

在文庙西。元至元中，知州唐天骥建。元至正十年（1350），达鲁花赤买闾重修。明洪武五年（1372），知州马大本重建。明伦堂在大成殿后。明成化八年（1472），知州王坪，迁明伦堂于文庙西。堂前为进德、修业二斋，东西相向，为大门仪门，直达崇道街。明成化十五年（1479），知州郑福建退思轩于明伦堂后，于两斋南建号房，东西各9间，建馔堂于大成殿后，庖厨在馔堂东，学正和训导宅在退思轩后。明弘治八年（1495），知州洪平改馔堂为会讲堂，增修号房东西各 10 间。明嘉靖五年（1526），知州郑琦重修。明嘉靖十二年（1533），知州周臣增修明伦堂为 5 间，改进德斋为博文、修业斋为约礼。明万历十一年（1583）大水，只存明伦堂。万历十三年（1585），知州张二南建大门。万历三十三年（1605），守道李天麟、知州郭纶，建中门、左右角门、学正和训导住宅。万历四十三年（1615），守道杨楷、知州王之璠于大门内建圣血真传访。明末儒学尽毁。清顺治十七年（1660），知州王章于大成殿西北隅聊建明伦堂 3 间。至是规模虽云草创，而庙学之内，园圃马厩踩躏自若。清康熙十二年（1673），总镇王怀忠首倡修葺，同署州篆汉阴令吴佳胤，各自捐俸，俾学正屈必捷董其事，棂星门之外设东、西二门，明伦堂前，周以墙垣，辟道南出崇道街，设大门于大成殿后，建儒学斋厨，西达于明伦堂，规制略备。在昔文庙儒学基地东西五十步，南北九十步，今东、西、北三面尚为居廛，永不可复矣。

3. 敬一亭

在明伦堂后，明嘉靖中建。3 间。明万历三十五年（1607）知州郭衡重建。万历四十二年（1614），守道杨楷、知州王之璠于明伦堂别建敬一亭 5 间，及明末，二亭俱废。

4. 尊经阁

在文庙东。明嘉靖二十九年（1550）守道刘世用、知州萧汝舟建。白河参政柴儒为记。明万历十一年（1583）大水，阁圮。万历二十八年（1600），守道蔡应科、知州孙奕世重建。万历三十年（1602），守道李天麟修之，知州李钟元为记，明末遂废。

书籍："四书"、"五经"、《孝经》、《性理》、《通鉴》、《通纪》、《大明律》、《武经七书》、《百将传》、《续百将传》、《淑问汇编》俱失，唯《乡会墨卷》（康熙三十三年，奉部颁）今存。

5. 射圃亭

在儒学东南，明成化十六年（1480），知州郑福建，东西十步，南北八十步，今废。

6. 学仓

在儒学西北隅，今废。

7. 社学

共 4 所：一在城内，一在西关（旧置），一在东关，一在秦郊镇。明知州郑琦创设，俱废。今始设义学于东关朝阳阁，知州王希舜捐资，延士教之。

8. 菜园

在南门内之东，原公祠之西，明正德十六年（1521），守道吕和置，6 亩，今废。

9. 学田

在石庙沟,地40亩,在州东5里,原系官地。弘治间,始为学田,东至岭,南至石门,西至官路,北至石庙。明嘉靖五年(1526),守道丁致祥给本学取租,助科举之用,每年纳银2两。黄洋河地67.5亩,每年纳租银2两3钱3分。娘娘庙地30亩,明万历十九年(1591),乡官刘宇输,每年纳租银4两5钱2分5厘。龙池沟地34亩,万历十九年(1591),乡官刘宇输,每年租银4两5钱2分5厘。大石沟地35亩,每年租银3两2钱8分9厘9毫。西关上坝地24.2亩,每年租银7两2钱6分。观音堂地40亩,每年租银8两1钱3厘。大沙沟地6.17亩,每年租银2两1钱2分8厘。杨峪沟地12亩,每年租银2两9钱。龙池沟地19.8亩,每年租银2两8钱1分。大沙沟梁家河地一段,王道荣输,每年租银6钱3分。赤崩湾地58亩,每年租银6两9钱6分。傅家何六垱沟地45亩,明万历三十二年(1604),守道李天麟捐俸50两置,为诸生课业纸笔供馔之费,每年纳租银5两4钱1分7厘8毫9丝。

10. 学校额数

明洪武二年(1369)十月辛卯,诏天下郡县并建学校以作养士,类定在京府学生员60人,在外府学40人,州学38人,县学20人。日给廪膳,听于民间选录,仍免其家差徭二丁。洪武十六年(1383),奏准天下府州县学,自次年为始,岁贡生员各一人。洪武二十年(1387)令增广生员不拘额数。明正统元年(1436),令生员名缺,许本处官员军民之家,及社学俊秀无过犯子弟选补。正统六年(1441),令府学一年贡一人、州学两年贡一人、县学3年贡一人,遂为定制。正统十二年(1447)奏准,令生员常额之外,军民子弟愿入学者,提调教官考选俊秀待补,增广名缺,一体考选应试。明成化三年(1467),令原定一年一贡者,与设优等、次等生员40名;原定3年二贡者,与设优等、次等、生员30名;原定两年一贡者,与设优等、次等、生员20名,通行提学官考补。以后于优等内照例考选充贡,有多余者,俱作附学。不堪者,不必取足。明万历十一年(1583)题准,各提学每岁考校入学,务要不失原额,间有他故,巡行不周,次年即行如数补足。其地方果系科目数多,就试人众,则于定额之外,量加数名,但不许倍于原数。如乏才之处,亦毋得因而一概取盈。

皇清初,考试童生进学,不拘额数。清顺治四年(1647),定每考童生,大学定40人,中学25人,小学20人。兴安定为中学,每考进25人,顺治十五年(1658),定6年内只许随岁考进童生两次,其随科考停止。顺治十七年(1660)定大学15人,中学10人,小学5人。兴安每考应进童生10人,武学如之。顺治十八年(1661)定科岁两考归并一考定贡例。府3年贡两人,州两年贡一人,县3年贡一人。清康熙七年(1668),仍设科岁两考,岁考每学捐纳3名之外,科考大学进生员18人,中学12人,小学8人,岁考进武学之数亦如之。兴安应进童生 12 人。清康熙二十年（1681），除捐纳，二考俱如旧例。

11. 生员额数

廪膳生员 30 名，增广生员 30 名，附学生员 86 名，共 156 名。武生共 78 名。

知州王希舜论曰：自京师达于郡县之制，皆庙与学并建。兴安屡经丧乱，弦诵迹息，庙虽仅存，而学宫久废。前此之樽罍、簠簋、羽龠、干戚，盖已久付之匏樽瓦缶，羽衣黄冠矣。癸酉大水后，垣墉门庑，倾圮为墟，荒烟茂草，殆有不忍言者，而况尊经无阁，射圃无亭，又不自今日而始废也。呜呼！不有君子，其谁任之，此余之所以慨然而不能自已也！

二、选举志

宴赋曲江，胪传黄甲。文明蔚起，千载为荣。自是孝廉茂才，皆以乘时登进。人文之盛衰，固有关于风会者乎？振而兴之，其在斯时也。磨砺以需，予日望之。作《选举志》第二十一。

以下是安康地区科举取士的名单。

（一）进士

明

左福（仕工部主事）

谢文（成化戊戌科，仕御史，历河间府知府）

鲁得之（成化丁未科，历仕知府）

刘卿（万历庚辰科，字孔源，仕霸州兵备道，历山东左布政司）

刘宇（万历癸未科，字太和，仕南京兵部郎中。与刘卿连科）

刘其德（崇祯戊辰科，字子上，仕翰林检讨，事详人物）

（二）举人

1. 清

张崇礼（仕给事中）

冉春（仕内黄教谕）

刘永清（仕峡江知县）

刘子儒（仕潼川州训导）

张维聪

张英（仕徽州府同知）

以上岁时无考。

2. 明

谢文〔成化甲午科（戊戌进士）〕

鲁得之〔成化庚子科（丁未进士）〕

唐正（成化癸卯科，三河知县。连二科）
柏荣（弘治壬子科，叙州知府）
张伦（弘治壬子科，河间知县）
单宗元（弘治壬子科，河南府判）
张崇德（嘉靖壬子科，汉川知县）
曹鉴（嘉靖壬子科）
杨汝名（嘉靖乙卯科）
屠安民（嘉靖乙卯科，思州知府）
屠济（嘉靖乙卯科，长子知县）
刘时达（嘉靖戊午科，东平知州）
侯大化（嘉靖戊午科，新津知县）
单汝光（嘉靖戊午科，成都通判）
汪腾鲲（隆庆丁卯科）
喻于信（万历庚午科，项城知县）
徐希进（万历庚午科，湖州府判）
刘卿（万历庚午科。庚辰进士）
杨汝翼（万历癸酉科，高县知县）
刘宇［万历己卯解元（癸未进士）］
汪兆龙［万历壬午科（兖州府同）］
屠治（万历壬午科）
陈大舜（万历丁酉科，定兴知县）
张盘铭（万历丁酉科，高县知县）
张文光（万历丁酉科，巩县知县）
刘开基［万历庚子科（刘卿之子）］
杨复元（天启壬子科，定兴教谕）
陈大计（天启乙卯科，扬州司隶）
唐良翰（天启戊午科）
刘其德［天启癸酉科（戊辰进士）］
单兴诗（天启丁卯科）

（三）岁贡

1. 元

许应可

2. 明

（1）成化之前（1465年之前）

李善（监察御史）　　　　　　　　李敏（元城主簿）

徐敦（彰德检校）　　　　　　王彦（沧州判官）
彭道明（枣阳主簿）　　　　　张礼（溧水主簿）
田大本（卫经历）　　　　　　余通（罗江县丞）
覃茂（成都府同）　　　　　　孟顺（蒲城知县）
胡淮（西竞主簿）　　　　　　张记（沔池县丞）
白璧（安邑县丞）　　　　　　梁整（雅州判）
陈瓒（灵璧县丞）　　　　　　吴敬（襄阳知事）
韩志道（怀庆检校）　　　　　寇宁（榆林卫经历）
李敬（襄阳县丞）　　　　　　牟恺（陈留知县）
苟志道（富顺主簿）　　　　　陈纪（山西经历司）
高贞（高唐知州）　　　　　　卢清（芮城县丞）
任铨（修武县丞）　　　　　　陈伯龄（雄县丞）
王孜（南阳知县）　　　　　　柏秀（东平判官）
刘本源（长寿主簿）　　　　　刘照（顺天府判）
柏永龄（临潼县丞）　　　　　张俊（合州同知）
张纲（建昌经历）　　　　　　周道（文水主簿）
郑玺（临汾主簿）　　　　　　王懋（长庆主簿）
戴泰（宁海州判）　　　　　　都薰（成都主簿）
王槐（保定经历）　　　　　　牟英（河南理问）
都朝聘（沁原知县）　　　　　张曛（荣县知县）
刘华（广元知县）　　　　　　柏永安（孟县教谕）
崔铎（卫辉经历）　　　　　　陈智（江油训导）
来迁（保定检校）　　　　　　刘甫（大足主簿）
傅良（青州照磨）　　　　　　都惠（新城县丞）
马铭（犍为主簿）　　　　　　陈猷（潞州知州）
张铭（东昌照磨）　　　　　　张价（孟县知县）
陈杲　　　　　　　　　　　　宋玺
王胜（榆社县丞）　　　　　　杨信（宜阳县丞）
张鉴（孟县主簿）

（2）正德年间（1506—1521）

郑时雨　　　　　　　　　　　任文
谢莱（湖广照磨）　　　　　　唐庠（真定知事）
杜宗彝（保定经历）　　　　　刘蓬
杨伟（任诚主簿）　　　　　　王爵
张金（夏津主簿）　　　　　　魏文纪（扬州检校）

刘显（时达之子）　　　　　　　柏台
叶茂（祁县主簿）　　　　　　　李时荣
刘珠　　　　　　　　　　　　　苟景富（安居主簿）
胡尚仁（夏津主簿）
(3) 嘉靖年间（1522—1566）
王雄（兴化检校）　　　　　　　单哲（泰安州同）
刘献（新乡县丞）　　　　　　　都兰（辽州判官）
张世良（临淄主簿）　　　　　　单藻（临淄主簿）
王定之（罗江主簿，纂修州志）　宋朝宣（武阳县丞）
萧承武（穆叁县县丞）　　　　　杨春（铜梁主簿）
单均（靖州经历）　　　　　　　侯中的（秦府教授）
傅承学　　　　　　　　　　　　王凤（沙河教谕）
党仲祥　　　　　　　　　　　　萧承周（商丘县丞）
平山霄（蒲城教谕）　　　　　　张署（山西教谕）
单闰　　　　　　　　　　　　　王希贤（河南府判）
赵贵　　　　　　　　　　　　　傅永爵
唐儒（平阳照磨）　　　　　　　熊宗杰（汾西教谕）
谢赐　　　　　　　　　　　　　韩元
马凤　　　　　　　　　　　　　张邦佑（兵马司史目）
张希仁（简州知州）　　　　　　刘时夏（和顺知县）
柏奎　　　　　　　　　　　　　江温（河南经历）
侯邦　　　　　　　　　　　　　刘溢（保定州同）
郦应期（南部知县）　　　　　　庞守礼
杨应宾（合州训导）　　　　　　熊积
梁廷用　　　　　　　　　　　　马文周（四川教谕）
柏凌霄（曹县教谕）　　　　　　魏汉卿（吉州训导）
王泽民（商州训导）　　　　　　李溧（兖州府判）
(4) 隆庆年间（1567—1572）
朱涛　　　　　　　　　　　　　唐伦
冯邦靖（汤阴教谕）　　　　　　宋良策（广元主簿）
王敬箴
(5) 万历年间（1573—1619）
陈腾远（沁州训导）　　　　　　罗伟（耀州训导）
曹养直（泗水县丞）　　　　　　汪达之（府谷教谕）
左逢源（景陵主簿）　　　　　　屠维则（榆次主簿）

刘泽（襄城县丞）　　　　　　　　梁槐（偃师知县）
张问仁（东光主簿）　　　　　　　张希载
王好善　　　　　　　　　　　　　刘源（无锡县丞）
唐时雍（广元知县）　　　　　　　都继豸（乡宁教谕）
王之聘　　　　　　　　　　　　　曹养正
姚启明　　　　　　　　　　　　　马维顺（永寿教谕）
李进芳（庆阳教授，纂修州志）　　马见知（嘉定州判）
鲁希参　　　　　　　　　　　　　吴希参（河水教谕）
罗继孟　　　　　　　　　　　　　喻惟达
刘溥（铁岭卫经历）　　　　　　　曲时实
刘汝清（仕文县教谕）　　　　　　杨栋
姚启文（仕□训导）　　　　　　　刘涝（仕西安训导）
马行远（仕金山训导）　　　　　　陈忙
单一杰　　　　　　　　　　　　　薛元芳

（6）天启崇祯年间（1621—1644）

海起龙（仕清风县丞）　　　　　　虞官
陈大道　　　　　　　　　　　　　杨志尚
束冠春（字太始，仕城固教谕）　　梁时煌
惠孚心（仕襄县丞）　　　　　　　侯安国
张伯足　　　　　　　　　　　　　郑少华
张文台　　　　　　　　　　　　　崔重光
刘一桢　　　　　　　　　　　　　张廉铭
张邦纪　　　　　　　　　　　　　谢槐
王建极（字衡阳）　　　　　　　　张汉正
胡深　　　　　　　　　　　　　　刘让
李训　　　　　　　　　　　　　　柏官
王士吉　　　　　　　　　　　　　马兴乐
杨大海　　　　　　　　　　　　　刘治
熊奇吾　　　　　　　　　　　　　崔耀宗
刘宁周　　　　　　　　　　　　　陈正道
刘本吾　　　　　　　　　　　　　郑国俊

自万历乙未（1595）而后记载无人，类多传闻舛错，亦姑存其姓名焉耳。

3. 清

（1）顺治年间（1644—1661）

李冲霄（字养鳞，仕江都县丞）　　杨尔蕴（字献廷，仕元氏县丞）

刘淇澜（字朝宗，泾县丞）　　　郭九围（字简在）
刘超民（字义寰）　　　　　　　贾吻谊（字泰交）
康泰（字去骄，仕县丞）　　　　赵完璧（字景如，仕嘉善主簿）
陈于座（字牗君，偃师丞）　　　张拱（字子敬，仕汉中教授）
陈大议（字超凡）　　　　　　　成周（字熙如，安定训导）
石维极（字拱辰）　　　　　　　李彩（字遵素）
（2）康熙年间（1662—1722）
单钟恒（字贞甫）　　　　　　　季道宗（字心傅，仕凤县训导）
张劭（字若屿）　　　　　　　　冯兹建（字其勋，仕宝鸡训导）
谭用斌（字兰若）　　　　　　　贾长龄（字恒山）
李国璠（字伯玉）　　　　　　　刘应秋（字体元，纂修州志）
刘曰昌（字介繁）　　　　　　　刘有章（字伯矩）
刘逢源（字自崐）　　　　　　　王世奇（字硕辅）
蒋嗣昌（字来燕）　　　　　　　尹任重（字济生）
李大经（字经天）　　　　　　　詹应龙（字云从）

（四）拔贡
李国瑜（戊子，广西知府）　　　李公桃（壬子）
谢锡琮（乙丑）

（五）本州寄籍属县贡士
蒋妆艾（紫阳籍仕洋县训导）
屠全忠（紫阳籍仕吴县知县）
张圣路（紫阳籍仕丽水县丞）
李日新（平利籍仕曲周知县）
刘日升（平利籍仕临汾知县）
王运昌（白河籍仕两淮运判）
宋征（平利籍考授县丞）
李国珍（石泉籍仕富平教谕）
康绍统（平利籍历仕耀州学政）
陈五玉（平利籍仕凉州教授）
谢贤诏（平利籍仕翰林院典簿）
刘日靖（平利籍）
屠有临（紫阳籍）
汪其受（紫阳籍仕妥德学政）
康绍绪（平利籍）

唐鸿济（紫阳籍）

李长荫（紫阳籍仕灵州训导）

贺爵（白河籍仕洋县训导）

朱衣点（平利籍）

杨略（平利籍）

赵有伦、童在公（紫阳籍）

燕龙光、余兆龙、张杰（俱白河籍）

知州王希舜论曰：一代之文章，必有一代之风气。视乎其人，尤视乎其地也。兴安自有明三百年，掇高第登贤书者，屡不乏奇伟卓荦之才；或以制作传，或以政事显，耳目声称，夫岂为僻壤淹没哉？我国家振兴文治，养育真才，大典斋皇，超轶前代，而此都之人士，顾阅五十余年，而不得一二见者，何前此人之文章风气，独有较盛于后者耶？不然天地之生才，自古为难。诚使学者报道穷经，以佑起将来，则今日呫哔之儒，何一非绣虎雕龙之彦乎？故志选举，而以甲第举贡并列者，诚重之也，亦望之也！

注：补廪，明清时代在"秀才"总称之下，按资格分为3种名目，即附生、增生、廪生。初进学的为附生，循次经过岁科两考的成绩和时间、名额等条件，才能补为增生和廪生。补了廪生，每月可从儒学中领得一石米的供给，称为"廪膳"。

加注：清代在京城设立的学校称国子监，亦称太学。其学生有两种：一种称"贡生"，另一种称"监生"。

贡生是从府、州、县中挑选出来的秀才或成绩优异者，升入国子监读书。清代贡生有恩贡、拔贡、副贡、岁贡、优贡和例贡6种。

（1）恩贡。遇有国家庆典或新皇帝登基颁布恩诏之年，以本年当出岁贡廪生出贡，称恩贡生；次年再以各学廪生排在最前列者充当岁贡。

（2）拔贡。拔贡生由各省学政对各学生员进行专门考试，选其优者充之；选拔最初无定期，乾隆七年（1742）后定为每12年进行一次。每届考试之年，由生员向自己所在的府、州、县学报名，经各学学官审查后申送本省学政参加考试。录取名额一般为每府学两名，每州、县学一名。

（3）副贡。清代乡试各省按正式录取举人名额的五分之一录取副榜，称副贡生。

（4）岁贡。岁贡生由各府、州、县学食饩10年后的廪生按资历深浅挨次升贡，其名额视各府州县学之大小而不等，或1年、两年1名，或3年、4年、5年乃至10年1名。

（5）优贡。优贡亦由各省学政考取，每3年一次，每省不过数人。

(6) 例贡。例贡生是指由"援例捐纳"取得贡生的资格。

监生是指在国子监肄业的生徒，有恩监、优监、荫监和例监4种。

(1) 恩监。由各官学生考取和以孔子及先贤之后裔的身份入监者。

(2) 优监。指以附生身份入国子监学习者。

(3) 荫监，有恩荫生和难荫生两种情形。清代文官京官四品以上、外官三品以上，武官二品以上，准送一子入国子监读书。这些人以及遇恩典特准入国子监者，称恩荫监生。京官、外官三品以上不论满汉，3年任满后勤于王事死难者，准其一子入国子监读书；各省布政使、按察使、盐运使以及各州县正印官、佐贰官死于王事者，亦准荫其一子嗣入国子监学习，称难荫监生。

(4) 例监。指没有任何功名的平民捐赀取得监生资格者。

三、武科志（例监附）

肃肃兔罝，公侯干城，诗人所咏，盖美之也。况乎拊髀念切，推毂情殷，所以宴鹰扬而虎视者，又何不与辟门之典而偕隆也。作《武科志》第二十二。

（一）进士

1. 明
刘威民［万历癸丑科（1613）］

2. 清
于兆熊［顺治辛丑科（1661）］

（二）武举

1. 明
刘瓒［嘉靖元年（1522）］
刘威民［万历乙酉科（1585）］
郑养气［万历甲午科（1594）］

2. 清
于兆熊［顺治庚子科（1660）］
张九功［康熙癸卯科（1663）］
马世国［康熙癸卯科（1663）］
张国相［康熙丙午科（1666）］
马定国［康熙丙午科（1666）］
杜文魁［康熙丙午科（1666）］
贺彦奇［康熙己酉科（1669）］
王兆麟［康熙壬子科（1672）］
齐芳［康熙壬子科（1672）］

（三）附例监

王辅

成器（字魁斗，候选州同）

杜文聪

胡仁昱（兴安籍，宛平人，考授史目）

陈世再

知州王希舜曰：古者揆文奋武之治，史册所载班班矣。然而取士之典，未有如我朝之文武一体，俨然与制科相先后，使天下共晓然于两途之并重，若此其较著也。兴安当训练之要冲，鹰扬会集，其于韬钤家言，必更有闻之熟者，挟策而前之士，胡不预讲于太平也乎？

第二节 《重续兴安府志》之《学校志》、《书院志》、《选举志》

鲁长卿撰《重续兴安府志》第五卷中有《学校志》、《书院志》和《选举志》，从中可管窥安康当时的教育发展状况。

学校者，人才之所从出也。是故有国者，如欲比隆上古，则非兴学校，培养人才不为功。而培养人才，当以尊师重道、兴学举能为始基。而尊师重道又当自尊孔始，此历代帝王，或亲幸阙里（春秋时孔子住地），或遣使致祭，史书皆大书特书也。元明以来，文庙与学校合并，不入祀庙，而归学校。盖以立学教士，非特师表万世能如孔子者为之师。不学孔学而教，亦非教矣。故而合一之，以明其师道之尊也。清自始祖临雍释奠，圣祖颁"万世师表"、世祖颁"生民未有"、高宗颁"与天地参"、仁宗颁"圣集大成"、宣宗颁"圣协时中"、文宗颁"德齐帱载"、穆宗颁"圣德天纵"、德宗颁"斯文在兹"、宣统颁"表正十伦"等匾额，其尊崇之礼至繁极备。清光绪三十二年（1906）升大祀，礼制崇隆，如车服仪器制比帝王，庙貌榱题布饰黄色。并于临幸时，免去木主出迎及直走中门。旧制拈香跪拜，仪侔郊天矣。而所以崇褒之者，亦云至矣！要皆出于尊师重道之盛德也。于孔子何加与？第尊崇之而已，究未尝违也。晚年停科举，兴学校，尤津津焉以培养人才为急务。又以名宦、乡贤从祀庙廷之例过宽，更立限年法，凡请祀非身故。年满三十者，不得呈请。则历年既久，乡评斯确，自无冒滥之弊，亦变之至善者也。人才之兴，宜可拭目以俟。唯从事纷更，而满汉之界限不除，而于立宪亦无诚意，贻人口实。是盖徒齐其末，而未探厥本源者也，何往而不败哉！至乡饮之礼，徒存其名，废而不举者久矣。光宣之际，更无人过问。故重续《学校志》于殿下庑、名宦、乡贤祠外，复详忠义、孝悌两祠。书院改为学堂，纪其始末。选举更详学校毕业，若夫乡饮，已成具文，概从略焉。

一、学校志

兴安府文庙，嘉庆以前详《旧志》。迨道光庚子（1840），安康举人张鹏飞，以年久倾圮，请于府道捐赀重修。并请于捐赀逾百金者，为之详请议叙。于是四民踊跃捐输，择吉兴工，经年落成，并厘正名宦、乡贤、孝悌、忠义各祠之从祀者，以杜冒滥。凡名列二臣及羌无事实者，皆黜之。如遗爱在民，乡望素孚，虽未请旨入祠，亦依祭法崇祀于祠，以慰忠贞，而协舆情。事具《来鹿堂别集》。至清嘉庆后之奉旨入祀两庑先儒姓名，以及道光后之名宦、乡贤、忠义、孝悌，已旌未旌，皆详加讨论，为之补入，以光俎豆，唯入民国，庙为驻军破坏，上而殿庑，下而各祠，令人目不忍观。因将各土木主狼藉。谨志于后，以作修葺时之参考。

（一）大成殿正祀

1. 正位南向

至圣先师孔子 [方观承《坛庙祀典》：台高三尺五寸，广一丈三尺；龛高一丈二尺，神牌高七尺二寸，广四尺，厚一寸二分；座高一尺二寸，广四尺五寸，朱底金书，正位南向行进学宫。《敬事录》按：正位南向，始于唐开元二十七年（740）。当汉明帝崇祀时，周公南面，孔子东面，后虽分合无常，而东面盖如故也。又曰：谨按历代谥号，汉称"褒成宣圣公"，后魏"文宣尼父"，北齐称"孔宣父"，隋称"先师尼父"，唐太宗称"宣父"，宪宗称"文宣王"，宋真宗称"至圣文宣王"，元武宗称"大成至圣文宣王"，明世宗称"至圣先师"。清顺治二年（1645）加称"大成至圣文宣先师"，顺治十七年（1660）改称"至圣先师"]

四配位 [《坛庙祀典》：台高三尺四寸，神龛高九尺，神牌高三尺六寸，广九寸，厚一寸，座高七寸，广一尺三寸，赤底金书。《敬事录》按：四配，宋以前皆称封爵。明嘉靖九年（1530），定称某圣某子]

复圣颜子 [唐贞观二年（628）配享]

述圣子思子 [宋咸淳三年（1267）升配]

2. 东序西向

宗圣曾子 [宋咸淳三年（1267）升配]

亚对孟子 [宋元丰七年（1084）升配]

3. 西序东向

十二哲位 [《坛庙祀典》：台高三尺四寸、广二丈，神龛高七尺七寸，神牌高三尺四寸、广六寸、厚一寸，座高四寸五分、广一尺二寸，赤底金书。《敬事录》按：哲位，宋以前皆称封爵。明嘉靖九年（1530）改称先圣某子。清因之。有子、朱子，升列哲位从一例]

先贤闵子［名损，字子骞，鲁人，唐开元八年（720）从祀］
先贤冉子［名雍，字仲弓，鲁人，唐开元八年（720）从祀］
先贤端木子［名赐，字子贡，卫人，唐开元八年（720）从祀］
先贤仲子［名由，字子路，鲁卞人，唐开元八年（720）从祀］
先贤卜子［名商，字子夏，卫人，唐贞观二十一年（647）从祀］
先贤有子［名若，字子有，鲁人，唐开元二十七年（653）从祀；清乾隆三年（1738）升列哲位］

4. 次东西向

先贤冉子［名耕，字伯牛，鲁人，唐开元八年（720）从祀］
先贤宰子［名予，字子我，鲁人，唐开元八年（720）从祀］
先贤冉子［名求，字子有，鲁人，唐开元八年（720）从祀］
先贤言子［名偃，字子游，吴人，唐开元八年（720）从祀］
先贤颛孙子［名师，字子张，陈人，唐开元二十七年（739）从祀；宋咸淳三年（1267）升列哲位］
先贤朱子［名熹，字元晦，婺源人，宋淳祐元年（1241）从祀；清康熙五十一年（1712）升列哲位］

5. 次西东向

东庑先贤40位［《坛庙祀典》：神牌高一尺九寸、广四寸五分，厚九分，座高二寸二分、广七寸五分，紫底青书。《敬事录》按：从祀先贤。宋以前皆封爵，明嘉靖九年（1530）改称先贤某子，清称先贤不称子，两庑先贤及增祀先儒从一例］

公孙侨［字子产，郑公子发之子，清咸丰七年（1857）从祀］
林放［字子邱，鲁人，唐开元二十七年（739）从祀；明嘉靖九年（1530）改祀于乡；清雍正二年（1724）复祀］
原宪（字子思，宋商丘人，《檀弓》作仲宪，郑康成曰鲁人）
商瞿（字子木，鲁人）
漆雕开（字子若，蔡人，一作漆雕启，字子开）
司马耕（《家语》作司马犁，字子牛，宋人）
梁鳣（《史记》作鲤，字叔鱼，齐人）
冉孺（字子鲁，或作曾。《家语》作冉孺，字子鱼，鲁人）
伯虔（古本《家语》作处，字子晳。《史记》作子析。今本《家语》作子谐，鲁人）
冉季（字子产，或作子达，鲁人）
漆雕徒父（《家语》作漆雕从，字子文，或作子有，又作子友。《杭碑》作子明，鲁人）

漆雕哆（今本《家语》作侈，字子敛，鲁人）
公西赤（字子华，鲁人）
任不齐（字子选，楚人）
公良孺（或作儒，字子正，陈人）
公肩定（或作公有。《家语》作公肩，字子仲。《史记》作公坚定，字子中，或作子忠，鲁人）
鄡单（字子家，鲁人）
罕父黑（今本《家语》作宰父黑，字子黑。古《家语》及《史记》皆作子索，或作子素，鲁人）
荣旗（《家语》作荣旂，字子旗。《杭碑》作旗，古本《家语》字子颜，鲁人）
左人郢（《家语》作左郢，字子行。《史记》作子行，鲁人）
郑国（字子徒，鲁人，《家语》作薛邦子从）
原亢（字子籍。《史记》作原元籍。古本《家语》作原忼，字籍，一作原桃，鲁人）
廉洁（《史记》、《家语》作廉洁，字子庸。今本《家语》作子曹，鲁人）
叔仲会（一作烩，字子期，鲁人；郑康成曰：晋人）
公西舆如（今本《家语》作公西舆，字子上，鲁人）
邽巽（字子敛。《家语》作邽选，一作邽巽，鲁人）
陈亢（字子亢。《说文》作伉一，字子禽，陈人）
琴张（字子问、一名牢，字子张，卫人）
巫马施（《家语》作巫马期，字子期。《史记》作子旗，陈人，或曰鲁人）
颜辛（《史记》作幸，或作柳，或作韦，字子柳，鲁人）
曹恤（字子循，蔡人）
公孙龙（古本《家语》作龙，字子石，卫人；郑康成曰楚人）
秦商（今本《家语》字不慈。古本《家语》、《左传》作不慈。《史记》字子丕，鲁人）
颜高（《家语》作克，一作尅，字子骄，鲁人）
壤驷赤（字子徒，《家语》作让驷赤，字子从，秦人）
石作蜀（古本《家语》作石之蜀。今本《家语》作石子蜀。字子明，秦人）
公夏首（字乘，《家语》作守，字子乘，鲁人）
后处（字子里，《家语》作石处，字里之。《阙里志》作处齐）
奚容蒧（字子晳，鲁人。《家语》作奚葴，字子偕）
颜祖（今本《家语》作相，字子襄，鲁人）
句井疆（今本《家语》字子界。古本《家语》字子疆；山东字子孟。《正义》作鉤井，卫人）

秦祖（字子南，秦人）
县成（字子祺，《家语》字子横，鲁人）
公祖句兹（《家语》作公祖兹，字子之，鲁人）
燕伋（古本《家语》作级，字子思。《史记》云：子思，秦人）
乐咳（《家语》作乐欣，字子声，鲁人）
狄黑（字皙之。《史记》云：字皙，一作子皙，卫人）
孔忠（《家语》作弗，字子蔑，先师兄孟皮之子）
公西葴（字子尚。《史记》云：字子上，鲁人）
颜之仆（字子叔。《史记》云：字叔，鲁人）
施之常（字子恒。《家语》作子常，鲁人）
申枨（字子周，鲁人）
谨按以上均唐开元二十七年（739）从祀。
左邱明［中都人。唐贞观二十一年（647）从祀，明嘉靖九年（1530）称先儒，崇祯十五年（1642）改称先贤］
秦冉［字开，蔡人。唐开元二十七年（739）从祀，明嘉靖九年（1530）罢祀，清雍正二年（1724）复祀］
公明仪［鲁人。清咸丰三年（1853）从祀］
公都子［名字、里居缺考。宋政和五年（1115）从祀孟庙，清雍正二年（1724）升祀］
公孙丑［齐人。宋政和五年（1115）从祀孟庙，清雍正二年（1724）升祀］
张载［字子厚，宋郿县人，世称横渠先生。宋淳祐元年（1241）从祀，明崇祯十五年（1642）进称先贤］
程颐［字正叔，宋河南人，明道之弟，世称伊川先生。宋淳祐元年（1241）从祀，崇祯十五年（1642）进称先贤］

6. 东庑

先儒30位，神牌同先贤。
公羊高（周末齐人）
伏胜（字子贱，汉济南人）
谨按以上均唐贞观二十一年（647）从祀，明嘉靖九年（1530）定称先儒。
毛亨［汉鲁人，里居无考。清同治二年（1863）从祀］
孔安国［字子国，先圣十一世孙，汉鲁人。唐贞观二十一年（647）从祀］
后仓［字近君，汉东海郯人。明嘉靖九年（1530）从祀］
许慎［字叔重，汉汝南召陵人。清光绪二年（1876）从祀］
郑元［字康成，汉北海高密人。唐贞观二十一年（647）从祀，明嘉靖九年（1530）改祀于乡，清雍正二年（1724）复祀］

范宁［字武子，晋顺阳人。唐贞观二十一年（647）从祀，明嘉靖九年（1530）改祀于乡，清雍正二年（1724）复祀］

陆贽［字敬舆，唐嘉兴人。清道光二年（1822）从祀］

范仲淹［字希文，宋苏州吴县人。清康熙五十四年（1715）从祀］

欧阳修［字永叔，宋庐陵人。明嘉靖九年（1530）从祀］

司马光［字君实，宋夏县人。宋咸淳三年（1267）从祀，明嘉靖九年（1530）定称先儒］

谢良左［字显道，宋上蔡人。清道光二十九年（1849）从祀］

吕大临［字与叔，宋蓝田人。清光绪二十一年（1895）从祀］

罗从彦［字仲素，宋南剑人。明隆庆六年（1572）从祀，一作明万历四十七年（1619）］

李纲［字伯纪，宋邵武人。清咸丰九年（1859）从祀］

张栻［字敬夫，宋汉川绵竹人。世称南轩先生。宋景定二年（1261）从祀］

陆九渊［字子静，宋抚州金溪人。明嘉靖九年（1530）从祀］

陈淳［字安乡，宋淳州龙溪人。清雍正二年（1724）从祀］

真德秀［字希元，一字景希，宋浦城人，世称西山先生。明正统二年（1437）从祀］

何基［字子恭，宋金华人。清雍正二年（1724）从祀］

陈皓［字云庄，一字可大，江西都昌人。清雍正二年（1724）从祀］

文天祥［字宋端，一字履善，宋庐陵人。清道光二十三年（1843）从祀］

赵复［字仁甫，湖北德安人。清雍正二年（1724）从祀］

金履祥［字吉甫，婺州兰溪人。清雍正二年（1724）从祀］

方孝孺［字希直，一字希古，明宁海人。清同治二年（1863）从祀］

薛瑄［字德温，明河津人。明隆庆五年（1671）从祀］

胡居仁［字叔心，明余干人。明万历十三年（1585）从祀］

罗钦顺［字乞升，明泰和人。清雍正二年（1724）从祀］

吕柟［字仲木，明商陵人。清同治二年（1863）从祀］

刘宗周［字起东，明山阴人。清道光二年（1822）从祀］

孙奇逢［字启泰，一字钟元，容城人。清道光八年（1828）从祀］

张履祥［字考夫，桐乡人。清同治五年（1866）从祀］

陆陇其［字稼书，平湖人。清雍正二年（1724）从祀］

张伯行［字孝先，仪封人。清光绪四年（1878）从祀］

7. 西庑

先儒42位。

谷梁赤［字元始，鲁人。唐贞观二十一年（647）从祀］

高堂生〔字伯，一字升平，汉鲁人。唐贞观二十一年（647）从祀〕

董仲舒〔字宽夫，汉广川人。元至顺元年（1330）复祀〕

刘德〔字路叔，汉沛人。清光绪三年（1877）从祀〕

毛苌〔字长公，汉赵人。唐贞观二十一年（647）从祀〕

杜子春〔汉缑氏人。唐贞观二十一年（647）从祀〕

诸葛亮〔字孔明，汉琅琊人。清雍正二年（1724）从祀〕

王通〔字仲随，龙门人，世称文中子。明嘉靖九年（1530）从祀〕

韩愈〔字退之，唐南阳人。宋元丰七年（1084）从祀〕

胡瑗〔字翌之，宋泰州人。明嘉靖九年（1530）从祀〕

韩琦〔字稚生，宋相州人。清咸丰二年（1852）从祀〕

杨时〔字仲立，宋建阳人。清光绪十八年（1892）从祀〕

游酢〔字定夫，宋建阳人。清光绪十八年（1892）从祀〕

尹焞〔字彦明，宋洛阳人。清雍正二年（1724）从祀〕

胡安国〔字康侯，宋崇安人。明正统二年（1437）从祀〕

李侗〔字愿中，宋剑河人。明隆庆六年（1572）从祀，一作明万历四十七年（1619）〕

吕祖谦〔字伯恭，宋婺州人，世称东莱先生。宋景定二年（1261）从祀，明嘉靖九年（1530）称先儒〕

袁燮〔字和叔，宋鄞县人。清同治七年（1868）从祀〕

黄干〔字直卿，宋闽县人。清同治七年（1868）从祀〕

辅广〔字汉卿，宋广源人。清光绪五年（1879）从祀〕

蔡沈〔字仲默，宋建阳人。明正统二年（1437）从祀〕

魏了翁〔字华父，宋浦江人。清雍正二年（1724）从祀〕

王柏〔字会之，宋金华人。清雍正二年（1724）从祀〕

陆秀夫〔字居实，宋楚州人。清咸丰二年（1852）从祀〕

许衡〔字仲平，元河内人。元皇庆二年（1313）从祀，明嘉靖九年（1530）称先儒〕

吴澄〔字幼清，元崇仁人。明正统八年（1443）从祀，明嘉靖九年（1530）罢祀，清乾隆二年（1737）复祀〕

许谦〔字益之，金华人。清雍正二年（1724）从祀〕

曹端〔字正夫，明渑池人。清咸丰十年（1860）从祀〕

陈献章〔字公辅，明新会人。明万历十二年（1584）从祀〕

蔡清〔字介夫，明晋江人。清雍正二年（1724）从祀〕

王守仁〔字伯安，明余姚人。明万历十二年（1584）从祀〕

吕坤〔字叔简，安陵人。清道光六年（1826）从祀〕

黄道周［字幼平，明漳浦人。清道光五年（1825）从祀］
陆世仪［字道威，江苏太仓人。清光绪二年（1876）从祀］
汤斌［字孔伯，睢州人。清道光三年（1823）从祀］
王夫之（字船山）
顾炎武（字亭林）
黄宗羲（字太冲，号梨州，明余姚人）
颜元（字习斋）
李塨［字刚主，号恕谷，清蠡县人］
以上5位均光绪三十四年（1908）从祀。
赵岐（从祀年月俟考）
崇圣祠在大成殿后（原名启圣祠，雍正元年追封五世王爵，改为崇圣祠）
正殿5位（《坛庙祀典》：台高三尺五寸，神龛高九尺三寸，神牌高三尺四寸五分、厚八分，座高六寸五分、广一尺四寸，朱底金书）：

肇圣王木金父公，正位面向。
裕圣王祈父公，东一室南向。
诒圣王防叔公，西一室南向。
昌圣王伯夏公，东二室南向。
启圣王叔梁纥公，西二室南向。
东配（《坛庙祀典》台高三尺四寸，神龛高六尺四寸，神牌高二尺二寸、广六寸、厚六分，座高三寸、广一尺，赤底金书）：
先贤孔氏［字孟皮，至圣兄。清咸丰七年（1857）配享］
先贤颜氏［名无繇，字季路，复圣父。唐开元二十七年（739）从祀，大成殿两庑，明嘉靖九年（1530）升配］
先贤孔氏［名鲤，字伯鱼，述圣父。宋咸淳三年（1267）从祀大成殿西庑，明嘉靖九年（1530）升配］
先贤曾氏［名点，字子皙，宗圣父。唐开元二十七年（739）从祀大成殿西庑，明嘉靖九年（1530）升配］
先贤孟孙氏［名淑，字公宜，亚圣父。明嘉靖九年（1530）配享］
东庑：
先儒周氏［名辅成，字伯大，先贤周敦颐父。明万历二十三年（1595）从祀］
先儒程氏［名珦，字伯温，先贤程颢、程颐父。明嘉靖九年（1530）从祀］
先儒苏氏［名无量，字季通，先儒苏沈父。明嘉靖九年（1530）从祀］
西庑：
先儒张氏［名迪，先贤张载父。清雍正二年（1724）从祀］
先儒朱氏［名松，字乔成，先贤朱熹父，明嘉靖九年（1530）从祀］

(二) 名宦祠（在戟门东）中祀

汉西城令杨公斑。
晋魏兴太守傅公宏。
晋梁州刺史张公光。
梁梁州刺史裴公邃。
唐金州刺史张公仲方。
唐金州刺史孙公道平。
唐金州刺史封忠惠王崔公伟。
唐金州刺史升山南东道节度使牛公蔚。
唐金州刺史裴公瑾。
唐金州刺史郑公贾。
后唐金州防御史马公全节。
宋知金州陈公彭年。
宋节制商虢陕华军事知金州王公彦。
宋金州观察使冯公行己。
宋检校少师四川安抚大使兼知金州郭恭毅公浩。
宋知金州邵公隆。
宋金州教授李公浩。
宋金州将邢公进。
宋金州转运判官陈公咸。
宋知金州徐公筠。
宋知金州范公纯粹。
宋知金州鲁公有开。
元金州知州唐公天骥。
元金州总兵官月鲁公帖木耳。
明商洛道兼摄关南守道李公应和。
明副都御使郧阳巡抚原公杰。
明郧阳巡抚蓝公章。
明太子太保、左都御使、总制雍豫荆梁四省军务洪襄宪公钟。
明西安指挥使云公海。
明关南守道吕公和。
明关南守道张公仕隆。
明关南守道刘公致中。
明关南守道丁公致祥。
明关南守道刘公世用。

明关南守道吴公乾。
明关南守道副使孙公铨。
明关南守道副使王公文瀚。
明关南守道曾公如春。
明关南守道李公天麟。
明关南守道郭公元柱。
明关南守道萧公丁泰。
明金州知州郑公福。
明金州知州阴公子淑。
明金州知州何公尚德。
明金州知州郑公琦。
明金州知州周公臣。
明兴安州知州胡公天秩。
明兴安州知州许公尔忠。
明兴安州知州金公之纯。
明兴安州知州冯公珣。
明金州州同黄公诠。
明金州判官牟公坤。
明金州判官刘公阁。
清兵部尚书陕、甘总督白公如梅。
清赠太子太傅尚书衔、陕甘总督杨忠武公遇春。
清陕西巡抚陈文恭公宏谟。
清陕西巡抚董公教增。
清陕西巡抚方襄勤公维甸。
清陕甘提督学政叶忠节公映榴。
清陕甘提督学政王公云锦。
清陕甘提督学政许公振袆。
清陕甘提督学政樊公恭煦。
清陕西布政使升直隶总督温公承恩。
清陕西按察使严公如煜。
清关南守道晏公应奎。
清关南守道毛公一豸。
清陕安兵备道升浙江盐运使蔡公琼。
清陕安兵备道升四品京卿高公赓恩。
清陕西提督柯公藩。

清兴汉镇总兵赵公光瑞。
清兴汉镇总兵三公德。
清陕安镇总兵彭公体道。
清兴安州知州王公章。
清署兴安州知州沈公天祥。
清兴安州知州李公翔凤。
清兴安州知州王公希舜。
清兴安州知州张公时雍。
清兴安州知州鲍公遐龄。
清兴安州知州刘公士夫。
清兴安州知州、汉中府同知汪公钟。
清兴安州知州李公世垣。
清兴安州知州王公政义。
清兴安府知州升任福建巡抚叶公世倬。
清兴安府知州升任陕安兵备道白公维清。
清兴安府知府庄公炘。
清兴安府知府鲍公珊。
清兴安府知府徐公栋。
清兴安府知府喻公兆圭。
清兴安府知府升任浙江温处兵备道童公兆蓉。
清兴安府知府升任云南迤南道张公筠。
清兴安府知府原任户部郎中金公文同。
清安康县知县升商州直隶州知州马公允刚。
清安康县知县张公援。
清安康县知县王公森文。
清安康县知县陈公仪。
清署安康县知县周公嘉惠。
清兴安砖坪厅抚民通判调署安康县知县沈公祖颐。
清安康县知县孔公广晋。
清安康县知县焦公云龙。
清安康县知县升任砖坪抚民通判朱公承恩。
清兴安州儒学训导曹公秉直。
清兴安府儒学教授袁公希任。
续府志名宦祠，首列毛义。按：义官安阳，与金州无涉，不应记说，见第二十五卷订讹条。至北周之贺若敦、伊娄穆，暨隋之尒朱敞，皆因臣事二姓，为知县王森文所点，盖俎豆馨香之地，未可容失节者阑入也。若吉挹等以忠列著者，邑贤张补山收入忠义祠中，斟酌允当，今从之。

（三）乡贤祠（在戟门西）中祀

汉交趾太守盐水侯锡公光。

晋安南大将军甯州刺史褒中壮侯王公逊。

晋魏兴太守散骑常侍王公澄。

北周大将军金州总管安康壮武公李公迁哲。

隋国子祭酒襄城肃公何公妥。

宋金州司士参军葛公德。

明监察御史李公善。

明监察御史江西吉安府知府鲁公得之。

明南京兵部职方司郎中刘公宇。

明翰林院检讨刘公其德。

明山东高唐州知州唐公桢。

明四川大竹县知县刘公时达。

明四川简州知州张公希仁。

明四川新津县知县侯公大化。

明山西大同府同知屠公安民。

明山西长子县知县屠公济。

明扬州府推官陈公大计。

明洋县训导蒋公汝艾。

明举人单公兴诗。

清榆林府神木县训导刘公应秋。

清举人董公韶。

清署广东广粮厅通判候补州判王公玉澍。

清云南南路州知府史公晋爵。

清四川昭化县知县谢公玉珩。

清甘肃泾州学正赵公祥。

清葭州学正鄢公淳孝。

清拣选知县四川候补直隶州州判孝廉方正张公鹏飞。

清长芦盐运使祝公垲。

《续府志》列孝儒李公于乡贤，按公以孝闻，应入孝悌祠，以符名实。至张补山乡贤考，以诸生吴锦、义民谭达文，殿诸乡贤之末，似觉未协。今则以吴谭二公附忠义祠，庶乎于礼无戾也。特注于此，以质高明。

（四）忠义祠（在戟门东名宦祠南）中祀

晋魏兴太守加封员外郎、散骑侍郎、督护梁州五郡军事吉公挹。

北周魏兴太守柳公桧。

宋金州统领官闵公立。

宋金州统制郭公进。

宋金州通判塞公彝。

宋知金州和公彦威。

宋金州统制杨公兴福。

宋金州断虎隘裨将梁公富。

明金州千夫长刘公时春。

明金州百夫长鲁公卿。

明金州百夫长谢公朝元。

清署关南守道商洛道袁忠烈公生芝。

清兴安州知州曲公良贵。

清兴安州州判侯公佳允。

清赠威烈将军署兴汉镇右营把总候补守备鲁公仁圻。

清七里关把总李公季荣。

晋义士毕公钦。

明义民王公道荣。

清贡生屠公凤翔。

清诸生吴公锦。

清义民谭公达文。

清义士张公志仁。

清义士董公凤彩。

清义士陈公怀德。

清太学生谢公元敬。

清赠征仕郎增贡生谢公玉瑛。

清庠生谢公曰鲲。

清旌义士刘公洪春。

清候选都司冉公维义。

忠义祠旧址祀王公忠植一位，按高寄《兴安州志》曰：忠植，史称宋太行义士，绍兴中知代州、统制河东忠义军马，金人围庆阳，宣抚使胡世将檄忠植以所部赴援，行次延安，为叛将赵惟清执送金人遇害。事闻，赠奉国军节度使，谥节义，祠在城西，今不可考。自知府叶公世倬以忠义祠无主，询于董朴园孝廉，孝廉以忠植对，遂补主祀之。按忠植籍隶太行，职在代州，兴郡无涉，其立祠祀之，必当时宋当金扼，藉忠植以激励天下，诏直省通祀之。现时移势迁，当专祀太行、代州、延安三处，他处可不必祀，其说甚正，故从之。

（五）孝弟（悌）祠（在戟门西乡贤祠南）中祀

唐遂宁郡公李公孝儒。

明孝义刘公盈科。

清孝士康公绍文。

清孝义王公者辅。

清孝义康公应祥。

清旌孝子赵公祥翙。

清旌孝子从九品典吏郭公士杰。

清封承德郎孝义张公廷杰。

清孝子魏公兴。

清旌孝子坊者周公开泰。

清孝子汪公启。

清孝子悌弟李公纶。

清孝子李公毓秀。

清封资政大夫附贡生谢公玉琦。

清孝子何公奠江。

清孝子陈公希士。

清道光庚子（1840）补修文庙时，孝悌止祀郭公士杰一位。邑贤张补山以安康之大，何至仅有郭公一人？爰搜集史柬之以孝悌著者多人，补主入祀，以励风化。而咸同以还，奉旨入祠，暨以孝悌闻于当时，传于后世者，乡评允协，亦仿乡先生殁，祀于社之例为之，补以示景仰云。

砖坪厅文庙：在厅东坡，距城半里，清道光初通判硕庆建。咸丰时通判万启埙葺之，同治元年（1862）毁于兵火。同治七年（1868）通判傅汝修重修如式，并修忠义等祠。启圣祠，光绪十六年（1890）通判沈祖颐更扩而增之。光绪二十一年（1895）通判鲁沛劝捐千余金，大加修葺，并请于上峰发帑金以为祀费，春秋释奠，俾诸生得习礼其中。盖前虽建庙而无祀典，厅庙之有祀典自沛始也。

汉阴厅文庙：在署东，清乾隆末圮。嘉庆壬申（1812），通判钱鹤年重修，贡生许文时又建崇圣祠。

平利县文庙：在城内东南隅。清道光三十年（1850），知县郑监，训导史兆熊重修，并建忠义、名宦、乡贤、节孝、魁星、土地6祠。

洵阳县文庙：在县治左。清道光二年（1822），知县康节重修；同治三年（1864），知县孙潍又修，并有记。详邑志。

紫阳县文庙：在县东。清道光十八年（1838），知县陈仅捐俸修，神主、祭器焕然一新，并增省牲所3间于西偏。名宦祠，在棂星门内东，中祀知府叶世倬、按察使严如熤等10余人，详邑志。乡贤祠在棂星门内西，中祀明总制三边魏学曾、兵部尚书刘四科等。

石泉县文庙：在县署东。毁于兵火。清康熙十八年（1679），知县藩瑞奇创建。

白河县文庙：清乾隆四十二年（1777）知县李宗信请帑重修大成殿3间，东西庑各3间，戟阁3间，崇圣祠3间，忠孝、节义祠各3间，名宦、乡贤祠各一间，棂星门、牌坊各一座。清道光八年（1828）知县朱斗南重修。

(六) 学额（详旧续各志）

安康县学：大学岁科额进15名，拨府6名，此定制也。清光绪三年（1877），学使陈翼破格取士，减安康县一名益汉阴县，幸署知县沈祖颐援学政全书县禀力争，光绪六年（1880）学使樊公按临兴安，准照旧录取。学额恢复，沈令力也。

石泉县学：小学额进生员8名，按会典，清乾隆四十八年（1783）割长安、盩厔、洋县、石泉、镇安5县之地设宁陕厅。清嘉庆十六年（1811）设学校，拨石泉学额一名归宁陕，自是石泉岁科试额进生员7名，拨府一名。岁试额武生同。

二、书院志（学堂附）

（一）安康县书院

1. 关南书院

自知府叶公世倬嘱安康马令允刚重修后，年久失修，倾圮已多。咸丰壬子（1852）大水，旧基荡然，知府王履亨、知县刘应祥筹款卜地于新城考院西，委举人张鹏飞督修，不日落成。清光绪十五年（1889），知府童兆蓉购院西民房，增修新斋，添购书籍数百种。惜宣统三年（1917）九月政变，损失无余。

2. 岭南书院

在县西恒口镇上街南，基地系清嘉庆二十五年（1820）购自民间叶姓者。道光十三年（1833），邑诸生徐登元等劝捐建造，计募得银37385两有奇。钱7900余串以之创舍，余资置田地房业。年终收租钱300余串，作延师课士之费；又以钱500余串发商生息。迨光绪初，有徐宗庆者接管书院事，霸公肥私，院务废弛，且谬释岭南为广东会馆。旋于清光绪十一年（1885），经诸生谬荣芳、杜振勋、杨锦彩，教职王化邦，千总杨宗泗，武生郑联甲等联名上控，知兴安府童公兆蓉主持上批，交署安康县知县焦云龙判明。岭南者，以地居越岭之南，且位于关南，在秦岭之南，故名岭南，非广东之谓也。其案遂定。唯查学田仅存6

处，年收租谷 52 石、房租钱 17200 文，当令佃户换立稞券。光绪二十四年（1898），斋长刘纪瑞，请于县令补修斋舍，县令朱承恩概捐廉俸 200 两，张太守筠亦捐廉俸 50 两，嘱诸生廖荣芳、但文炳、刘纪瑞、曾义方、王仁溥等经理修葺讲堂。

3. 安康兴贤学舍

清道光二十二年（1842），邑贤张补山等所恢复已失之学田，而创建之学舍也。其讲堂斋舍则购自原任泾州学正赵玉书先生者，额曰"兴贤"，盖取《周礼》：三年大比始饮于乡，书其德行道艺，兴贤能而升之学之意。其曰"学仓"者，邑人规复学田以示不忘，故仍沿旧名也。清咸丰四年（1854），王筱园太守以学仓名不雅训，又始易仓为舍。厥后历年由县聘请山长，每月县试一艺，堂试分别甲乙，酌给膏奖，受其裁成者，飞黄腾达，不可胜计。清光绪三十一年（1905），邑令刘懋官募款添新斋一院于西偏。

4. 义学

城乡共 16 处。东关有回民义学 3 处，陕安镇亦有义学一处，在新城兴安中学堂。清光绪三十一年（1905），知兴安府金文同创建新校于书院南，以旧关南书院为学生宿舍。工未竣，金调三合口厘金，继之者为山东党逵生，踵而成之，招生开学，人民耳目为之一新。金守回任复加整顿，添招班次，蔚为大观。校舍不能容，爰移入学使行署。以中学旧地为师范学堂，关南书院暨新斋为兴安中等农业学堂。

5. 单级师范学堂

清宣统二年（1910），知兴安府事爱星阿，就学使行署设立后，以中学堂班次增加，移入新建中学堂，以学使行署为中学堂。筹设者为生员柳肇迁、王宝树，岁支银 1800 余两。

6. 兴安中等农业学堂

清宣统二年（1910），知府爱星阿就关南书院旧址筹设。并置新城东门外坝地 10 余亩作桑园，内建办公室 3 间、夫役室两间。

7. 安康县高等小学堂

清光绪三十三年（1907），知安康县事王世英就兴贤学舍旧址改设，其经费全取给于学舍稞租。

8. 安康县两等小学堂

清光绪三十四年（1908），邑绅中书张继杰，生员余德骏、史永鉴、杨赓荣就岭南书院旧址改建初级小学，次年兼办高级。有教室两座、斋舍 19 间、操场一所。清宣统二年（1910）增修教室两座、斋舍 5 间，其经费则取给于岭南书院稞租。

9. 安康师范讲习所

清宣统元年（1909），知县事钱松年就府学署旧址，稍加修葺而成者，其经费由学务经费项下提给。

10. 安康县乙种蚕业学堂

清宣统二年（1910），知县事林扬光就城南忠惠宫、天仙宫两庙基址，添建蚕楼暨学生宿舍，开辟操场，并于校门外凿井，以备学堂之用。置桑园两处，一在校舍前，一在城内鼓楼西。图书彝器具备。

11. 安康第一女子小学堂

清宣统元年（1909），知县事钱松年假新城昭忠祠设立。初等小学堂乡城共56处。

12. 安康第二女子小学堂

清宣统二年（1910），知县事林扬光拨因案充公之套子巷瓦房3间，并筹添建讲堂两座于南城壕上，铺盖石条以作操场。以民妇杜康氏所捐遗产房屋两间作宿舍，孀妇李郭氏所捐之地稞，并渔户木竹油行等公益捐作经费，聘教育会长许鸣凤之母曹太安人充校长。

13. 安康县巡警教练所

清宣统二年（1910）知县林扬光募资购三义庙东民宅，建教室一座，办公室3间，教职员室3间，学生宿舍16间，大门3间，夫役室、厨房、食堂各3间，操场则借用三义庙戏场，经费则取给于学务经费暨新筹之公益各捐。

14. 安康县教育分会

清光绪三十二年（1906）六月，学部奏拟教育会章程，饬各省、府、州、县筹设。时知县事者为王世英，谕令学界设立。邑贡生刘衡钧毕业宏道学堂，奉令回籍充任高等小学堂教员，许鸣凤亦由优级师范学堂毕业回籍，爰纠合同人遵照部令订立会章。刘衡钧、许鸣凤、傅春暹、鲁论、凌松翘、许仁澍、王悫、张建昌、程荡平、阮善述10人为发起人。张承禄、刘德裕、束正燮、张公耀、刘文藻、许已恭、阮承有、柳纯粹、刘复强、但德元、薛珩、王文瀚12人为赞成人。假城内东南隅火星殿为会址，于光绪三十三年（1907）四月初六日开成立大会，共计会员192人，当场票选会长，以得票最多之许鸣凤、许仁澍为正副会长。宣统二年（1910）期满改选，许鸣凤、王悫得票最多，许鸣凤照章连任正会长，王悫副之，其安康新旧城所立之两女子学堂以及师范讲习所一、初级小学堂十六，夜课半日学堂各一所，皆教育会历年所惨淡经营者也。其经费则由漆行商每年乐输洋360元暨会员会金充之。

15. 劝学所

清光绪三十二年（1906）四月，学部奏定学堂章程，各府州县设劝学所一处，为全境办学之总汇。兴安府知府金文同奉到部令后，即筹设府劝学所一处，委任谢裕堂为总董，李大璋、傅鼎、阮启瑞为劝学员。

16. 安康县劝学所

于清光绪三十二年（1906）冬成立，总董一人，管理会计一人，劝学员4人。总董委张建昌充之，委傅春遑任管理兼会计。劝学员4人，即萧赞坤、杨赓荣、李圭璋、张春元也。

砖坪厅初为安康县丞分驻地，清道光二年（1822）改设通判，未设学，学额仍统于安康。

17. 砖坪烛峰书院

清道光十年（1830），通判谢集成建讲堂书舍共若干间，楹中奉"至圣先师"之位，旧名岚河书院。清同治初，川匪人城，残毁已甚。同治四年（1865），通判高承箕补修，始易今名。

18. 砖坪高等小学堂

清光绪三十四年（1908），通判屈寿昌因书院旧址重加修葺，岁支银639两。

19. 砖坪乙种农业学校

在城南，清宣统二年（1910）创立。

20. 初等小学堂

城内4乡共48处，岁支补助银686两。

21. 女子国民学堂

在厅城北门内。

22. 半日学堂

在城隍庙左侧。

（二）汉阴县书院

1. 汉阴厅学

在厅署东，复设训导一员。清乾隆五十五年（1790），汉阴通判改为抚民通判，设立学校，应试文童照潼关设学例，归该厅考取。其廪增额进生员额数，详旧续各志，兹不复赘。

2. 汉阴育英书院

在街北。清嘉庆八年（1803），署通判杜蕙劝绅庶创建，并捐廉400金为之倡。嘉庆九年（1804），通判史棠又捐廉200金，每岁收租谷3石3斗，后增至180余石。

3. 养正义学

在厅署东。清嘉庆二十二年（1817），通判钱鹤年见幼童失学者多因建此，并置常年经费包谷稞30石，贫寒子弟始受学有地焉。

4. 汉阴高等小学堂

清光绪二十九年（1903），通判姜渭就育英书院改立，岁支银2684两。

5. 汉阴两等小学堂

在涧池铺。清宣统二年（1910），乡绅张成勋倡立，岁支银 120 两。

6. 汉阴师范传习所一

岁支银 105 两，钱 75 串文。

7. 初等小学堂十

岁支银助银 500 两。

(三) 平利县书院

1. 平利县学

在县治西，训导一员。城固举人史兆熊任训导时，既殷之教士，又辑乡贤忠义节孝有关学校者，为《心劝集》，一以备考，一以牖俗。学额见《旧志》。

2. 平利锦屏书院

在县城东。清乾隆十八年（1753），邑人许世彩等捐置。知县黄宽扩充之。乾隆四十年（1775），知县秦重仁又增修。邑人杨玉朝置地，以所收租稞以饩生徒。清同治己巳（1869），知县魏锡恩捐置桌案、器具，以书院兼考院，又捐立卷局以备寒士考卷之费。后改为五峰书院，而学校大兴，此史训导兆熊序《平利县志》称，为弦诵之声遍野，昔则野昧，今则文明也。

3. 平利高等小学堂

清光绪三十二年（1906），知县王世英、绅士冯星灿就五峰书院改建。岁支银 2056 两、钱 600 余串文。

4. 初等小学堂

城乡共 54 处，初等女子小学堂一处，岁支补助银百余两。

(四) 镇坪县书院

1. 镇坪分县三山书院

在城内。清光绪三年（1877）县丞谢敬庄筹立。岁收稞钱 148 串文。

2. 镇坪高等小学堂

清光绪三十四年（1908），县丞景兴、绅士罗武甲就三山书院改建，岁支银 1110 两。

3. 初等小学堂

初等小学堂 13 处，初等女子小学堂一处。

(五) 洵阳县书院

1. 洵阳县学

在县治右，复设教谕一员。清乾隆四十六年（1781），教谕王璠捐廉修葺教谕廨，学额见旧志。

2. 洵阳敷文书院

在县治东。清乾隆十六年（1751），知县刘琪建，复经知县邓萝琴、严如煜先后整顿，称盛一时。清道光中，知县胡奎重修。清光绪中，知县王敬铸又捐宾兴钱，士林至今德之。

3. 两峰学舍

清光绪九年（1883），知县高伟立又设聚奎文会以课士。

4. 义学

一在红土寺，生员李正芳立，岁收租稞19石；一在赵家湾；一在双河铺，禀生孙远荫、贡生张继铭同立，共岁收租30石。

5. 洵阳高等小学堂

清光绪三十一年（1905），知县李丙焱就考院改建，岁支银1800余两。

6. 初等小学堂

初等小学堂12处。

（六）石泉县书院

1. 石泉县学

在县东，训导一员。清乾隆四十九年（1784），知县齐球重修。清光绪中，训导高汝翼教士有法，脩脯不较，士论德之间，学政黎荣翰请加国子监学正衔，亦异数也。学额说见前。

2. 石泉县石城书院

在县署东侧，即旧察院地址。清乾隆中，知县杨河柱、齐球、周乾先后捐建。清道光十六年（1836），知县夏鸿时捐膏火。

3. 凤阳台集义学

清道光中，江耀先、方致诚倡立。知县舒钧为立条规，并为立石以记其事。文见《金石门》。

4. 城内文昌宫义学

贡生张振光、庠生李煜捐立，前池河、城内四川会馆、丝银镇各有义学一堂。

（七）紫阳县书院

1. 紫阳县学

在县署西。清乾隆二年（1737），知县常纲详请以分县署西院改建。其款则由常令捐廉，学额见《旧志》。

2. 仙峰书院

清乾隆四十五年（1785）知县张志超建。清道光二年（1822）知县张琛改建东来书院。道光十七年（1837）知县陈仅割俸建楼房4间，道光十八年（1838）又捐廉建讲堂，额曰"东山草堂"，旁构小楼，额曰"霁阁"。旧有膏火本银 500 两，发商生息。贡生张徵、生员樊巩又捐膏火地 27 亩。又乾道以还，历任捐置膏火田，岁收租 25 石有奇。道光中，又奉文拨叛产银 130 余两，作膏火本银。

3. 义学

在东关、瓦房店、洞汝河口、蒿坪河、毛坝关。清道光四年（1824），知县张琛以建书院余款，给每学钱 200 串文。道光十三年（1833），贡生王济盛又以赈余钱 200 串文，添设麻柳坝义学一处。

4. 高等小学堂

清光绪三十一年（1905），知县陈膺臻就书院改立，岁支银 2010 两。

5. 乙种蚕业学堂

清宣统二年（1910）立。

6. 初等小学堂

城乡共 47 处。

（八）白河县书院

1. 白河县学

在县治左，训导一员。清乾隆四十二年（1777），知县李宗信重修，学额见《旧志》。

2. 天池书院

在城东北隅。清乾隆四十九年（1784），知县李宗信捐建。清道光八年（1828），知县朱斗南重修，又捐廉以助膏火。先后筹款 2608 串，发商生息。

3. 翘秀馆

清光绪中，贡生同化南等筹设，置产收租，为寒士印红宾兴公车之用。

4. 高等小学堂

清光绪三十一年（1905），知县培成就天池书院改建，岁支钱 960 余串。

5. 初等小学堂

共 40 处，其经费由各地方筹给，不足由官府资助之。

（九）宁陕县书院

1. 宁陕太乙书院

清乾隆五十三年（1788）通判陈明义捐俸在老城创办太乙书院，以太乙山命名，有房 13 间。清嘉庆三年（1797），又建正厅 5 楹、前厅 5 楹、厢房 6 间、讲亭一座、牌楼一座。书院设山长一人，主管校务，主讲两人。学生以"四书"、"五经"为课本，写作则以"制艺"为主。

2. 义学

清道光三年（1823）同知吴承烈劝捐开设义学 3 所。民国初年（1912），义学改设书院，民国五年（1916）改书院为学堂。

三、选举志（学校毕业、奖励附）

(一) 进士

谢玉珩〔安康人，嘉庆己卯（庚辰）恩科，授知县〕

茹金（汉阴人，道光丙戌科，授知县）

温予巽（汉阴人，道光癸巳科，翰林院庶吉士）

余怀堂〔平利人，道光戊辰（戊戌）科，授知县〕

祝垲（安康人，道光丁未科，授知县）

武延珍（平利人，道光庚戌科，翰林院庶吉士）

王世远（平利人，道光庚戌科，户部主事）

刘洪筒（汉阴人，咸丰壬子科，翰林院庶吉士）

王允生（升）〔安康人，咸丰壬子科，翰林院庶吉士。（存疑。见附录刘勇先《对安康清代两名"进士"的初探》）〕

张九搏〔平利人，咸丰壬子（丙辰）科，授知县〕

蒋常垣（汉阴人，咸丰癸丑科，主事）

邢景周（平利人，咸丰丙辰科，翰林院庶吉士）

余上华〔平利人，咸丰丙辰科，（兵部）主事〕

罗贤生（安康人，咸丰丙辰科，庶吉士）

何贵商（汉阴人，咸丰己未科，主事）

管涝（安康人，咸丰己未科，主事）

罗俊（儁）（安康人，咸丰己未科，授知县）

陈进衔（汉阴人，咸丰庚申科，主事）

胡应（印）远（汉阴人，咸丰庚申科，主事）

张良璋（石泉人，同治壬戌科，翰林院庶吉士）

张鹏翥（紫阳人，同治乙丑科，授知县）

鄢鸣雍（平利人，同治戊辰科，工部主事）

雷钟德（安康人，同治辛未科，钦点庶吉士）

李联芳〔平利人，同治辛未科，钦点庶吉士、翰林院编修，阁学（内阁学士）〕

彭懋谦（石泉人，同治辛未科，工部主事，广东督粮道）

曾星辉（紫阳人，同治辛未科，知县）

王隆道〔安康人（砖坪人），同治甲戌科，知县〕

何希逊（石泉人，同治甲戌科，知县）

汤子坤〔汉阴人，光绪乙亥（丙子）科，庶吉士〕

胡瀛〔阴人，光绪乙亥（丙子）科，知县〕

胡鸿典（汉阴人，光绪丁丑科，主事）
张成勋（汉阴人，光绪丁丑科，主事）
戴家松（石泉人，光绪丁丑科，主事）
陈文锐（汉阴人，光绪庚辰科，主事）
傅树棠（堂）（汉阴人，光绪庚辰科，知县）
谢化南（汉阴人，光绪癸未科，主事）
汪景星（汉阴人，光绪癸未科，主事）
赖清健（键）（紫阳人，光绪癸未科，主事）
谢裕楷（安康人，光绪癸未科，知县）
胡文瀚（汉阴人，光绪丙戌科，知县）
阮善继［安康人，光绪乙丑（己丑）科，知县］
田宝蓉（安康人，光绪壬辰科，庶吉士）
雷宝荃（安康人，光绪壬辰科，知县）
谢德昭（白河人，光绪壬辰科，知县）
何业健（石泉人，光绪乙未科，主事）
潘宜经（白河人，光绪乙未科，知县）
刘光铣［平利人，光绪乙未科，云南即用知县。（存疑。见附录刘勇先《对安康清代两名"进士"的初探》）］
谢馨（安康人，光绪乙未科，庶吉士）
陈进钜（汉阴人，光绪戊戌科，主事）
郭日章（汉阴人，光绪戊戌科，主事）
余宝凌（菱）（安康人，光绪戊戌科，庶吉士）
傅学敬（憼）（汉阴人，光绪戊戌科，知县）
张孝慈（安康人，光绪癸卯科，内阁中书）
张继信（安康人，光绪癸卯科，知县）
何毓璋（石泉人，光绪甲辰科，庶吉士）
（注：以上括号内人名为刘勇先所订正）

（二）停科后举人（朝考职附）

杨开甲［安康人，光绪三十三年（1907），陆军部主事］
王樾［安康人，光绪三十三年（1907），知县］

（三）举人

茹金（汉阴人，嘉庆癸酉科）　　　　　　赵炳（安康人，嘉庆丙子科）
谢玉珩（安康人，嘉庆丙子科）
温予巽（汉阴人，嘉庆丙子科，中北闱）

张鹏盼（安康人，道光辛巳科，后更名鹏飞）
杨家坤（紫阳人，道光辛巳科）　　廖成德（安康人，道光乙酉科）
罗代椿（兴安人，道光乙酉科）
刘继昕（洵阳人，道光壬辰科，原籍安康，太和裔）
孙良栋（紫阳人，道光壬辰科）　　鄢淳孝（安康人，道光壬辰科）
余怀堂（平利人，道光壬辰科）　　谢日奎（安康人，道光乙未科）
王允升（安康人，恩赐举人）　　　刘贤豪（汉阴人，道光乙亥科）
王昌远（安康人，道光乙亥科）　　邹兴愚（紫阳人，道光庚子科）
曹学易（紫阳人，道光庚子科）　　祝垲（安康人，道光庚子科）
乐和（白河人，道光庚子科）　　　彭龄（石泉人，道光甲辰科）
武廷珍（平利人，道光丙午科）　　庞交赞（紫阳人，道光丙午科）
蒋常垣（汉阴人，道光丙午科）　　张九搏（平利人，道光己酉科）
刘绍楚（汉阴人，道光己酉科）　　余上莘（平利人，道光己酉科）
邢景周（平利人，咸丰辛亥科）　　吕道五（石泉人，咸丰辛亥科）
罗贤升（安康人）　　　　　　　　胡文汉（汉阴人，咸丰壬子科）
吴敦品（汉阴人，咸丰壬子科）　　吴正运（兴安人，咸丰乙卯科）
胡印远（汉阴人，咸丰乙卯科）　　鲁启章（汉阴人，咸丰乙卯科）
沈淮（安康人，咸丰乙卯科）　　　张鹏寿（紫阳人，咸丰乙卯科）
黄加琨（安康人，咸丰乙卯科）　　徐清汉（汉阴人，咸丰乙卯科）
王贤辅（白河人，咸丰戊午科）　　管涝（安康人，咸丰戊午科）
何贵高（汉阴人，咸丰戊午科）　　张承燮（平利人，咸丰戊午科）
危凌云〔安康人，咸丰己午科，光绪十一年（1885）任韩城教谕〕
张良璋（石泉人，咸丰己未科）　　王韶（安康人，咸丰己未科）
张洺（平利人，咸丰辛酉科）　　　鄢鸣雍（平利人，咸丰辛酉科）
蒋顺常（汉阴人，咸丰辛酉科）　　张钧（石泉人，咸丰辛酉科）
李芬（安康人，咸丰辛酉科）　　　余上贤（平利人，咸丰辛酉科）
谢裕栋（安康人，同治己巳补行壬戌甲子恩正并科）
张良珏（石泉人）　　　　　　　　李星瑞（平利人）
雷钟德（安康人）　　　　　　　　周廷桢（石泉人）
谢仁全（安康人）
茹东瀛〔汉阴人，任耀州学正，光绪十一年（1885）〕
陈进铠（汉阴人）　　　　　　　　王隆道（安康人）
何希逊（石泉人）　　　　　　　　胡汝渊（汉阴人）
戴如兰（石泉人）
沈德福〔汉阴人，光绪十一年（1885）任朝邑教谕〕

柳扬辉（安康人）　　　　　　　　陈文锐（汉阴人）
王重藩（安康人）　　　　　　　　刘云灿（安康人，同治庚午科）
彭懋谦（石泉人）　　　　　　　　宋遐龄（紫阳人）
陈树森（兴安人）　　　　　　　　谢裕三（安康人）
汤子坤（汉阴人）　　　　　　　　李联芳（平利人）
蔡玉衡（平利人）
吕廷祯［石泉人，光绪十一年（1885）任三水训导］
戴如松（石泉人）　　　　　　　　曾星辉（紫阳人）
谢化南（汉阴人，同治癸酉科）　　胡洪典（汉阴人）
谢名杰（汉阴人）　　　　　　　　胡瀛（汉阴人）
陈国新（石泉人）　　　　　　　　谢裕棠（安康人）
谢仁荣（安康人）　　　　　　　　刘瑞龄（安康人）
叶成章（石泉人）　　　　　　　　黄兆良（紫阳人）
阮善继（安康人）　　　　　　　　张成勋（汉阴人）
萧承露（白河人）　　　　　　　　钱广恩（白河人）
张敦俭（汉阴人，光绪己亥科）　　张建安（紫阳人）
夏云（石泉人）　　　　　　　　　夏建寅（石泉人）
谢裕楷（安康人）　　　　　　　　王正芳（平利人）
夏耀坤（石泉人）　　　　　　　　黄弼臣（白河人）
胡钧（平利人，光绪丙子科）　　　黄毓堂（白河人）
王凤鸣（汉阴人）　　　　　　　　汪景兴（汉阴人）
赖霞举（紫阳人，更名清健）　　　刘金重（紫阳人）
毛鸿济（白河人）　　　　　　　　柴世显（白河人）
傅树棠（汉阴人，光绪己卯科）　　柯益恭（平利人）
袁世荣（安康人）　　　　　　　　罗钟衡（安康人）
苟贤（汉阴人，光绪壬午科）　　　武显文（平利人，光绪乙酉科）
黄华齐（白河人）　　　　　　　　阮开珂（白河人）
吴致远（白河人）　　　　　　　　胡永荣（平利人）
胡文焕（汉阴人）　　　　　　　　田宝蓉（安康人）
李懋德（安康人，光绪戊子科）　　石国钧（白河人）
屈三省（洵阳人）　　　　　　　　阮善述（安康人）
潘宜经（白河人）　　　　　　　　雷振南（平利人）
余鼎臣（安康人）
张品三（汉阴人，光绪戊子科，临潼县教谕）
顾鸿思（平利人）　　　　　　　　张继宗（平利人）

陈进钜（汉阴人）	李树森（洵阳人，光绪己丑科）
黄凤鸣（白河人）	雷宝荃（安康人）
斐友宽（白河人）	方谱颂（兴安人）
邹宗鲁（安康人）	刘光铣（平利人，光绪辛卯科）
谢德昭（白河人）	朱陶（白河人）
陈丹墀（紫阳人）	张兆兰（紫阳人）
余宝凌（安康人）	洪维藩（平利人）
廖文鉴（平利人）	陈爵（紫阳人）
洪祥麟（平利人）	桂东林（洵阳人，光绪癸巳科）
谢仁泳（安康人）	杨桂芳（安康人）
彭漾藻（石泉人）	刘化南（安康人）
张子绥（汉阴人）	柳应元（安康人）
张继信（安康人）	陈进銮（汉阴人）
曹京周（平利人）	谢馨（安康人）
詹倬高（紫阳人）	何业健（石泉人，光绪甲午科）
博学敬（憝）（汉阴人）	李绍白（紫阳人）
张培桂（汉阴人）	杨开甲（安康人，光绪丁酉科）
陈延海（安康人）	郭日章（汉阴人）
段堃燡（平利人）	郑希贤（石泉人）
张建昌（安康人）	钟隆鉴（汉阴人）
武焴（平利人）	陈文燮（汉阴人）
刘复张（安康人）	
张孝慈（安康人，光绪壬寅补行庚子、辛丑恩正并科）	
刘作式（汉阴人）	文辉藻（汉阴人）
张翼廷（汉阴人）	何毓璋（石泉人）
柯大典（安康人，更名劲）	张远猷（洵阳人）
曾宪勋（安康人）	王樾（安康人）
陈祖培（安康人，光绪癸卯科）	刘裕书（安康人，光绪癸卯科）
秦继善（白河人，光绪癸卯科）	康济川（汉阴人，光绪癸卯科）
傅其祥（汉阴人，光绪癸卯科）	

（四）拔贡

谢企安（汉阴人）	梁州岱（洵阳人，乾隆辛酉科）
陈帝典（平利人，乾隆辛酉科）	刘有垣（安康人，乾隆癸酉科）
张鹏翼（安康人，嘉庆癸酉科，后更名鹏盼，复更名鹏飞）	
谢玉珩（安康人，嘉庆癸酉科）	麻苊（石泉人）

张廷秀（石泉人，乾隆己酉科）　　　　温予巽（汉阴人，嘉庆癸酉科）
徐步瀛（紫阳人，嘉庆癸酉科）　　　　梁上雏（洵阳人，嘉庆癸酉科）
胡绍业（洵阳人，嘉庆癸酉科）　　　　沈兴间（安康人，道光乙酉科）
梁逢泰（洵阳人，道光乙酉科）　　　　张大松（平利人，道光乙酉科）
刘建滋（白河人，道光乙酉科）　　　　曹学易（紫阳人，道光乙酉科）
李庸（石泉人，道光乙酉科）　　　　　单士林（紫阳人，道光丁酉科）
谢曰鸿（安康人，道光丁酉科）
田有秋（白河人，道光丁酉科，府学）
卫径（白河人，道光丁酉科）　　　　　杨传杰（洵阳人，道光丁酉科）
武廷辉（平利人，道光丁酉科）　　　　吕道岸（石泉人，道光丁酉科）
曾以忠（汉阴人，道光丁酉科）　　　　曾以恕（汉阴人，道光丁酉科）
任鼎（石泉人，道光丁酉科）　　　　　周焱林（石泉人，道光丁酉科）
何象贞（安康人，道光己酉科）　　　　祝濂（安康人，道光己酉科）
单学廉（紫阳人，道光己酉科）　　　　王贤辅（白河人，道光己酉科）
祝保平（洵阳人，道光己酉科）　　　　武廷鏊（平利人，道光己酉科）
胡印远（汉阴人，道光己酉科）　　　　张家驷（石泉人，道光己酉科）
张光畴（紫阳人，咸丰辛酉科）　　　　艾尚志（安康人，咸丰辛酉科）
朱元勋（石泉人，咸丰辛酉科）　　　　陈文锐（汉阴人，咸丰辛酉科）
鄢鸣雍（平利人，咸丰辛酉科）　　　　余上富（平利人，咸丰辛酉科）
张悌［白河人，咸丰辛酉科，光绪十一年（1885）任麟游教谕］
桂长林（洵阳人，咸丰辛酉科）　　　　陈正楷（汉阴人，咸丰辛酉科）
阮善继（安康人，咸丰辛酉科）　　　　欧启麟（汉阴人，同治癸酉科）
赖霞举（紫阳人，同治癸酉科，乡举后更名清健）
温应彰［兴安人，光绪十一年（1885）官鄂县训导，按缙绅补］
谭廷选（石泉人，同治癸酉科）　　　　杨鸿仪（白河人，同治癸酉科）
谢仁澍（安康人，同治癸酉科）　　　　沈觐堂（安康人，同治癸酉科）
刘瑞麟（安康人，同治癸酉科）　　　　郭焱昌（洵阳人，同治癸酉科）
王正方（平利人，同治癸酉科）　　　　边桂芳（安康人，光绪乙酉科）
周文郁（安康人，光绪乙酉科）　　　　武宪文（平利人，光绪乙酉科）
李树森（洵阳人，光绪乙酉科）
吴作霖（白河人，光绪乙酉科，后更名作宝）
李绍白（紫阳人，光绪乙酉科）　　　　陈宝鼎（石泉人，光绪乙酉科）
胡从洛（汉阴人，光绪乙酉科）　　　　郭尚仁（石泉人，光绪丁酉科）
王汝翼（安康人，光绪丁酉科）　　　　罗秉璋（安康人，光绪丁酉科）
吴咏宽（紫阳人，光绪丁酉科）　　　　柴守愚（白河人，光绪丁酉科）

朱自芬（石泉人，光绪丁酉科）　　傅其祥（汉阴人，光绪丁酉科）
张远猷（洵阳人，光绪丁酉科）　　马文兆（安康人，光绪丁酉科）
武乃愚（平利人，光绪丁酉科）　　陈振纪（紫阳人，宣统己酉科）
刘焕章（洵阳人，宣统己酉科）　　吴学平（紫阳人，宣统己酉科）
李洤（安康人，宣统己酉科）　　　刘锡五（安康人，宣统己酉科）
梁定中（洵阳人，宣统己酉科）　　王化成（安康人，宣统己酉科）
陈子钧（安康人，宣统己酉科）　　黄慎修（白河人，宣统己酉科）
李承霖（石泉人，宣统己酉科）　　张培祺（汉阴人，宣统己酉科）
刘衡钧（安康人，宣统己酉科）　　黄士俊（安康人，宣统己酉科）
杨步瀛（石泉人，宣统己酉科）　　陈汝清（汉阴人，宣统己酉科）
张毓林（平利人，宣统己酉科）　　毛树林（白河人，宣统己酉科）
周准（平利人，宣统己酉科）

（五）副榜贡生

曹学易（紫阳人，道光辛卯科）　　乐和（白河人，道光丁酉科）
刘贤杰（汉阴人，道光庚子科）　　张家驷（石泉人，咸丰辛亥科）
蒋常钧（汉阴人，咸丰辛亥科）　　张真乐（汉阴人，咸丰壬子科）
张鹏翥（紫阳人，咸丰乙卯科）　　蒋顺常（汉阴人，咸丰乙卯科）
王化行（咸丰戊午科）　　　　　　李敷荣（安康人，同治己巳科）
夏建寅（石泉人，同治庚午科）　　黄凤藻（平利人，光绪丙子科）
张品三（汉阴人，光绪乙亥科）　　姜继善（洵阳人，光绪乙亥科）
谢聘珍（汉阴人，光绪己卯科）　　柳先辉（安康人，光绪壬午科）
罗廷辅（紫阳人，光绪壬午科）　　陈远模（安康人，光绪乙酉科）
张珍（紫阳人，光绪己丑科，更名倬）　高群（平利人，光绪己丑科）
王夺鳌（兴安人，光绪己丑科）　　刘照端（白河人，光绪己丑科）
陈振初（紫阳人，光绪辛卯科）　　郑世甲（白河人，光绪辛卯科）
赵光明（安康人，光绪甲午科）　　余宝滋（安康人，光绪壬寅科）
陈如墉（紫阳人，光绪壬寅科）　　邹应铎（汉阴人，光绪壬寅科）
董炳勋（安康人，光绪壬寅科）　　陈正心（白河人，光绪癸卯科）

（六）优贡生

郭自章（汉阴人，光绪甲午科）　　邱道孝（安康人，光绪甲午科）
杨逢时（洵阳人，光绪癸卯科）
周继武（白河人，光绪丙午科，丁未会考七品小京官）
喻嘉猷（安康人，光绪丙午科）　　程功伟（紫阳人，宣统己酉科）

（七）停科后生员（考职附）

胡鸿钧（汉阴人，光绪丙午）　　王镛（安康人，光绪丙午）
刘景周（安康人，光绪丙午）　　郭代藩（石泉人，光绪丙午）
张致中（安康人，光绪丙午）　　廖华国（平利人，光绪丙午）
柳宏本（安康人，宣统己酉）　　刘同伦（汉阴人，宣统己酉）
荆凤翔（安康人，宣统己酉）　　殷德懿（汉阴人，宣统己酉）
史永鉴（安康人，宣统己酉）

（八）孝廉方正

王朴［白河人，雍正元年（1723）副贡举］
洪廷茂［平利人，嘉庆三年（1798）生员举］
张鹏飞［道光元年（1821），安康拔贡举］
魏如磋（白河人，道光元年增生举）
刘德榜［紫阳人，道光二年（1822）举］
王煦［平利人，生员，同治二年（1863）举］
何悌堂（安康人，廪生，同治二年举）
谢裕楷［安康人，生员，光绪元年（1875）举］
陈甲［平利人，生员，光绪二年（1876）举］
张继杰［安康人，廪生，中书科中书，宣统元年（1909）举］
陈子尧（安康人，增生）　　匡直（紫阳人，府学增生，宣统元年举）
曾玉鸣（紫阳人，廪生）　　罗武甲（平利人，例贡）

（九）陕西省礼议议员

1. 安康县

张建昌、阮善述、柳应元、刘文藻、张恩学、柳纯粹、萧赞坤、王计百、马际泰

2. 紫阳县

张希仲（监生、捐中书科中书）　　陈振初（副榜）

（十）岁贡生

1. 汉阴厅恩岁贡生

巫崇（咸丰□年，府）　　　　沈宜蕃［嘉庆十七年（1812）］
方矩（同治□年）　　　　　　许正［嘉庆十九年（1814）］
胡挹桂（光绪□年）　　　　　刘浩远［嘉庆二十一年（1816）］
陈会典（同治□年）　　　　　刘天辉［嘉庆二十三年（1818）］
傅树棠（同治□年）　　　　　傅如玉（同治□年）
刘光沣（同治□年）

2. 安康县恩岁贡生

邱炳文［嘉庆十六年（1811），府］　　马裕贵［嘉庆十六年（1811），府］
郑开瑄［嘉庆十七年（1812）］　　王熊［嘉庆十八年（1813），府］
史班修［嘉庆十九年（1814），府］　　郭永清［嘉庆十九年（1814）］
程睿［嘉庆二十年（1815）］　　唐济［嘉庆二十年（1815）］
张国表［嘉庆二十一年（1816）］　　郑学儒［嘉庆二十一年（1816）］
李朝纲［嘉庆二十二年（1817）］　　赵居所［嘉庆二十二年（1817）］
刘大志［嘉庆二十三年（1818）］　　马献书［嘉庆二十三年（1818）］
李应选［嘉庆二十四年（1819）］　　鲁兰佳［嘉庆二十四年（1819）］
洪宪章［嘉庆二十五年（1820）］　　韩迎春［嘉庆二十四年（1819）］
陈声信［道光元年（1821）］　　谢日昌、刘希颜［道光二年（1822）］
谢仁晖［道光二年（1822）］
郭得仁、伍芳俊、杨化洽、王友德［道光四年（1824）］
李梦龄［道光十四年（1834）］
焦长泰、汪凤鸣、雷钟仁、赵居谦［道光十六年（1836）恩］
陈声荣、雷兆吉［道光十八年（1838）］
马正棠、寇学哲、谢日康、韩应元、方煜、谢日麟、张珍、王仁玉［道光二十年（1840）］
杨家斡［道光二十年（1840）］李应升、陈家锁［道光二十三年（1843）］
杨家芳［道光二十五年（1845）］　　唐天桢［道光二十五年（1845）］
雷兆庆、阮钧衡［道光二十六年（1846）恩］
罗维新［道光二十六年（1846）］
朱化南、陈声忠［道光三十年（1850）恩］
杨国荣［咸丰元年（1851）恩］　　柳生辉［咸丰元年（1851）恩］
鲁鼎新［咸丰二年（1852）］　　彭升、李九龄［咸丰六年（1856）］
吴元钧［咸丰六年（1856）恩］　　郭晋吉［咸丰六年（1856）］
方矩［咸丰七年（1857）］　　刘开祥［咸丰七年（1857）］
李致和［咸丰八年（1858）］　　黄善忠［咸丰八年（1858）］
郭增佑、胡德元、贺云奎、李训典［咸丰元年（1851）］
侯谨章、王普爵、阮钧石［咸丰十一年（1861）］
查昌隆［同治元年（1862）］　　邱俊江［同治二年（1863）］
谢仁惠［同治三年（1864）］　　谢贵晖［同治三年（1864）］
赵玉树［同治四年（1865）］　　邱俊英［同治五年（1866）］
陈远则［光绪九年（1883）］
陈鼎新、陈廷瑞、沈世贤［光绪十一年（1885）］

谢裕模、张行懿［光绪十一年（1885）］
薛文锦、张庆龄［光绪十五年（1889）］
谢炳熏、邱鹏杰［光绪十六年（1890）］
赵昌龄［光绪十六年（1890）］
汪洋、廖鼎三［光绪十七年（1891）］　吴栋［光绪十八年（1892）］
刘光宗［光绪二十年（1894）］
刘宝潘、李明远、张炳［光绪二十二年（1896）］
胡文亨［光绪二十二年（1896）］　　沈德立［光绪二十三年（1897）］
吴相材［光绪二十四年（1898）］　　李甲巂［光绪二十四年（1898）］
谢仁广［光绪二十五年（1899）］　　李茂［光绪二十五年（1899）］
宋席珍［光绪二十六年（1900），恩］　王绍周［光绪二十六年（1900）］
李大璋［光绪二十七年（1901）］　　袁登鳌［光绪二十八年（1902）］
张廷璧［光绪二十八年（1902）］　　常聘三［光绪二十九年（1903）］
李宗正［光绪二十九年（1903）］　　赵光辉［光绪三十年（1904）］
杨永登［光绪三十一年（1905）］　　杨飞金［光绪三十一年（1905）］
钟玉山［光绪三十二年（1906）］　　王炳德［光绪三十三年（1907）］
谢裕典［光绪三十四年（1908）］　　曹士华［宣统元年（1909），恩贡］
廖立三、张继德［宣统元年（1909），恩］
唐栋耀［宣统二年（1910）］

3．平利县恩岁贡生

胡吉伍［嘉庆十九年（1814）］　　汪洋［嘉庆二十一年（1816）］
张大权［嘉庆二十三年（1818）］　　马正棠［嘉庆二十三年（1818）］
程祖洛［嘉庆二十四年（1819），恩］　李凤集［嘉庆二十五年（1820），恩］
萧承智［嘉庆二十五年（1820）］　　罗启贤［道光元年（1821），恩］
吴凤栋［道光二年（1822）］　　　邱谟［道光四年（1824）］
罗启昌［道光六年（1826）］　　　郑炳焕［道光八年（1828）］
余佩［道光十年（1830）］　　　　丁光斗［道光十年（1830）］
吴江［道光十二年（1832）］　　　吴麒［道光十六年（1836），恩］
周椿［道光十六年（1836）］　　　李华国［道光十六年（1836）］
王淮［道光二十年（1840）］　　　张享［咸丰三年（1853），恩］
张洺［咸丰四年（1854）］　　　　储光耀［咸丰五年（1855）］
王煦［咸丰六年（1856）］　　　　杨燮坤［咸丰八年（1858）］
曾瑞［咸丰十年（1860），恩］　　杨正泽［咸丰十年（1860）］
蔡玉衡［同治元年（1862），恩］　陈子麟［同治元年（1862）］
夏时［同治三年（1964）］　　　　黄甲［同治四年（1865），恩］

洪谦［同治五年（1866）］　　　　洪一士［同治七年（1868）］
汪波［同治七年（1868）］　　　　胡锦成［同治九年（1870）］
刘恩溥［同治九年（1870）］　　　黄启后［同治十一年（1872）］
陈叙撰［同治十一年（1872）］　　蔡连茹［同治十三年（1874）］
柯瑞洲［道光二十一年（1841）］　吴瑞松［道光二十二年（1842）］
涂丁峰［道光二十五年（1845），恩］陈长青［道光二十六年（1846）］
胡恺［道光二十六年（1846）］　　胡琼［道光二十八年（1848）］
程锦春［道光三十年（1850）］　　田昆玉［道光三十年（1850），恩］
陈鼎新［咸丰二年（1852），恩］　杨朝盛［咸丰二年（1852）］
杨㝢［光绪元年（1875），恩］　　崔纪琳［光绪二年（1876）］
孙奉先［光绪四年（1878）］　　　李文瑞［光绪五年（1879），恩］
王正山［光绪六年（1880）］　　　陈友忠［光绪六年（1880）］
詹维翰［光绪七年（1881），恩］　马世华［光绪十年（1884）］
黄榜魁［光绪十二年（1886）］　　张承谟［光绪十四年（1888）］
陈鼎勋［光绪十五年（1889）］　　范体元［光绪十五年（1889），恩］
倪肇端［光绪十六年（1890），恩］胡大观［光绪十八年（1892）］
胡丙［光绪二十二年（1896）］　　皮宝林［光绪二十二年（1896）］
吴炳杰［宣统元年（1909）］　　　赖闵文［宣统二年（1910）］

4. 洵阳县恩岁贡生

梁正南［嘉庆十五年（1810）］　　陈国典［嘉庆二十四年（1819）］
朱鹏翼（年选甘肃固原州学正）
李先春、郭登鹏、陈铃、陈致、刘自正、张承业、刘世奇（嘉庆时贡，年份未详）
高登位［道光元年（1851）］　　　江中蛟［道光二年（1852），恩］
刘世俊［道光十年（1830）］　　　梁正良［道光十四年（1834）］
王梦觉［道光十五年（1835）］　　张继铭［道光十六年（1836）］
陈克照［道光十六年（1836），选泾阳训导未赴］
郭士豪［道光二十年（1840）］
何彦荣［道光二十五年（1845），恩］潘凤超［道光二十八年（1848）］
陈道均［道光二十八年（1848），选南郑县训导未赴］
王振泰［道光二十九年（1849）］
杨必发、高志臣、陈步高、牛中选、梁少衢、罗仲生、萧汝亨、陈良弼、刘道经（道光时贡，年份未详）
吴攀德［咸丰元年（1851）］　　　李廷相［咸丰二年（1852）］
孙远荫［咸丰三年（1853），选高陵县教谕］

杨昌贵［咸丰五年（1855）］
时步云［咸丰九年（1859）］　　王振扬［咸丰十一年（1861）］
王士豪［同治元年（1862）］　　屈成英［同治元年（1862）］
陈良臣［同治四年（1865）］　　桂宗仪［同治五年（1866）］
王民湄［同治五年（1866）］　　石玉屏［同治七年（1868）］
梁大壮［同治十一年（1872）］　程明选［同治十一年（1872）］
赵联桂［同治十三年（1874）］　徐清鉴［光绪元年（1875）］
张鹏程［光绪二年（1876）］　　郭士高［光绪三年（1877），恩］
郭炳昌［光绪三年（1877）］　　黄彩耀［光绪五年（1879）］
石玉山［光绪五年（1879），恩］　牛益清［光绪八年（1882）］
杨仲起［光绪十年（1884）］　　祝方翔［光绪十二年（1886）］
华顶云［光绪十四年（1888）］　杨桢槛［光绪十四年（1888）］
萧长庚［光绪十六年（1890）］　桂茂林［光绪十六年（1890）］
王万和［光绪十八年（1892）］　鲁世吉［光绪二十年（1894）］
孙光宗［光绪二十年（1894）］　陈执瑞［光绪二十四年（1898）］
李鼎昌［光绪二十六年（1900）］

5. 紫阳县恩岁贡生

李炳文［嘉庆十八年（1813）］　陈训吕［嘉庆二十一年（1816）］
樊鸣鹤［嘉庆二十一年（1816），选同官县训导］
余昌凤［嘉庆二十四年（1819）］　鄢开泰［嘉庆二十四年（1819）］
刘复元［嘉庆二十四年（1819）］　叶继芬［道光元年（1821），恩］
杨景福［道光元年（1821）］　　张图福［道光二年（1822）］
叶继功［道光三年（1823）］　　韩立节［道光六年（1826）］
鄢保泰［道光八年（1828）］　　聂绍履［道光十年（1830）］
李际昌［道光十二年（1832）］　穆三凰［道光十四年（1834），恩］
陈声荣［道光十八年（1838）］　罗科纲［道光二十年（1840）］
曹学诗［道光二十二年（1842）］　陈家镔［道光二十三年（1843）］
张朝麟［道光二十三年（1843）］　杨家若［道光二十五年（1845），恩］
庞泰潮［道光二十六年（1846）］　赵如玉［道光二十七年（1847）］
陈声惠［道光三十年（1850）］

卢西琳、卢俊、刘昌华、曹希睿、刘文蔚、王际盛、刘日新（道光时贡，年甲无考）

陈懋蔚、周锡桢［咸丰五年（1855）］

张翼［咸丰六年（1856）任洛阳训导］张鹏程［咸丰六年（1856）］

唐化醇［咸丰八年（1858），任镇安县训导］

贺时雍 [咸丰九年（1859）]

徐存桢 [咸丰十一年（1861），署略阳训导]

施含贞 [咸丰十三年（1863），盩厔训导]

王锡达 [同治二年（1863）]

穆烩 [同治四年（1865）]　　　　　赵鸣玉 [同治四年]

汪鱼化 [同治六年（1867）]　　　　王应春 [同治八年（1869）]

曹希莲 [同治九年（1870）]　　　　庞交辅 [同治九年（1870）]

王应清 [同治十年（1871）]　　　　卢先登 [同治十一年（1872）]

吴正广 [同治十三年（1874）]　　　毕含章、卢芬（年甲无考）

刘肇 [光绪三年（1877）]　　　　　汪从仁 [光绪九年（1883）]

聂绪敏 [光绪十年（1884）]　　　　卢先毓 [光绪十年（1884）]

陈鸿应 [光绪十三年（1887）]　　　邓毓林 [光绪十三年（1887）]

卢先第 [光绪十三年（1887），恩]

申南邦 [光绪十五年（1889），任甘泉县训导]

唐俊章 [光绪十六年（1890）]

张允武 [光绪十六年（1890），恩蓝隶同知衔。历任广东新淦县，四川合州、江津、三台知县，酉阳直隶州知州，宜陇知县]

曹贤炜 [光绪十八年（1892）]

杜正荣、纪春坊、余凌霄 [光绪十八年（1892）]

宋周宾 [光绪十八年（1892），恩]　魏春元 [光绪十八年（1892）]

杨永仪 [光绪二十年（1894）]　　　杨永锡 [光绪二十二年（1896）]

余芳 [光绪二十四年（1898）]　　　王锡蕃 [光绪二十五年（1899）]

赖扬芬 [光绪二十六年（1900），恩] 彭寿恺 [光绪二十六年（1900）]

吴其章 [光绪二十六年（1900）]　　王瑞生 [光绪二十八年（1902）]

卢先治 [光绪三十年（1904）]　　　纪春甲 [光绪三十年（1904）]

郑禹堂 [光绪三十年（1904）]　　　陈振骧 [光绪三十一年（1905）]

李忠源 [光绪三十二年（1906）]　　费云程 [宣统元年（1909）]

袁增科 [宣统二年（1910），恩]　　袁圭璋 [宣统二年（1910）]

雷兆霖 [宣统二年（1910）]

6. 白河县恩岁贡生

燕仁寿 [嘉庆十八年（1813）]　　　汪敦伦 [嘉庆二十年（1815）]

陈良翼 [嘉庆二十四年（1819），洛阳训导]

张昌琇 [嘉庆二十五年（1820）]

李文化 [道光元年（1821）]　　　　张闰成 [道光元年（1821），府学]

刘森 [道光二年（1822）]

雷大亭［道光二年（1822），选同官县训导］
黄道显［道光四年（1824）］　　　　魏如切、许登元［道光十二年（1832）］
汪允宏、杨复旦［道光十二年（1832），选咸阳训导未赴卒］
崔奉瓒［道光十四年（1834）］　　　黄炳［道光十六年（1836）］
陶兴邦［道光十六年（1836）］　　　高从龙［道光十八年（1838）］
李章美［道光二十年（1840）］　　　王士元［道光二十二年（1842）］
侯自魁［道光二十四年（1844）］　　黄经秦［道光二十五年（1845）］
阮贵［道光二十六年（1846）］　　　纪华魁［道光二十八年（1848）］
刘建功［道光三十年（1850）］　　　纪华春［道光三十年（1850）］
黄位中［咸丰元年（1851）］　　　　吕跻仁［咸丰二年（1852）］
杨兆鼎［咸丰二年（1852）］　　　　陈其殷［咸丰四年（1854）］
李宝麟［咸丰六年（1856）］　　　　马集火［咸丰六年（1856）］
魏缉［咸丰八年（1858）］　　　　　雷溥［咸丰十年（1860）］
王昌俊［咸丰十年（1860）］　　　　郑凌霄［同治元年（1862）］
王泽［同治元年（1862）］　　　　　刘相［同治元年（1862）］
阮亨益［同治四年（1865）］　　　　阮盘石［同治五年（1866）］
钱青选［同治七年（1868）］　　　　刘祷［同治九年（1870）］
黄显厚［同治十一年（1872）］　　　陈文盛［同治十一年（1872）］
周化南［同治十三年（1874）］　　　柴世德［光绪元年（1875），恩］
柴世珍［光绪二年（1876）］　　　　张闰律［光绪四年（1878）］
冯立德［光绪五年（1879）］　　　　吴著文［光绪六年（1880）］
张恪［光绪七年（1881）］　　　　　王国初［光绪八年（1882）］
吴纪勋［光绪十年（1884）］　　　　李采飞［光绪十二年（1886）］
阮远铺［光绪十四年（1888）］　　　张景［光绪十五年（1889）］
余进［光绪十六年（1890），恩］　　陈宝瑞［光绪十六年（1890）］
柴守身［光绪十八年（1892）］
黄世熙、毛广聪、牛镔、何发枢、吴自新（均为府学，年甲未详）

（十一）廪贡受职

史班成（安康人，廪生，乾隆捐训导，署洋县训导）
成德（安康人，廪生捐贡）　　　　　李应选（安康人，廪生捐贡）
张哲（汉阴人，生员，嘉庆初以督修寨堡御贼，总督宜给从九品执照，咨部议叙以八品，故单等补缺候用）
王承祚（汉阴人，附生捐贡）　　　　沈钧（安康人，廪生捐贡）
谢玉章（安康人，廪生捐贡）　　　　骆丕宗（平利人，廪生捐贡）
杨朗（汉阴人，附生捐贡）　　　　　郑岩（安康人，附生捐贡）

闻振彩（安康人，附生捐贡）　　　巫光秦（汉阴人，廪生捐训导）
李永年（安康人，附生捐贡）　　　罗国桢（安康人，附生捐贡）
季应举（安康人，生员，议叙官浙江定海县知县）
杨映魁（安康人，附生捐贡）　　　祝亨金（安康人，增生捐贡）
吴型典［汉阴人，廪生，嘉庆元年（1796），以平匪功议叙训导］
谢玉瑛（安康人，增生捐贡）　　　谢玉琦（安康人，附生捐贡）
刘仪［安康人，廪生，以嘉庆八年（1803）平定川楚贼寇军功，任甘肃碾伯县训导］
张万选（安康人，生员，以平定川楚军功，叙从九品）
刘信（安康人，生员，以平定川楚军功，叙训导）
张候钧（安康人，生员，以平定川楚军功，训导）
陈三元（安康人，生员，以平军功，叙六品职）
马定瑚（安康人，生员，以平川楚军功，授八品职）
梁文（安康人，原名际秦，以军功叙九品职）
张大权［平利人，嘉庆二十三年（1818）廪生，捐贡］
张大楠［平利人，嘉庆二十三年（1818）廪生，捐贡］
周必孝［平利人，嘉庆二十四年（1819），由廪贡加捐县丞，补江西东江县县丞］
王友柏（平利人，廪生捐贡）
周模［平利人，道光七年（1827）由廪贡加捐经历］
吕声谐（洵阳人，廪生捐贡）
黄开先（洵阳人，增生捐贡，署华阴训导）
武庭辉（平利人，附贡，署延安教谕）
袁宗安（洵阳人，廪生捐贡）
张燕山（汉阴人，廪生，五品封典）
袁继泰（洵阳人，廪生捐贡，选富平训导）
吴希贤（安康人，廪生，捐训导，选渭南训导，后历署襄阳同知，安陆府知府）
谢仁溥（安康人，附贡加捐刑部主事，后以平定粤匪军功保知府花翎，分发山西补用，署武宁府知府）
陈雄藩（安康人，生员，以平定甘回功保花翎加知府衔，光绪□□引见，分发直隶，历署宝坻、密云等县事）
束文启（安康人，附生捐贡）　　　黄凤丹（平利人，附生，捐训导）
凌子珍（汉阴人，廪生，捐训导，历署渭南训导）
张继杰（安康人，廪生捐中书科中书）

季鸿钧（安康人，廪生捐县丞，分发甘肃试用）
曾沐盘（安康人，生员，捐贡）
曾志远（安康人，生员，捐贡，山东试用县丞）
蔡燮勋（白河人，附生，捐贡）　　　程荡平（安康人，增生，捐贡）
但德元（安康人，附生，捐贡）

（十二）武进士

李红标［道光六年（1826），丙戌科，广西桂林营参将］
哈元祥［同治十年（1871），辛未科，汉中左营都同］
哈成凤［同治十年（1871），辛未科，汉中略阳营守备］
史永祺［光绪十五年（1889），己丑科，花翎二等侍衔］
吉人杰［光绪十六年（1890），恩科，署陕安镇中营守备］
罗邦彦［光绪十八年（1892），壬辰科，陕安镇中营守备］
朱光辉［光绪十八年（1892），壬辰科，四川建安营都司］
袁世佐［光绪二十一年（1895），乙未科，陕安镇左营守备］

（十三）武举

张曾念（嘉庆癸酉）　　　　庞光远（嘉庆己卯）
马金邦（道光壬午）　　　　李红标（道光乙酉）
杨开春（道光庚子）　　　　徐占魁（道光壬辰）
刘德章（道光甲午）　　　　哈成龙（道光庚子）
束文锦（道光戊申）　　　　王志忠、吴逢选、刘永祥（咸丰乙卯）
束文彪（咸丰乙卯）　　　　吴杰（咸丰乙卯）
陈大才（咸丰乙卯）　　　　聂全（咸丰丙辰）
束文英（咸丰戊午）　　　　成三智（咸丰戊午）
聂福魁（咸丰戊午）　　　　聂占魁（咸丰己未）
徐日升（咸丰己未）　　　　哈元祥（咸丰辛酉）
束文华（咸丰辛酉）　　　　陈连元［同治八年（1869）己巳］
哈成凤（同治己巳）　　　　马岐山（同治庚午）
李奋魁（同治庚午）　　　　吴枢（同治癸酉）
李生荣、李鸿恩（同治癸酉）　张继琮（同治甲戌）
张大德（光绪乙亥）　　　　张定魁（光绪己亥）

1. 安康县武举

马继武（光绪元年乙亥）　张建科（丙子）　　李三元（丙子）
马继元（丙子）　　　　　马金梁（乙卯）　　吴荣（己卯）
赵连璧（己卯）　　　　　陈忠（己卯）　　　马长年（壬午）

刘捷三（乙酉）　　　张先魁（乙酉）　　　束开甲（乙酉）
袁纪府（乙酉）　　　贺世泰（戊子）　　　史永棋（戊子）
刘世魁（戊子）　　　宋光辉（己丑）　　　罗邦彦（己丑）
张荣棣（己丑）　　　徐元杰（己丑）　　　马春山（辛卯）
姚兴楷（辛卯）　　　李肇基（辛卯）　　　张治岐（辛卯）
杨肇武（辛卯）　　　陈鼎英（辛卯）　　　刘振甲（辛卯）
王鼎甲（癸巳）　　　郑联璧（癸巳）　　　袁世佐（甲午）
罗邦杰（甲午）　　　姚善祥（丁酉）　　　李钟英（丁酉）
陈重山（丁酉）　　　陈岐山（丁酉）

以上是光绪年间武举。

2．汉阴县武举

萧树勋（光绪丙子科）　　　苏映荣（光绪己卯科）
苏映祥（光绪己卯科）　　　谢金标（光绪壬午科）
谢朝杰（光绪壬午科）　　　段以礼（光绪乙酉科）
邹应标（光绪戊子科）　　　邹应龙（光绪戊子科）
沈德溢（光绪乙丑科）　　　赵鸿谟（光绪甲午科）
吴登良（光绪丁酉科）　　　罗定基

3．平利县武举

王兴鹏（砖坪王英子）、余典、马柱、李生花、刘炳辉、李万华、柯清麒、马定国、哈鹏鬐、常建勋、马林、周守义、刘元亨、陈俊勋、周成立、余鼎、陈万功、姜佑超、骆景晖、吴炳焕、陈鑫、马安慈

4．洵阳县武举

李祥庆、何文海、吉人杰、杨振武、向连陛、黄桂林、汪浩然、吉玉杰、任名扬、李先志、李清潆、任明堂

5．石泉县武举

郑勤业（道光壬午科）　　　钟殿英（光绪丙子科）
钟殿元（光绪壬午科）　　　钟晋魁（光绪丁酉科）
陈国典（光绪丁酉科）　　　郑振纲（同治庚午科）
朱秉珍（光绪乙卯科）　　　陈国鼎（光绪丁酉科）
郭邦彦（光绪丁酉科）

6．紫阳县武举

侯天荣（嘉庆戊辰科，兵部差官）　　　马殿安（道光丁酉科）
吴学钜（光绪己卯科）　　　　　　　　王芳衡（光绪甲午科）

7．白河县武举

张鼎新（光绪己丑科）　　　谢先举（光绪辛卯科）

(十四) 国外留学生

庞梁（道光时官乌鲁木齐都司）

张祥麟［紫阳人，增生，日本早稻田大学毕业，宣统元年（1909）学部考试给文科进士，学部主事］

罗仁博［安康人，监生，日本明治大学毕业，宣统二年（1910）学部考试给法政科举人，七品小京官，河南知县］

张孝慈、柴守愚、张树森。

(十五) 各省留学生

余震旭（安康人，附生，陕西优级师范学校毕业，陕西提学使考试奖给法范科举人，加中书科中书衔）

卢标（紫阳人，附生，陕西优级师范学校毕业，陕西提学使考试奖给法范科举人，加中书科中书衔）

魏绍祺（紫阳人，附生，陕西优级师范学校毕业，陕西提学使考试奖给法范科举人，加中书科中书衔）

刘式金（平利人，附生，陕西优级师范学校毕业，陕西提学使考试奖给法范科举人，加中书科中书衔）

卢植瑞（安康人，附生，陕西优级师范学校毕业，陕西提学使考试奖给法范科举人，加中书科中书衔）

柳贵本（安康人，陕西高等学堂补习，中学毕业）

杨维时（平利人，陕西高等学堂补习，中学毕业）

刘衡钧（安康人，陕西宏良学堂毕业）

第三编　府县重视教育的部分官员

古代在安康地区（州）府、县任知府、知县的333名"高级知识分子"，来自各省市，他们都是饱学经史子集之士，非常重视教育，把家乡好的教育经验带来并在本地实施。

赵至，字景真，后改名浚，字允元。魏晋代郡（今山西代县）人。年十四，诣洛阳游太学，遇嵇康写石经，徘徊不能去，请问嵇姓名，康异而告之。年十六即随嵇康还山阳受业。康每曰："卿头小而锐，瞳子白黑分明，有白起之风。恨量小狭。"至曰："尺表能审玑衡之度，寸管能测往复之气，何必在大，但问识如何耳。"后诣魏兴见刺史张嗣宗，甚被优遇。嗣宗迁江夏，相随到涢川，欲因入吴而嗣宗卒。尝三辟幽州从事；断九狱，见称精审。太康八年（287）以良吏赴洛阳，其志不就，号愤恸哭，呕血而卒。今魏兴、洵阳郊坰，俱有"景真泊舟"遗迹，乃赵至遗踪芳躅所经历之处也。（《中国人名大辞典》、《洵阳县志·流寓》）

张仲方，唐广东韶关人，祖张九龄为开元间名宰相。幼而颖慧，宰相高郢尝异之曰："必为国器。"贞元三年（787）擢进士，后坐吕温贡举门生案，贬为金州刺史。仲方在金州有政声，郡人有田，宦人夺之，仲方三疏理其冤，卒与民值，人民爱戴之。（《旧唐书》、康熙《兴安州志》）

苗晋卿，字元辅，唐壶关（今山西壶关县）人。进士，累迁中书舍人，知吏部选事，进侍郎。积宽纵，致吏下作奸，贬为安康太守。与人为善，政尚清正，民安静不扰。徙魏郡，政化大行，迁东都留守致仕归里。及安史之乱，玄宗入蜀，唐肃宗诏赴行在，拜左相，平京师，封韩国公。代宗时，吐蕃犯京师，晋卿以病卧家，贼胁之，噤不肯语，贼不敢害。帝还，拜太保。晋卿所至，以惠化称。秉政7年，小心谨畏，比汉之胡广。卒谥文贞。（《新唐书·苗晋卿列传》）

姜公辅，唐爱州日南人（日南郡治西卷，今越南平治省广治市）。进士及第为翰林学士，岁满当迁，以母老赖禄而养，求兼京兆护曹参军事。公辅有高才，每进见，敷奏详亮，德宗器之。永贞元年（805）任金州刺史，有政略。时金州所属西城县，地面旷远，民间输粮，诉讼实有鞭长莫及之势，因奏制于西城西南百里汉水上置石泉县（今岚河口），专司巡缉，以昭周详。上允之。（《旧唐书》、《兴安州志》）

崔斯立，字立之，又字行坚，行二十六，故又称崔二十六。博陵人。能诗，有逸句，与韩愈唱和。唐元和十三年（818）官大理评事，以言事黜官，贬金州西城丞。改西城县令。西城大旱，饿殍满道路，多方赈济之，形销骨立不顾也，故吏民敬爱之。韩愈有《寄崔二十六立之》诗篇，有句曰："西城员外丞，心迹两屈奇。往岁战词赋，不将势力随。"又曰："逼迫走巴峦，恩爱座上离。昨来汉水头，始得完孤寂。"（《全唐诗》、《兴安府志》）

李翱，字习之，唐陇西成纪（今甘肃天水）人。韩愈弟子。历任校书郎、国子博士、史馆纂修，迁金州刺史。性峭鲠，有文章，见推于时。累官至山南节度使。韩愈提出"性三品"说，反对佛老人性论。翱追随韩愈而修正其说，提出"性善情恶"说，指出性是第一性的，情由性派生，但两者互有密切关系，反对佛教有其积极作用，其实质是用儒家的唯心主义代替佛老的唯心主义。（《新唐书》、《兴安州志》）

姚合，陕州峡石（今河南三门峡）人。宰相姚崇曾孙。唐宪宗元和三年（808）进士，授武功主簿。历官金州、杭州刺史，秘书少监。在金州期间，为政简易，吏民和悦，多引外方文化名人来金州唱和游览，如贾岛、无可、皇甫曾等人。同期，有安康山水诗作30余首，使安康山水文化得到重视。姚合世称姚武功或姚少监，其诗作也称"武功体"。所作诗篇多写个人日常生活和自然景色。喜为五律，刻意求工，颇类贾岛，故"姚贾"并称。其诗为南宋江湖派诗人所师法。著有《姚少监诗集》，又编有《极玄集》。（《新唐书》）

卢知猷，字子暮。中进士第，登弘辞。补秘书省正字，中书舍人。出为饶州刺史，以政最闻。唐僖宗幸山南，乃避地金州。驾还，征拜工部侍郎，历官户部尚书、太子太师。知猷器量浑厚，善书，有楷法，文辞赡丽。昭宗时为刘季述所幽，感愤而卒。（《续兴安府志补遗》、《中国人名大辞典》）

牛蔚，字大章，僧孺子，第进士，由监察御史，升为右补阙。大中初屡条时政，唐宣宗嘉之。累迁吏部郎中，失权幸意，贬国子博士。后为金州刺史，有政声，吏民赖之，转升为山南西道节度使。黄巢陷京师，遁山南，故吏民喜蔚至，争相迎候，后以尚书右仆射致仕。入金州名宦祠。（《甘肃通志》、乾隆《兴安府志》）

陈彭年，字永年，宋南城（今属江西）人。雍熙二年（985）进士。真宗咸平二年（999）知金州，以文学饬吏治，吏民敬爱之。尝上疏言"经世要道"五事。升参知政事。奉诏与邱雍修撰《大宋重修广韵》韵书（简称《广韵》）。北宋皇帝认为前代韵书、字书偏旁差讹，传写漏落，注解未备，旧本既讹，学者多误，有必要修订增损。首次修订于景德四年（1007），再修于大中祥符元年（1008）。此书在《切韵》基础上增益而成，实际上是一部按字头读音编排的字典，是上探三代两汉六朝语音，下推近现代语音，研究汉语音韵学、方言学、汉语史不可缺少的工具书，亦可用来识读古书难字、翻检字义，在汉语语音学史上占有重要地位。(《兴安州志》、《中国人名大辞典》、《中国古籍辞典》、《辞海》)

甄履，北宋皇祐间由进士自历下司寇移汉阴县。皇祐四年（1052）六月九日，汉水大溢，邑署漂没，请于府，迁县署于尉厅东，方兴工。未竣，奉文摄西城县，是年十一月，遂改西城令。至和元年（1054）冬，刘公宰汉阴，再请毕工而城始完。明年春，因笔于社溪行香院，勒石纪之，具载年月。（按：碑原立于石泉县西寺，因掘地得之，方知汉阴旧治所在。而甄、刘二公皆有功于邑治者。）（康熙《汉阴县志》）

陈师道，陈琪之子，字履常，一字无己，号后山居士，宋徐州彭城（今徐州市）人。元祐时因苏轼等推荐，为徐州教授。后任太学博士，秘书省正字等职。家境困窘，爱苦吟，有"闭门觅句陈无己"之称。江西诗派的代表作家之一，常与苏轼、黄庭坚等唱和。诗多写其生活琐事，风格奇峭清新，为文师曾巩，清峻俏丽，辞藻华赡。宋熙宁七年（1074）父琪通判金州，尝客居金州，作《忘归亭记》，著有《后山居士文集》。（康熙《兴安州志》、《后山居士文集》）

张伯端，一名用成，字平叔。北宋道士，全真道南五祖之一。少中进士，通三教典籍及刑法、书算、医卜、战阵、天文、地理、吉凶、死生之术，自称在成都遇异人（一说刘海蟾），授以金液还丹诀，遂改名用成，号紫阳。著有《悟真篇》，论述内丹修行和道教、禅宗、儒教"三教一理"思想。后世奉为南宗或紫阳派初祖，称紫阳真人。又据《紫阳志》载：宋元丰间，师事青城仙翁，默授真诠，至紫阳瓮儿山（今仙人洞），面壁数年，飞升而去。著有《悟真篇》、《青华秘文》传世。又《金丹四百字》，玄奥瑰丽，真人自序，所谓包含天地之根基，贯穿阴阳之骨髓者。（《辞海》、道光《紫阳县志》）

范纯粹，字德孺，范仲淹第四子，能吏。以荫迁至赞善大夫，检正中书刑房。与同列有争，出知滕县。迁提举成都诸路茶厂。元丰中，为陕西转运判官。时五路出师西夏，高遵裕出怀庆、刘昌祚出泾原、李宪出熙河、种谔出鄜延、王中正出河东。遵裕怒昌祚后期，欲按诛之。昌祚忧患病卧，其麾下皆愤焉。纯粹恐两军不协，致生他变，劝遵裕往问昌祚疾，其难逐解。吴居厚为京东转运使，数献羡赋，神宗将以徐州大钱203缗助陕西，纯粹语其僚曰："吾部虽急，忍复取此膏血之余？"即上奏："本路得钱诚为有利，自徐至边，劳费甚矣。"恳辞弗受。入为右司郎中。哲宗立，居厚败，命纯粹以直龙图阁往代之。尽革其苛政。时苏轼自登州召还，纯粹与轼同建募役之议，轼谓纯粹讲此事尤为精详。徽宗立，以言者落职，贬知金州，有善政，明决于事，人不能欺。（《宋史》、《兴安府志》）

张朴，宋德兴（今江西德兴县）人。北宋大观间第进士，大观三年（1109）

知金州，累迁侍御史，尝言："朋党分攻，非朝廷福。"时郎官冗滥，宋徽宗让张朴考校优劣，择出庸碌者斥之。后蔡攸引为道史检讨官，召试中枢舍人。（《明一统志》，四库本）

陈咸，字逢儒。南宋淳熙二年（1175）进士第，调内江县尉，有政声，迁东路转运判官。金人截汉水上流，咸不动，转增馈米于金州，人皆曰："金州之险，金人不可向，何以为之？"咸曰："敌至而虑，无及矣。"未几，金人犯上津（今山阳、郧西一带）。守卫依靠这批馈米，固守金州。后召为司农少卿，卒，谥勤节。入金州名宦祠。（《宋史》、康熙《兴安州志》）

唐天骥，元代大德年间任金州（今安康）知州。当时金州城因连年战祸，学校庙宇衙门被毁。唐天骥在城西南兴建庙宇3间，东西修建走廊和厢房，设置儒学，兴办教育，对安康早期教育有政绩。

蒋昺，字克明，山东邱县人。明成化二年（1466）进士，授行人，改官御史。因陈言忤上意，贬谪四川建昌卫知事。弘治元年（1488）迁南直隶长洲县知县，调洵阳县知县。是时，邑中废坠未举者尚多，昺勤于修葺，续修洵阳文庙，创建惠民局、养济院，增修临崖寺，建芝亭等。广储务积，兴学设教，爱民礼士，其时年谷熟登，瑞应迭见。累迁至山西按察司佥事，去后邑人思之，立望侯石于学宫前。（《陕西通志》、《中国人名大辞典》、光绪《洵阳县志》）

王坪，失里籍。明成化七年（1471）以进士知金州。才干优长，有吏治才。先是金州文庙在州治南崇道街，永乐十四年（1416），汉水涨溢，文庙被淹，房屋多坏。成化四年（1468），知州高嵩修罅补漏。明伦堂故在文庙大成殿后，因高嵩去任而未修葺，倾圮尤甚于文庙。成化八年（1472），知州王坪再加修葺文庙，使之一新。迁明伦堂于文庙西。堂前为进德、修业二斋；东西相向为大门、仪门，直达崇道街。规模始备。（《兴安州志·学校志》）

普晖，山西垣曲人。明景德间中乡举，成化十二年（1476）任白河县知县，性明敏，能举事。成化十四年（1478）金州知州郑福延请撰写《金州志》，为金州首部志书。成化十五年（1479）以政声卓异，迁山东按察佥事。大臣迭荐有经济才，将大用，卒。士论惜之。（《中国人名大辞典》、《金州志序》）

郑福，字伯祥，深州（今河北深县）人。明成化十三年（1477）因获嘉治（能吏），有殊绩出为金州刺史。察民利弊，次第施行，先省沃土，课民树桑棉、艺菽粟，下令曰："尔寒我寒之也，尔饥我饥之也，尔力此可免矣。"继修庙学、鸠民斩材、陶砖瓦，下令曰："尔愚我愚之也，尔顽我顽之也，习此可变矣。"第二年筑堤防汉水，又疏浚陈、施二沟水入黄洋河以分其势。度东西南三郭隙地，搆屋数百楹设市廛、集商贾，数年间，阛阓鳞次。城西七里沟多虎患，福令剪荆擒捕，矢于城隍神曰："勿容虎食吾民，吾躯亦可饱虎。"猎人旋杀五虎以献。神滩巨石横江，为舟楫患，郑福别疏河洪，棹如安流。朔望燃檀（香）自矢曰："口而不心欺天也；幽而违显罔人也；私而胜公负国也，蹈是天必厌之。"迁浙江佥事，民为立祠刻石纪其政。(《兴安州志》、道光《安康县志》)

张大纶，四川成都人，明举人。成化十六年（1480）任汉阴知县，后升任徽州知州。张大纶在汉阴任职期间，热心地方建设，积极兴建和扩建学堂，维修衙门公署，并组织群众疏通月河，开凿堰渠，发展农业生产。惩恶扬善，颇具声望。他爱好诗文，注重古文献的研究，成化十六年（1480）主修第一部《汉阴县志》。

阴子淑，四川内江人。明成化十七年（1481）以进士知金州。平易近人，时州中婚丧多铺侈，延僧请道，竞相斗靡，甚有倾家败产者。公莅任正婚丧，禁浮屠，风俗为之大变。旋又均徭役，减民之负，令民谦让。晋浙江佥事。(《兴安州志》)

李昆，字永裕，河南汴京人。明弘治元年（1488）进士，官陕西佥事，迁布政司少参分守关南道。捐俸修金州文庙。补葺郡西石堤。工诗，有集行世。历礼部侍郎，累官兵部左侍郎。(《明史》、《兴安州志》、《陕西通志》)

唐希介，山西阳曲人。由进士选翰林院庶吉士，授工科给事中，明弘治八年（1495）改为汉阴县知县。汉阴县城卑隘，拓展城池周四里。又兴学校，厚风俗，民戴其德。官至按察司副使。(康熙《汉阴县志》)

吕和，浙东四明人。明正德二年（1507）以进士任抚民副使。时州多豪横，民受其害。吕和下车密访，获之禁锢，其闻风逋亡者，至老不敢归，民害以消。复捐俸修葺文庙，恢郭其规模。又修凿万春寺道路3里，皆不动公帑，清操卓品，士论赞之。(《兴安州志》)

刘仲英，山东莱州人。明弘治十三年（1500）进士，正德三年（1508）任金州知州。风流儒雅，慈祥恺悌，饬学宫，表节孝，招流亡，劝农耕，士民赖之。又工古文词，清扬隽永，人争诵之。著有《新叶诗咏》行世。(《陕西通志》、《兴安州志》)

张光宇，陕西蓝田人。明弘治进士，官陕西都指挥使，正德三年（1508）率军队驻紫阳滩（时紫阳尚未建县，隶金州），防堵四川农民军蓝廷瑞、鄢本恕入陕。历时3年，擒蓝廷瑞、鄢本恕，境内赖以安堵。兼工诗文，著有《紫阳神峰山元帝庙碑记》、《驻防任河口诗章》，亦儒将也。(《陕西通史》、《中国人名大辞典》、康熙《紫阳县志》)

徐有为，湖广石首县人。明正德五年（1510）以举人任洵阳县知县。时四川蓝廷瑞、鄢本恕倡乱，往来川陕间，都指挥使张光宇驻紫阳滩（时紫阳尚未设县）防堵，檄文6邑运粮接济，邑贫不能供，遂捐俸为倡，购粮以充之。是年之冬，蜀寇自平利犯洵南，公驰赴七里关御之，奔波跋涉，偶感风寒，竟卒于任。(光绪《洵阳县志》)

姚昊，字玄溟，浙江仁和人。明正德六年（1511）进士，授陕西布政司佥事，旋补分守关南道。金州入省道，山高路险，人烟稀少，驿传邮递，常不得食。昊为建官亭于沿途，行旅商贾始安心就道。（《兴安州志》、《陕西通志》）

吕柟（楠）（1479—1542），字仲木，号泾野，明代著名理学家，西安府高陵（今陕西省高陵县）人。吕柟自幼笃志好学，虽寒冬酷暑，端坐诵读于书舍。14岁应童子试，补廪生。正德三年（1508）殿试进士第一，中状元，授修撰。在翰林院充任经筵讲官、考官、史官期间，讲授义理，尽心竭力；考核官吏，不徇私情；主持修史，秉笔直书。后为宦官刘瑾所忌，托病离去，微服策骞，避地金州，寓郡南之纯阳宫。柟为一代理学名臣，时王阳明、湛若水学说盛行于世，他独守程、朱不变。世宗即位召回，因进谏贬谪解州判官。后累迁至南京礼部右侍郎，与湛若水等共主讲席。寓金州时，常与乡进士鲁得之就正所学。尝题壁于纯阳宫，流传至今。（《兴安州志》、《陕西通志》）

张世隆，河南彰德人。明正德间进士，明嘉靖元年（1522）任分守关南道抚民副使。时有地方土贼聚五峰山（今汉滨区县河乡一带），恃险劫掠，历年为患。世隆督知州张藻、判官文羽宋，领民兵，冒矢石，野宿传餐，战于山沟间，擒杀无遗种。农民安枕，行旅野宿，民为立祠，岁时祀之。（《陕西通志》、《兴安州志》）

李学礼，南京人。明嘉靖七年（1528）进士，官陕西布政司少参，分守关南道驻金州，建汉阴北龙冈灌台，修城东郭门，升吏部侍郎。（《明史》、《陕西通志》、《兴安州志》）

周臣，字子忠，江南吴县人。明嘉靖十年（1531）由进士出任金州知州。作兴学校，培养士类，尝捐俸增修儒学明伦堂5间，改进德斋为博文斋；修业斋为约礼斋。叶世倬《续兴安府志》引高仲偕《兴安州志》云："周公知郡在嘉靖十年，诗书画俱工，居官多美政，后由金州补任山东高唐州。"周臣与前明七子之一的王九思善，诗歌唱和，曾寄金州新茶与王九思品尝。王九思有《金州周守惠茶》诗两首作答。其一曰："老去难胜酒，闲来独倚楼。使君题玉版，仙茗自金州。春泛山泉色，香分汉水头。枯肠从此润，短咏若为酬。"（《兴安州志》、《兴安府志》）

杨儒，字道夫，号柏崖子，河南孟津县人。明嘉靖十九年（1540）以进士署金州，能文章而勤于政事。先是州无钟楼，无以司晨昏之节，上任伊始，即修楼铸钟，金州始有钟楼。（《兴安州志》、《金州创建钟楼碑记》）

何尚德，山西猗氏县人。明嘉靖二十年（1541）以举人任金州知州。历4载，清廉如一日，省刑薄敛，兴利除害，岁积谷千石备赈。罪犯抵销刑罚的罚金（赎锾），不装进自己的腰包。行之日，赎锾七百两尽上报焉。（《兴安州志》）

萧汝舟，山东临淄人。明嘉靖二十三年（1544）以进士任金州知州，勤于修葺，广于积储，爱民礼士。嘉靖二十六年（1547）守道刘世用对萧说："金州僻在一隅，士业其间，少见经书全籍，要从外面购回而储之，以资士子阅读。"萧说："是啊，学校未兴，提调之耻，经正以兴，庶民守之，固所愿也。"遂奉命拓地开基，修尊经阁于黉宫之东，经书子集兼收，自此金州始有藏书。白河参政柴儒为之撰碑刊石。（《兴安州志》、柴儒《尊经阁碑记》）

陈大道，四川南充县人。《旧志》载进士，查《登科录》并无其名，恐是乡贡士。明嘉靖三十二年（1553）任洵阳县知县，正婚葬，禁浮屠，宽和明断，士人怀服。常念庠序乃本源之地，洵邑儒学成化间圮于水，迁至县治左拓修之，至弘治间邑侯蒋昺续修后，已逾50年未修葺，殿庑颓圮，垣缭弗饰，慨然有兴起斯文之思，于是捐资以为倡，重加修葺，焕然一新。（《陕西通志》、光绪《洵阳县志》）

郭纶，山西长治人。明嘉靖三十三年（1554）以举人知金州，亲民爱士，人敬畏之。尝与守道李天麟捐资增建儒学中门、左右角门及学正、训导住宅，廓其规制，焕然一新。（《兴安州志》）

温如春，字仁和，河南洛阳人。明嘉靖三十四年（1555）进士，任陕西分巡副使，迁分守关南道。累官至吏部侍郎。博涉经史、善诗文，潇洒飘逸，有魏晋之风。在金州日，尝捐俸修葺天圣寺。行迹所至，辄有题咏。（《仁和先生诗集》、《兴安州志》）

唐朝相，湖南湘潭县人。明嘉靖三十五年（1556）由举人任紫阳县典史，事治民怀，修葺庙学，董理经营，竭力尽心，士林怀之。升巡司去。（康熙《紫阳县志》）

李宇，号黄源，河南杞县人，明嘉靖三十七年（1558）以举人筮仕青州，惠施于民，已有遗思。丁内艰后，于万历十八年（1590）补汉阴县令。公天性方正，政崇大体，其所建置必系风教，关名节，垂永赖者，则修之。如新饬学宫，表扬节义及垦草莱，辟荒芜之类。凡见之疏请中所称述者，不可殚记。一切沾煦欢娱之事，厌薄不为，而独留心民瘼。邑最苦徭役，民惮其捐，常业以避征缮。李宇调停参酌，定为画一，上之当道，遂为汉南一路倡。诸逋负流移者，各各归乡里，清占田以实编户，而邑户口岁增焉。申罢站役，改拆站银，为民请命，极力担当。去任之日，民思之不置，为立去思碑。（康熙《汉阴县志》、《陕西通志》、《邑侯李公去思碑》）

李宇，杞县人。举人，明万历年间（1573—1586）任汉阴知县。

张亨甫，北直隶内黄县人。明嘉靖三十七年（1558）以举人任紫阳县知县。紫阳设县乃正德五年（1510）。正德八年（1513），首任知县张琴莅任，庶事草创，依山阻水，垣埔未暇创设。亨甫履任，始建白当道，派给六县（石、汉、洵、平、白、紫）丁夫，鼎建新城，广袤640丈，设卫学宫，政务一新，士民

怀服。有遗爱碑（今佚）。（《陕西通志》、康熙《紫阳县志》）

曾如春，字景默，江西临川人。明嘉靖四十四年（1565）进士，由翰林院修撰改陕西按察司副使。万历十九年（1591）任分守关南道镇兴安。时大水之后，新城虽立，市肆仍在旧城。如春至则询瘼问俗，棘廉水状，临流四顾，谓署郡别驾张海曰："子亦察于水乎，牧竖之藉石而寝也，先虑风雨。今城广千寻，计万家，偃卧于水浒而不闲于桑土之术，其何免于危乎？"于是下令筑堤，西由龙窝，东止惠壑，积石封土，连亘160丈，高广两丈。南山涧溪环新城而东，汉水涨则合势上行，汪洋一片，旧筑长春堤（东堤）截之。因辟大窦（今叫喇叭洞）为闸，顺则泄，逆则阖，岁久而倾。如春又遣工伐石甃砌，累封3丈，延展8丈，险阻壮丽10倍于前。功成告竣，民庆安澜。万历二十六年（1598）升浙江左布政使，右副都御史巡抚河南。万历二十八年（1600）京畿潞河屡决堤，所在震惊，诏责如春护卫，筹划机宜，幸际安澜。以工部侍郎总督河道，疏筑有法，人民赖之。（《明通鉴》、《中国人名大辞典》、刘卿《曾公筑堤记》）

李时秀，山西孟县人。明隆庆四年（1570）以举人任汉阴县事，厚礼待士，表彰贞烈节孝，正风易俗，县得大治。越河水泛，城东西两厢倾为泽国，时秀志切为民，捐俸为倡，修城筑堤，民得实利。为立生祠以祀之。（《陕西通志》、《兴安州志》）

杜珏，直隶人。明隆庆年间以举人任石泉县和县，果敢任事，见城为土垣，下雨辄圮，叹曰："此岂可以为保障乎？"请于台司，捐俸鸠工，乃始以石为城。堞高两丈5尺，下石上砖，4门建楼各3层。时石泉尚隶属汉中府。工城报竣，道府泛舟至，集宴于南楼，各赋诗，亦盛事也。（康熙《石泉县志》）

周宗懿，山西忻州人。明万历二年（1574）以举人任紫阳县知县。廉明仁俭，劝民耕桑，教民礼义。崇实政，不侈虚文。一切除烦苛，勤抚恤，徐取邑务而调济之。治国如治家，爱民如爱子。悯恤夫马头之苦累，往往倾家逃窜，申允均派里甲，站价募夫。听讼摘伏如神，案牍亲裁，吏胥噤缩，老狱积疑，一讯得清，苟平反之。法难逭者，虽权贵人关说无所纵。遇旱涝祈祷辄应，至于修学礼士，宣谕化民、剔蠹赈饥，捐俸修城，招抚流移，不用行役，其良法美政难以殚述。三载考最，升临洮别驾，将西上，邑之人攀辕卧辙载道泣送，为立去思碑。（康熙《紫阳县志》、魏学曾《邑侯周公德政碑》）

史评，山西忻州人。明万历三年（1575）由举人任汉阴县知县，爱士礼贤，剔弊除奸。莅任3年，邑风俗化淳，民乐其业。调任富平，人多念之。（康熙《汉阴县志》、《兴安府志》）

南兆，山东濮州人。明万历五年（1577）进士，万历八年（1580）授洵阳县知县。洵阳承凋敝之后，兆莅任即申饬法纪、调剂机宜，恪守官箴，稽查吏蠹，期年之内威惠大行，贤声四著。洵阳故无志书，兆尝手茸一编，创修洵阳首部志乘。虽考核无尽博洽，然于当日之赋重役烦，太息不已，则其轸念民艰具见梗概，况今日借以考订，未必非其捃摭之力也。（光绪《洵阳县志》、《兴安府志》）

朱好谦，字云岩，四川人。明万历八年（1580）以进士任金州知州。修葺文庙，捐俸置买学田30余亩，作士子膏火，其作兴学校，躬行化导，士信服之。以丁忧去，人多念之。（《兴安州志》、道光《安康县志》）

姚凤翔，浙江人。明万历八年（1580）以进士任金州知州。政尚清廉，安静不扰。尤以振兴文教为己任，生童课艺，亲加审改，品评甲乙，剖俸赏之，造就金州之士颇多。（《兴安州志》、《陕西通志》）

李天麟，顺天人。明万历八年（1580）进士。万历二十八年（1600）任关南守道。驻兴安4年，划奸剔蠹，定号房，化窝停，禁健讼，清飞诡，申乡约，严保甲，立常平仓，设施粥厂，捐学田，搜隐逸，采贞婺、布科条、百废俱兴。去之日，士庶自东郭属之境外送行，无虑数千人，相与拥塞郊关，拥马泣去。邑人为立生祠祀之。邑进士刘卿为之纪。（《兴安州志》，刘卿《李公祠记》）

戴文亨，四川丰都县人。明万历十一年（1583）以举人任紫阳县教谕，谨厚朴雅，性慈仁静，为政实心。万历十四年（1586）升兴平县知县，去之日，民攀辕泣送。（康熙《紫阳县志》、《兴安府志》）

刘致中，河南延津人。起家进士，以名御史指摘当路，出为陇台佥宪，寻擢少参驻魏兴（金州）。魏兴固关以南一都会。城垣咫尺汉江，往往见害河伯，当事者卒莫能出民鱼鳖也。明万历十年（1582），公监兹土，下车即兴礼劝学，平徭薄赋，锄强禁奸，与百姓更始。万历十一年（1583）仲夏，霪雨如注，移时汉水暴涨，公始担心洪水之患，城以外治舟筏，城以内则苦筑东北两门捍之。不久洪水汹涌莫遏，越女墙数丈进城。左右候公先出，公曰："与民谊属一体，如去，其鱼矣。姑与共之。"遂由筏渡房，由房达树，经一昼夜，始从善水者负出。时眷属付东流者5人，不顾也。公曰："此多难之日，不一劳则不永逸。"故为之改城以远害也。而长春、万春两堤则增而高焉，遂筑新城于赵台山下。因积劳成疾，驯致不起，甫戒巾车，资粮不备，惟季郎持一药囊东归。道路之人无不加额以戚，而竟客死南阳。尝云："一心营职不为利，疾不为死。"上闻其事，敕金州立祠祀之。（孙奕世《刘公祠碑记》、《陕西通志》）

袁一翰，曲周（今河北曲周县）人。明万历十一年（1583）由举人任汉阴县知县。剔弊除奸，任劳任怨。在任多所建设。万历十二年（1584）为文庙创建仪门一间、角门二间，又重修城垣、濠池。又捐金重修原公祠（原杰抚治郧阳及兴汉一带，编籍流民，俾无籍者欣然附之）。作兴学校，躬行化导，修葺城池，以固防御。上宪嘉之，升陇右州知州，士民至今称之。（乾隆《汉阴县志》）

邓朝佐，江西南昌人。明万历十五年（1587）以举人任紫阳县知县。仁慈廉洁，兴利除害。初任紫阳，值审役之日，清查弊窦，贫富不淆，众口称之。其在紫阳，恐胥役骚扰，制隶牌勾讼，皆知期就讯，情有可原者即祛逐之，冤有可伸者即开释之。尝谕人曰："三尺法吾不敢枉，尔等各宜守法，自是安静不扰。"常念庠序乃本源之地，捐奉修葺明伦堂，月季课试，评品作兴，诸生无不悦服。均邑田土荒瘠，催科急，恐民苦累，乃富抚字，定程限。他如旌节孝、赈茕独，尽心民事。俸禄菲薄，有余钱即佐公事。推诚待民，宛然父子。然而竟以耿介杵当路，降其官。临行之日，行李萧萧，士民贶馈，坚辞弗受曰："仕宦阮途，无忝清光。"老稚攀辕涕泣，同声歌曰："召哉父，杜哉母，若召若杜，胡行之苦，思之感之，其在去后之屺岵。"（刘四科《紫阳邑侯邓公去思碑》）

郭元柱，号朝石，四川人。明万历十六年（1588）以进士官陕西布政司佥事，旋署分守关南道。念兴安被水之后，汉南士多不能自解脱于穷愁，计治生尚且不赡，遑恤读书。慨捐俸银移于郡守置学田百亩，郡人感之，函致山东左布政司刘卿为记，大意云：巡宪郭公作人造士，念学田废而痛士之无以糊口也，捐俸资移檄吾郡置学田焉。予惟举废兴作，今之仕者所讳也。公独奋然为之无所顾，非其立万代之功，开千秋之利者乎？使天下监司，皆能以公之心为心，又何患人文之不炳耀，而士之失养耶？公也，可以风矣。（《兴安州志》、刘卿《郭公学田记》）

李钟元，湖广人。明万历二十五年（1597）以进士任兴安知州，精明烛奸，博雅爱士，加意斯文，尝捐资修葺秦郊社学，规划学田一区，又捐资修文昌阁，士庶诵之。（《兴安州志》、道光《安康县志》）

张继芳，山西沁水人。明万历三十三年（1554）以进士任紫阳县知县。才能敏捷，惠威兼济。紫阳频遭灾荒，极力请蠲，老稚免于沟壑，其系民思者一。旱魃为祟，睹四野皆赤土，至诚感神，祷雨辄应，其系民思者二。客民借籍赴郧阳、西安越告县民，差人拘提间，鸡犬不宁，且途中摧辱，间有不毙于沟渠则毙于囹圄者。乃备申苦状，蒙三院批允，凡借籍刁讼者，则递解反坐，以故讼息民安，其系民思者三。寄庄粮，多诡计，滥免审编，日清查弊端，均里甲，平赋役，众口啧啧心服，其系民思者四。县小民贫，租赋繁重，宽限缓征，按季乐输，间阎不扰，其系民思者五。时有奸宄，通私访，百姓畏如蛇蝎，密拿剪除，善良宁谧，其系民思者六。捐俸修学，殿庑焕然壮丽，使士民兴起教化，其系民思者七。发公储灰料，修葺城垣，招募工匠夫役，乡民得务农业，其系民思者八。每月集诸生于文庙课艺，细阅批评，人争淬励，其系民思者九。每遇考试，严查冒籍等弊，不畏势豪权贵，咸摈斥不许应考，其系民思者十。真心实政，不可枚举。（《安康历代名人录》、刘宇《紫阳邑侯张公去思碑》）

陈士龙，浙江鄞县人。明万历四十一年（1613）以进士署洵阳县知县。官声廉能，勤于训课士类。洵阳文庙初在旬水之浒，成化八年（1472）一圮于水，知县杜琳始迁今址，虽屡经拓地续修，但卑隘简陋。士龙遂于万历四十五年（1617）复修，并亲撰碑文以志岁月。今旬阳八景之一的"柏荫铜碑"，即士龙手泽。（光绪《洵阳县志》、陈士龙《重修儒学碑记》）

张启蒙，顺天霸州人。明万历四十一年（1613）由进士任汉阴县知县，居宽崇备，得为政之体，调停差徭，务从轻省，拓修城池，开马道，立桥梁，建城门栅。筑河堤并创建八蜡庙，增修关帝庙，改修尊经阁（刘卿有记）、魁星楼、文昌宫等。历任5年，为汉阴城建呕心沥血，鞠躬尽瘁，升西宁州判，去之日，士民攀辕泣送。（康熙《汉阴县志》）

金之纯（1584—1634），字健之，号复滨，湖北广济人。明万历四十二年（1614）举人。明崇祯七年（1634）任兴安知州，地方属吏远道相迎，金之纯拒迎令去。属吏说这是循旧例，金愀然作色："州取县，县取乡，民不堪矣！"诸吏感动，纷纷散去。下车伊始，访得一二豪强危害地方，便予严办。料理政务，常黎明视事，日昃退食，辛勤如寒窗苦读书生。善折狱，片言决诉讼，无有积案。视地方教育事业为大任，凡兴学教授，升科取士，均亲自过问。属下有所馈赠，皆不受。爱护百姓，亲如家人。是年三月中旬，农民起义军一部由川内还师，共5营3万人，围兴安城。城不坚，民不习兵，金之纯仓促征丁壮，备战具，带剑临阵。时久旱，夜半大雨骤至，城壕水涨，农民军暂退。水退后，再逼城下，城中粮尽，岌岌可危。金之纯作书向明军将领唐通求援，会合官军夜袭，农民军受挫撤离兴安。事后，金之纯尽家之衣物犒赏士卒。有属员建议，以被俘百姓女子配明军士兵为妻，金坚予阻止，遣令各自回家，与亲人团聚。当年大灾，稼禾无收，瘟疫流行，死者狼藉。金之纯设医药和粥场，赈济灾民。并择地掘壕周20丈掩埋死者。因劳累过度，九月卒于官署。

傅邦从，豫省中部人，明万历间以举人任洵阳县训导。品端学粹，勤于课士，邑中多生赖其陶铸，皆能成立，人称良师。知县陈士龙复修学宫，邦从共襄其事。捐资成美，堪为师范。（光绪《洵阳县志》、陈士龙《重修儒学碑记》）

许尔忠，北直隶井陉县人。明万历四十四年（1616）以举人任兴安州知州。时水患频仍，民益瘠漓，尔忠劳来安集，设诚致行，与民更始，有恺悌君子之风。又博征群书，咨询耆宿，重新编纂《兴安州志》，厘正芜讹，得其肯核。复以兴安旧传为姚墟，即大舜陶渔河滨处。昔人建有祠，岁久倾圮，与守道吴愈会商，力图恢复，悉遵故制，重修殿庑门垣，黝垩丹漆，焕然一新。复自制《虞帝庙记》碑文，刊刻"虞帝陶渔河滨处"榜文，以昭示后人勿忘云。（《兴安州志》、许尔忠重修《虞帝庙碑》碑文）

萧丁泰，字吉甫，别号大茹，湖广汉阳人。明万历四十三年（1615）以进士任分守关南道〔旧驻商州，嘉靖十八年（1539）移驻兴安州〕。惠政旁敷，兵民安枕，外户不闭，人皆念之。迁陕西布政使。天启中，魏忠贤秉政，乃谢官归里。忠贤败，起故官。崇祯四年（1631）再任关南守道。丁泰知民苦草寇久矣，下车即饬戒备，练乡勇，精器械。复思据险扼要，为固围计。乃于恒口之西越岭关设关隘以为锁钥，修关门一、敌楼三，立营房，筑墩台，以州兵守御。费约而利溥，防严而利周，诚天然之屏障。迁贵州左布政使，卒。（《中国人名大辞典》、洪如钟《分守关南道萧公新建越岭关碑记》）

杨宗震，山东济宁人。清顺治四年（1647）以进士任兴安知州。值刘二虎屠城之后，新城难守，遂议复修旧城。与总兵任珍，截城西半，移筑西门于萧家巷口，筑四门，东门仁寿桥，南门向明，西门康阜，北仍通津。百废草创，未竟，丁内艰去，兵民惜之。（《兴安州志》、道光《安康县志》）

杨六德，鹿邑人（今河南省东部）。清顺治五年（1648）以进士任汉阴县知县，清廉慈爱，爱士课文，改修文庙正殿，重建黉宫（古代的学校），民称慈母。（乾隆《汉阴县志》、《汉阴厅志》）

董巽祥，江南武进人。清顺治七年（1650）以进士任紫阳县知县，英年巨才，当寇乱方炽之日，供应军需，绥辑难民，创立县治，拓城南隅周510步。顺治八年（1651），建公署正堂及内署仪门。寻以忧去。服阕，补凤翔县升宁夏西路同知，转兵部职方司员外。（道光《紫阳县志》）

李如桂，沈阳人。清顺治十年（1653）以举人任紫阳县知县。值农民战争初平，百废待举。如桂履任之始，即招抚流移，劝民垦荒，恢复县治，修庙学、城堡、衙舍，建察院、仓房。操守廉洁，遇事严明果断，吏畏民服，整顿残邑，厥功甚伟。擢顺天府推官，历升浙江提学道佥事。（《中国人名大辞典》、康熙《紫阳县志》）

周邦，字维新，江宁人。清康熙九年（1670）以武进士任兴安镇城守营守备。恂恂雅适，有古儒将风。性耽酒，喜吟诗，与刘应秋等为诗友，唱和之什甚伙。康熙十五年（1676）专守平利白土关，一窗风雨，半岭烟霞。每至明月之夕，酌酒歌吴歈，诙谐杂进，军吏爱之。康熙二十年（1681）告归南京，士民思之不忘。刘应秋有《春雨集周维老署中》诗曰："霪雨霏霏晚欲晴，年来花事满春城。扶筇未遂山溪约，坐榻偏连湖海情。博弈幸怜开醉眼，文章不复问时名。凌烟漫许封侯赏，且让将军乐太平。"（《兴安州志》、《一砚斋集》）

马崇骥，辽东人。清康熙九年（1670）以举人任兴安州知州，贪鄙庸愚、性复浮躁。兴安自康熙二年至八年（1663—1669），水旱不时，米价腾贵。崇骥用镇兵司马王时，囤积居奇，民食维艰，舆情哗然，遂致兵民围署。以失招纳进之人不慎之罪逮去。（《兴安府志》、《集祜吟》）

陈其栋，字隆吉，浙江仁和人。以武进士授兴安镇中营游击，清康熙十四年（1675）升任兴安镇总兵，调剂地方，整饬部伍，兵民和洽，军政雍穆，上宪嘉之。未几，三藩之乱，镇标兵营内变，适隆吉汉阴部营，相随兵弁数人，驰援未及。汉中伪帅王屏藩遣兵兴安，隆吉固守汉阴，相持数月，城内粮绝，竟以忧卒。吴三桂伪政权遂窃据兴安一州六县5年之久。康熙十八年（1679）平定三藩，事闻，诏赠都督，谕祭忠义祠。（《兴安州志》、《平藩纪闻》）

涂之尧，福建闽县举人。清康熙十八年（1679）以举人任石泉县知县。勤于为政，纯仁慈惠，遇事敢担当，一载之间，百废俱兴。时石泉历吴三桂乱后，城市萧条。涂之尧奔走于士绅之间，勉励恢复市集；躬自巡野，劝民安耕。邑贤张竣迹，避乱山中，数征不出，之尧三登其门，以诗相唱和，遂使竣迹出山，襄赞县事。公余赋诗，复见太平景象矣。（道光《石泉县志》、《兴安府志》）

赵世震，字雪庵，号鼓万氏，辽东人。清康熙二十三年（1684）以举人任汉阴县知县。时值平吴三桂叛乱之后，汉阴县城一望萧条，城垣崩颓，衙舍倾圮，仅存10余间耳。遂解私囊，先修公署，捐资五百，人皆食于此而劳于彼，故乐从不以为怨，由是官舍告成，内外判然。复修城垣，城垣工程浩大，捐告无由，申请动支又无专项，见军民野处，虎豹充斥，心中不安，忧思成疾，遂告家大人为国推慈，倾囊远给，又陆续捐资1700余两、米500石，始鸠工庀材，重修城垣，历时两年而成。自兹民生渐集，烟火渐繁，皆赵世震之功也。诸务妥帖，始培学校，纂修《汉阴县志》，与诸名士陈典、刘应秋等相唱和。后因卓异升贵州铜仁通判，士民诵之，久而不忘。（《汉阴厅志》、《兴安州志》、《一砚斋集》）

刘应秋，字体元，一字霜威，号梦觉道人。祖籍山东，上推四代移居兴安。刘原为兴安名门望族，至明末清初，因兵燹与灾荒频仍，家道渐衰，加之不谙仕途经济，贫困几至家徒四壁。为避战乱，8次迁家。早年丧亲，其姊在北山避乱又双目失明。光景凄惶且科场不顺，清康熙二十三年（1684），年过半百才考取贡生，赴京会试以进入国子监，又乏盘资，竟坐失良机。年近花甲被密告为复社党，问配甘肃，因查无实据，遇赦归里。刘应秋工真草书，以古文诗词见重。好交游，善谈论，与翰林院编修金德嘉，兴安知州李翔凤、王希舜相善，足迹遍游终南汉水600里。一生崛起流俗，穷愁著书，极写政治风俗，民生利病。其《一砚斋》收诗歌777首，文赋65篇，结为5卷，包括《残蕉叶集》、《大隐居草》、《长安旅咏》、《山居记事》、《怀新堂草》、《燕游草》、《拾遗诗文》等集，收入作者20年间的诗文作品，成稿于康熙三十五年（1696），时年65岁，是当时地方社会生活的景照，一轴秦巴汉水的画卷。陕西关中诗人李雪木读卷称赞："壮哉，刘子年七十，力挟终南汉水六百里来矣！"欣然作序。另著有《五经说》，即《草堂说春秋》、《草堂说经》、《草堂说礼》。两书皆因无资刻印，以手稿传世。还纂修《紫阳县志》、《白河县志》，襄助王希舜纂修《兴安州志》。

杨仑，江南太仓人。清康熙二十七年（1688）进士，授庶吉士，康熙三十二年（1693）实授洵阳县知县。官声廉能，诗才蕴藉，尝佐兴安州牧王希舜修

《兴安州志》，并助建惠壑堤。后以行取去。（光绪《洵阳县志》、《兴安州志》）

刘德新，字裕公，开元（今吉林农安）人，正红旗汉军。清康熙三十八（1699）以举人知兴安州。兴安当恢复之后，德新辑睦文武，安静不扰，四境帖然，廉能之名传于里闾间。而公不骄不矜，礼贤下士，与郡中诸贤刘应秋、李占庵、谢邻墟等文字交，吟咏颇多，较著者有《过白河县》、《过洵阳县》、《过石泉县》、《过汉阴县》、《过紫阳县》、《至平利县》。康熙四十二年（1703）康熙西巡，奉诏陛见从崖，自陕西西安至河南阌乡，共陪驾10天，颇得康熙皇帝垂青，赐眼镜、人参、关东冰鱼，并御书唐人诗句褒奖。德兴诗文俱佳，尤长于诗。著有《汉南诗颂》传世。川陕总督爱新觉罗氏华显评论其诗文《兴安怀古》和《汉江形胜记》云："山城束带，写意幽闲，溢于纸上。《记》曲终奏雅，一唱三叹，江汉如昔，勉之勉之。"（《中国人名大辞典》、《兴安州志》）

张先志，长安县人。清康熙四十七年（1708）戊子武解元，授洵阳县七里关守备。清雍正二年（1724）剿卓子山土番，先志独当加尔多寺一面，因道险不得入，率兵50人进觇敌垒，适林中番众突出，先志奋勇冲击，矢尽力竭遇害，尸无完肤。雍正三年（1725）奉旨赠加一级，赐祭葬，荫一子以卫千总用。（《陕西通志》、光绪《洵阳县志》）

张时雍，浙江嘉兴人。清康熙五十年（1711）以进士莅兴安知州。兴安有学田400余亩，收稞租为士子课业、纸笔、供馔之费，由来已久。自屡经兵燹灾荒，学校中老成凋谢，典制难稽。遂有混占学田之事，且佃户承佃日久，父以传子，子以传孙，视为自家世业典卖。所存学田已十不得二三焉。时雍下车之后，兴剔利弊，不期月而纲举目张。复念学校为培养人才之地，兴安山陬，士子多苦于资，生之无策，辄以辍业废读。于是决心清理学田，检验簿籍，400亩之内约40亩已为佃户典卖。查勘得实，悉以原田归学中，岁取其租，用以给士之贫而不给于朝夕者，自此贫寒子弟咸沾实惠。（兴安儒学学正武烈《张太守清理学田记》、《兴安府志》）

莫吾昭，广东海康县人。清康熙五十年（1711）由举人任紫阳县知县。康熙四十七年（1708）知县余鲸移文庙于今县署之西，草创匆忙，规制不给。吾昭莅任恻然，即以重修为己任，历时七月而工竣。（《紫阳县志》）

陈济川，四川洪雅县人。清康熙五十七年（1718）举人，以即用知县分发陕西，补汉中西乡县知县。雍正三年（1725）调署洵阳县知县。廉干有才，慈祥宽恕，重民重士，恩威兼济，邑务为之一新。以同知衔迁山西浑源州。去之日，民遮道相送。（《兴安府志》、光绪《洵阳县志》）

韩德修，字子念，直隶深州（今河北深县）人。清雍正元年（1723）举人，雍正七年（1729）任洵阳县知县。廉隅自饬，决讼如流，循声为六邑之最。洵阳旧俗，乡民供给衙署柴炭概不给值，德修革除其弊。调靖边县，去之日，士民

商贾立"去思碑"于东关外,颜之曰"清廉公正"。(光绪《洵阳县志》)

于维琇,山东宁海州人。清雍正四年(1726)由举人掣选州同引见,以知州用,分发陕西借补洵阳县令。次年奉文载丁于粮,维琇详请定例,嗣是贫民得免追呼。遇旱祷雨,乡民田鼓盈城,不下千余人,给以饘粥之资。其仁心为质,可推以及其余。迁秩四川绵州知州。(光绪《洵阳县志》)

吴万善,贵州平远州人。清雍正四年(1726)举人,雍正十二年(1734)任洵阳县知县。秉性慈善,少刚断。然舆情相安。邑中学校废弛,故有明参政李瑜祠堂已圮,万善即其旧址,盖茅屋数椽,延贡生刘大用教童子数十人,咿唔相闻,自是人知向学,后遂为义学讲塾矣。(光绪《洵阳县志》)

鲍遐龄,浙江山阴人。清雍正八年(1730)以举人知兴安州事。廉明勤慎,长于听断。尤关心疾苦。万柳堤为郡居民避水之路,新旧二城相通之路。[(康熙二十八年(1689),知州李翔凤、城守营副将黄燕赞以郡城水患频仍,于南门外修此长堤,旁植桃柳,故名万柳堤。]迄雍正八年(1730),40年未修葺,半已坍圮,遐龄乃捐资五千整治堤身,并拓展至泰山庙。堤初仅高5尺,拓修加高两尺,补植桃柳,行人便之。(《兴安府志》、《重续兴安府志》)

李在峦,山东日照县举人。清雍正十三年(1735)任白河县知县。性清廉刚正,人无敢干以私。时邑僻远荒芜,耕读者少。在峦筹谋规划,广招流民来邑垦荒,躬亲庙学,口授生徒。访知韩城诸生卫兆云学行端方,流寓白河,延请为义学经师,相与讲论,日夕不倦。及县试仅20余名,于是遍谕邑中诸生,凡知书晓训诂者,悉命应考,且教且试,待州考时已有六七十人。其热心白邑地方教育,加意培植如是。至今父老相传,犹称道不衰。(《兴安府志》、光绪《白河县志》)

古沣,湖北荆门人。清雍正间进士。乾隆元年(1736)任平利县知县,勤政爱民,廉洁自守,工古文词,有《中皇山女娲氏庙碑记》。(《兴安府志》、《安康碑版钩沉》)

罗鳌,字巨川,江西南城县人。清乾隆十年(1745)进士,由即用知县补兴平县,复调洵阳县。留心文教,洵阳义学自吴万善创基后,虽经增设,规制未备。鳌莅任后相度地势,改门于右以迎秀峰,颜曰"敷文书院",复增建讲堂、学舍共8间,庖厨两所,楼房3间,延名宿任讲席,其时从学者颇盛,渐次谋设膏火,置学田为久远之计。邑中风俗浇漓,教民敦尚礼义,革除陋习,改建"旌善亭"于西关外,表彰节义,激扬风教,俾邑人潜移默化,移风易俗。以终养归,服阕,补凤翔县知县,迁同知。乡人刊有重建义学及去思碑。(光绪《洵阳县志》)

刘琪,字东玉,顺天宛平县人。清乾隆十三年(1748)以举人任洵阳县令,才具明敏,常兼署平利篆,有时知州或随学政出使按临,又兼办州提调事宜,一身而兼三任，从容面对，未尝有蹙容。又值金川土司乱，调兴汉镇兵赴剿，度支供应，络绎相继。琪从容肆应，罔有贻误。是时陈宏模巡抚陕西，举行教养诸善政，琪刊蓝田《吕氏乡约》以劝礼让。又教人养蚕于黄岭梁以兴丝织，遂得膺荐。去后，邑人思其善政，为立德政碑。(《兴安府志》)

刘士夫，字次卿，河南人。拔贡生员。清乾隆十二年(1747)任兴安州知州。创立文峰书院，在西城建讲堂3间，周围设书楼，作诸生讲习之所。当时恒口万工堰年久失修，刘士夫亲自踏勘，认为"龙口虽然稍低，但追踪其水道，渠迹已至李家坝之南，必能引水到田；而水冲龙口，其患在只知修渠，不知修挑和流水坝，如修河挑，则可使河洪东注，涌流不得西向，龙口内一带土渠遂成稳固之基"。考虑到民贫力竭，捐金三百，预借公费银两百，亲自规划，历3载，至乾隆十五年(1750)三月竣工，并与乡绅村民一起，制定管理章程，立碑记事。

邓梦琴，字虞挥，一字簀山，江西浮梁县人。清乾隆十七年(1752)进士，乾隆四十四年(1779)莅任洵阳县知县。历署岐山、宝鸡知县事，乾隆五十三年(1788)以卓异荐商州知州，晋汉中府知府，两摄陕西分巡陕安兵备道。嘉庆二年(1797)引归。嘉庆九年(1804)重宴鹿鸣，士林荣之。所至有政绩、治狱多平反。官洵阳时，荒地多开垦，大府岁檄升科，梦琴言："流民开荒，食数年之利，不可使失所他徙。"由是洵阳不报升科。以洵阳环山临水，民情颇厚。而流寓杂沓，楚民尤多，佃田则主人不能名其田，业舟则估客或竞丧其资斧。梦琴为定年限，编名籍，遂以辑宁。又善听讼，活人尤多。兴文教，注意书院，创立义学，正祀典，表节烈，修邑志，百废俱举，民至今称之。其教人以《小学近思录》、《洛学编》为宗。尝曰："当官难于慎，守官难于正，求其难焉可也。"著有《洵阳县志》、《宝鸡县志》、《史记书后》两卷、《补笔》一卷、《懋亭诗文初稿》、《懋亭诗文续稿》及《洵关诗草》、《陈仓诗草》、《商山诗草》等书行世。(《清史·循吏本传》、光绪《洵阳县志》)

黄宽，江苏武进县人。清乾隆十七年(1752)以进士任平利县知县。时邑凋敝荒芜，户口稀少，民居如晨星，散布于深林密篝间。土地不辟、田野不治，庶民安于荒陋，愚纯无文，士之登科者无。黄宽到任后，招辑流移，妥善安置，使其垦荒种植。乾隆十八年(1753)六月五日，丰坝农民张宁妻一胎产三男，均已存活，详请大宪，经礼部、户部批准，赏给米5石、布10匹，由藩库发给，以鼓励发展人口。到乾隆十九年(1754)，全县户籍人口骤增数十倍。邑内"雷公田"较多，主要靠天吃饭。每遇旱情，水涸禾枯，农民束手无策。黄宽主持仿造戽水轮车8辆，分发四乡试用。乡民颇以为便，很快在山乡推广使用。黄宽重视文教，在邑首先"创书院，置膏火，试生童"。又编修《平利县志》(乾隆版)，使邑"文献赖以不坠"云。黄宽工于诗，多为描写山水景观和风土人情，

至今仍在民间传诵。（光绪《平利县志》、《兴安府志》）

张世永，渭南县人。清乾隆十八年（1753）由举人授洵阳县教谕。时知县郭联奎振兴义学，延请讲席。世永教人以敦尚气节为先。洵阳县居处僻陋，少有治经学者（即古之乡塾），亦少读本。因以附南省贾船，购回"五经"、《左史》暨大家古文制义诸书，分授生徒，俗学因稍改变。秩满，保荐河南济源县知县，有惠政。再补官拣发四川效力。会金川之乱，死于木果山之难。（《耆献类征》、光绪《洵阳县志》）

郭联奎，云南河阳县人。清乾隆十九年（1754）以举人任洵阳县事。听断明敏，案无留牍。山城僻陋，礼让不先。联奎常举行乡饮，宾馔得人，民知感劝。继劝民植桑养蚕，将次就绪，调繁咸宁去。官终江西瑞州府知府。（光绪《洵阳县志》）

李世垣，字星门，山东即墨人。清乾隆二十二年（1757）以进士任兴安州知州。汉水屡患郡城，为防患未然，下车伊始即修西关北堤以卫民。尤以裕风厚俗为己任。倡议奉祀江北虞帝庙，修葺吉河吉挹祠，举孝兴贤，皆以实心为之，州之风化为之大振，以故南山风俗，独为近古云。（《兴安府志》、《续兴安府志》）

薛中岩，山东范县人。清乾隆二十四年（1759）以举人授洵阳县知县。清介绝俗，不能迎合上官。严明有威，胥吏无所施其机变。厅事西邻捕署，闻鞭扑声必严诘之。时大府阅兵道经洵邑，大府驭下最严。凡郊迎供张诸事，中岩取善泗胥役以应，偶遇仆从哗嚣，胥役即投水中，仆从由是惊愕，辄去然。然大府竟以此知中岩廉，于班立行中，指目曰，"是廉吏某耶"，投谒即见之。洵阳山薮藏疾，固多肢箧之事。尝有甲乙先后被盗二案，中岩尽得其魁从，置之于法。陕俗：令获盗者，必押囚赴省成招。中岩故贫，两次裹粮拮据，遂决意告归矣。去之日，自署前祖道至江干，民拥道送行，几无隙处。舟至樊城，无雇车之费，质衣觅舆与归。（光绪《洵阳县志》、《兴安府志》、《耆献类征》）

杨河柱，仁和（今杭州市）人。清乾隆二十七年（1762）以举人任石泉县知县，时兴安知州刘士夫创建文峰书院，各县兴起，石泉则于乾隆二十八年（1763）建修石城书院，赖河柱捐俸为倡，邑士绅乐助成此胜举，复捐廉银100两，黄豆客商捐银50两，置买山地，为教师束脩及生童膏火之费。（道光《石泉县志》、《兴安府志》）

何大成，四川夹江县人。清乾隆二十九年（1764）以举人任洵阳县知县。性朴直，少机械，遇齮龁不得行其志。然留心民事，洵阳坡地壁立，扪萝而耕，凡争畔者长吏莫能区画，每责成于乡保胥役代勘，乡保胥役得贿，袒禀一方，经年莫结。大成熟悉畸零圪段，与蜀中相等，必躬亲履勘，始定判断，至光绪时尚可依据，不致模棱，以外艰归，解任束装之日，箧中仅数十金，舟至渝州而卒。

（光绪《洵阳县志》）

谢奉璋，字羲士，云南建水县人。清乾隆三十年（1765）以进士莅任白河县知县。居官清正，不媚权贵。亲教士子，论诗作文多秀逸飘洒之致。时奉上谕创修城池，奉璋与邑贡生卫九皋、黄述商榷，经营规划，建门楼3座，筑城加砖高两丈5尺，上宪嘉其才。时与洵阳知县薛中岩最相契，闻薛公去职归乡，车马乏资，尝剖俸赠之行。及奉璋归里，舟楫费亦不足，吟咏自适，宴如也。（光绪《白河县志》）

曾西元，福建德化县人。清乾隆三十三年（1768）以进士任紫阳县知县，廉明仁慈，兴利除害，境内牛溪河，每遇山洪泛涨、毁坏田地道路、人民咨嗟。西元亲履查勘，谕民垒石为堤，凿岩修堰、引水溉田。劝农耕桑，教民礼义，升湖广黄州府同知。（道光《紫阳县志》、《兴安府志》）

王政义，字玉山，贵州人。清乾隆三十三年（1768）以进士莅兴安知州。乾隆三十五年（1770），州遭大水，政义奉抚军文绶檄，督修城垣，加高培厚。定根脚宽至30丈，夯筑40余日始与地面平，又帮补旧城北面以至四圣殿，通增高5尺，今之大小北门及东关北门阈下，土皆加高5尺之堤面也。工坚城固，次年汉水复溢，至旧痕而退。公为州牧，勤政爱民，劝课农桑，汉阴县令郝敬修绘《饲养山蚕二十图说》，详加披阅，并令各属依试养殖山蚕。其尤著者，又判香河官山田地入书院，租课为生童膏火。自此，州之文风丕振，政义之力也。（《续兴安府志》、《汉阴厅志》）

葛晨，浙江杭州人。清乾隆三十四年（1769）由举人任洵阳县知县，有吏才，尝劝农兴水利，襄资修建金河堰，灌田110亩。民受其益。旋兼摄白河县事。（光绪《洵阳县志》、光绪《白河县志》）

王增高，字仰山，汉中城固县人。清乾隆三十五年（1770）以举人任平利县训导。好培植善类，循循善诱，裁成颇多。著有《训士编》两卷梓行，大旨在端士习，崇实学，极为真朴。（光绪《平利县志》）

张志超，云南白盐井人。清乾隆三十五年（1770）以举人任紫阳县知县。明能烛奸，强足任事，在紫阳多善政，以卓异升去，民留之不能得，乃为立德政碑载善政有："其一，清查保甲以靖盗源也。远人新来必令牌甲查明出结，编入烟户。若单丁无业，尤取房主认保，听其佣工。访有游手唆讼者，即惩责递回原籍，民少讼焉。其二，虚衷听断不存成见也。新户旧民视如一体，倘两造构讼，务使新民不得舞文乱法欺压土著，借开山之功本，强占人田，更令旧民相让相容，是以近悦远来焉。其三，则速拿匪类，不分畛域也。山深林密，时有川省啯噜会同棍徒出没不测。一有风闻，即多遣干役或亲自督拿，常就获，是以盗贼敛迹，民得安堵焉。其四，惩刁顽以安良善也。流寓之民率多黠猾，或借旧病以赖仇，或中伤痕以鸣冤，恃尸亲以讹诈，控虚词以耸闻。公片言折之，莫不畏服焉。其五，严束书役以肃官箴也。民间词讼当堂亲接批准，次日发差唤讯，定以路程，限以时日，随到随审，不使稽留。凡审毕时，即原被两造有无原差书役勒索银钱，务令当堂首出，有则追还责革，无即销票开释，除命盗赌博案件外，不许衙役擅带铁绳私行拴锁。事不烦而民不扰焉。其六，稽查，行舟以重救生也。汉江滩多水险，额设救生水手，公时捐修船只，按季早发工食，令其认真救人。又恐沿江小舟潜匿匪犯，常令巡役实力盘诘，商旅未闻失事焉。其七，因地因时设学课士也。紫阳民多力农，就学者寡，数年前童子不满30人。公到任后，勤勤培植，人文渐盛，每月朔望宣讲上谕，次日即传集生童入衙会文，亲定甲乙，其仙峰书院及膏火田亩，系公捐资创建。他如葺城修学，建兴古迹，敬老怜贫，百废俱振，父母斯民实有不可殚述者焉。"乾隆四十六年（1781）举行计典，公膺卓异入觐天颜。张志超工古文词，能诗，地方凡名胜之地皆有题咏，著有《紫阳县赋》、《瓮山仙迹记》等文传世。（《紫阳邑侯张公德政碑》、道光《紫阳县志》）

　　杜泰，江西新建县人。清乾隆二十五年（1760）进士，乾隆三十三年（1768）任平利知县，才学博洽，引诲士类，士子戴之如师。乾隆三十五年（1770）调署洵阳县。为治循良，民安其化，未几以忧去职。（光绪《平利县志》、光绪《洵阳县志》）

　　毕沅，字秋帆，江苏镇洋县人。清乾隆二十五年（1760）以一甲一名进士授翰林院修撰。乾隆三十五年（1770）擢陕西按察使，旋升布政使兼护巡抚将军，署陕甘总督，实授陕西巡抚，官陕最久。尝以终南山东西绵亘千余里，年来开荒垦种，客民众多，奸宄伏藏，在在堪虞。因疏请升兴安州为知府，兼设丞倅，俾东西南路，声势联络，一切妨奸缉匪，稽查易周，实为一劳永逸之计，得旨允行。乾隆四十八年（1783）兴安州升兴安府。（《续兴安府志》、毕沅《兴安州升府疏》）

　　卢甲午，江南人。清乾隆三十五年（1770）以举人任洵阳县知县。洵阳河街濒临汉水，居民屡遭水患，苦不堪言。甲午体察民情，决意修堤卫民。于乾隆三十七年（1772）倡议捐建濒水石堤，绅民乐从，踊跃行事，遂于是年二月动工，修筑河堤长99弓（1弓合1.60米），宽6弓，至乾隆三十九年（1774）竣工。至此，始无水患之虑，邑人至今念之。（《续兴安府志》）

　　支来凤，富平县人。清乾隆三十七年（1772）以举人任白河县训导，主义学讲席，以实学训诸生，勤于启牖，于朱子语类及先儒精义诸说，能举其原委，诸生爱戴之。尝捐俸金供贫寒诸生午餐饘粥，历3年而不息，从未以德示人，人皆高其义。乾隆四十一年（1776）以病乞休。（光绪《白河县志》）

　　李照远，江吉吉水进士。清乾隆三十七年（1772）任石泉县知县，慈祥宽和，人称长者。精堪舆之术，石城旧有四门，照远详勘后，谓"北门不合堪舆法，且地僻，何须门"。乃改筑为炮台。城内曲巷小路亦多改修。对城内诸绅士庶民说："从此安且吉矣。"郡志称其修城，建仓，治多善政云。(《兴安府志》、道光《石泉县志》)

刘元祀，朝邑（今陕西大荔）县人。清乾隆三十八年（1773）由举人任洵阳县教谕。莅任之始，每言"洵阳百余年科名不振，当思所以振兴之"。每月朔望，勤课士子，论文之下，辄援关学诸先辈为士子楷模。邑人董诏尝从而学之，得窥理学门经，而成山南大儒。方冀多所成就，未逾年，以外艰归，士人惜之。（光绪《洵阳县志》）

庄成鼎，福建侯官人。清乾隆四十年（1775）以举人任石泉县知县。适值岁旱，饥馑道路，恻然悯之。步祷于青龙洞，雨随至。从者请避雨，鼎曰："为雨而祷，祷而始雨，又何避焉？"乃冒雨行。遂请赈于上宪，得拨帑救灾。郡志称其宽厚廉静，实心爱民，尝修县西永安桥，商旅便之。(《兴安府志》、道光《石泉县志》)

李宗信，汉军镶红旗人。清乾隆四十一年（1776）以举人任白河县知县。性慈仁恺切，日以兴起斯文为念。因文庙大成殿卑陋，请帑重修大成殿3间，东、西二庑各3间，戟门3间；又创建崇圣祠、忠孝祠、节义祠各3间，名宦、乡贤祠各一间。规制完备，蔚然为一邑之大观。乾隆四十九年（1784），又捐薪俸倡修天池书院，为邑诸生读书肄业之处，邑中士子赖之。（光绪《白河县志》、《续兴安府志》）

王行检，字似裴，一字朴园，江苏溧阳县人。清乾隆四十六年（1781）以举人大挑发陕，以廉能补南郑县，善政颇多，调三原，有忌者潜谮，挂吏议去。汉中知府邓梦琴留主书院讲席，时与诸生发明经义，切磋廉隅，汉南人士翕然宗之。清嘉庆元年（1796）白莲教农民军入陕，关南戒严，行检辞去教职，投笔从戎。白莲教窜秦岭，扰商州、兴安诸县，行检奉檄北守洵阳之赵家湾，又守平利之八仙河，备御有方，敌不敢犯。八月，延榆绥道温承惠以追捕余敌赴竹溪，行检请偕行。既还，经关垭，会守者疾作，遂以行检代之。距关垭60里有地曰白土关（今平利县城），为咽喉要地，防兵只百余人，巡抚秦承恩檄行检率乡勇600人往彼协守。甫奉檄，侦敌由汝河直来犯关，遂星夜赴援，与都司赵禧合兵御之。平明，敌众大至，行检暨禧督兵勇驰击，枪炮声震天。自辰至未，歼敌无算。忽有敌从间道登高而瞰其背，行检及禧复分兵抵御。短兵既接，杀伤过当。卒以寡不敌众，为敌所包围。赵禧死之，行检身被十数创，犹瞋目大骂，遂遇害。秦之士大夫，为之哭焉。事闻，有旨照知州例优恤。（汪志伊《王行检别传》、《东华录》）

戴治，四川中江人（今四川德阳）。清乾隆四十八年（1783）以举人任安康县知县。乾隆四十六年（1781）陕西巡抚毕沅奏请兴安州改升兴安府，以安康县为附郭，时砖坪隶安康县属，地域辽阔，遂于砖坪添驻县丞一职以专弹压。请发帑金建设衙署，命戴治为承修官，戴赴砖坪踏勘选址，委新县丞曹希焜董其役。嘉庆十九年（1814）六月兴工，嘉庆二十年（1815）三月竣工。衙署前临水，后坐山，计房屋共29间，四面缭以垣墙。至此，砖坪始有衙署以谋生聚，宏教训，除粮莠，安善良，而民亦有依赖矣，而戴治因勤于政事，晋升浙江衢州府同知。（道光《安康县志》、曹希焜《新设砖坪县丞衙门碑记》）

彭思忠，贵州思南府人。清乾隆五十五年（1790）以举人任安康县知县。居官勤俭，尝短衣把锄，自理菜畦，戒庖人寸薤尺菘毋妄费。在任日无赫赫之名，去后几二十年，民思之不忘。（道光《安康县志》、《续兴安府志》）

严一青，字选亭，浙江乌程县人。由举人保举知县。清乾隆五十六年（1793）授白河县知县。到任即访求邑乘，考核邑山川之险夷，建置之兴废，以及赋役之因革，税课之多寡，人心风俗之贞淫，毅然视此则可为出政之根本，为己在职之重任。嘉庆元年（1796），白莲教活动猖炽，陷湖北竹山，将逼近白河。严一青率乡勇御之羊儿沟，杀敌百余，敌始遁去。因白河城小难守，筑外城环14里，名曰大寨，遇警即入寨固守。嘉庆二年（1797）三月，白莲教陷郧西，郧西距白河仅隔一水，一青督团沿江设卡，收舟舰，使敌不得渡。秋八月，御敌于藩沟，枪火齐发，敌不及吃饭而走。奉文筑堡，增大寨四、小寨十六，联竹山、洵阳界墙为3道，长200余里，蔚为大观，邑得保障。议设义仓，捐谷1000石为倡，以寨仓给团勇，城仓拯难民。四乡置义田，有事备防堵，事平即为义学之资。陕巡抚台布称其"悃愊无华，专心办事，为全省冠"。擢新设五郎厅（后改宁陕厅）通判，仍留白河。嘉庆六年（1801）因病请卸任，犹辑成《县志稿》。虽文非其所长，要其筑城墙，保邑境之功不容没也。东坝黄姓为白莲教所诱，大宪檄诛之。一青为力请获免，黄姓立严公祠，至今祀之不衰。（光绪《白河县志》、《续兴安府志》）

陈明义，浙江人。监生出身。清乾隆五十九年（1794）从泾阳县丞调任宁陕厅通判。当时宁陕厅建置不久，正在开创初期，百业待举。曾捐俸购买老城街居民鲁姓房屋13间和北街基地一处，作为学舍。

杜蕙，江西南丰县人。清乾隆六十年（1795）以举人任洵阳县知县，清嘉庆元年（1796）调繁紫阳县知县，旋调汉阴厅抚民通判。嘉庆八年（1803）他捐廉400金，同贡生徐逢熙、王蓬周，生员刘永超、陈刚，监生王垣、许尚、于庆等创修育英书院。时白莲教起，翁禄玉、林开泰于大小米溪，王可香、成自智于安岭，胡知和、廖明万、李九万于洞汝二河起兵响应。杜蕙应对乏术，抗击无力去职。（道光《紫阳县志》、光绪《洵阳县志》）

秦承恩，字芝轩，江苏江宁人。清乾隆二十六年（1761）进士，选庶吉士授编修，擢侍讲。累迁直隶布政使。乾隆五十四年（1789），擢陕西巡抚。嘉庆元年（1796）白莲教起，秦承恩赴兴安筹防，驻行营于安康城，捐俸修筑新、旧二城及恒口堡，在郡礼贤下士，向邑贤请教防御良策，承恩多嘉纳之，受郡人推崇。嘉庆四年（1799）解职还乡。（《清史稿》、叶世倬《续兴安府志》）

朱适然，甘肃宁夏人。清嘉庆元年（1796）以举人任石泉县知县。性质直而寡言，军兴之始（白莲教起），邑设粮台，拨项修城。或谓适然长者，不能任事。适然弗与辩，大吏委之亦弗辞。及蒇事，悉如式，而群言息，适然亦默无一言及之。大吏曰："此真长者也。"（道光《石泉县志》）

徐时行，字偕庵，甘肃泰安县人。清乾隆五十二年（1787）举人，清嘉庆二年（1897）任安康县教谕，工诗古文词，搜访节烈，奖掖后进，皆不遗余力。故去后士林思之不置云。著有《偕庵诗文集》传世。（《来鹿堂文集》、《续兴安府志》）

庄炘，字景炎，江苏武进人，能吏。清乾隆十六年（1751），召试二等第一，其间三遇召试，皆列二等第一。乾隆三十三年（1768）中顺天乡试副贡，就职直隶州州判。毕沅抚陕，奏留炘陕西，署周至县事。以辑获邻邑要犯，特旨以知县题补。乾隆五十三年（1788）补咸宁知县，擢汉阴厅通判。乾隆五十八年（1793），署兴安府知府。兴安去省会远，山谷居民，良莠杂处。炘廉得白莲教头目萧贵敛钱聚众，设计捕之，置之以法。既而楚蜀蔓延，兴安独无事。陕西总督宜绵以炘练于军事，檄赴军营，叙功赏戴蓝翎，迁邠州直隶州知州，仍留兴安军中。清嘉庆三年（1798）冬，白莲教聚兴安之光头山，郡守运饷远出，督抚以炘谙汉南情形，令继摄兴安府事。兴安旧以堤为城，坦步可上。时湖北白莲教首张天伦等自南郑渡汉东下，齐王氏等继之而至，往来石泉、汉阴间。距城密迩，城中屠兵千人，率不能任战。炘至，首图丁壮，令无家者出丁，有家者馈食，复令属邑遵办。未一月，得乡勇数万。因堤高下，或堑或塘，身运砖瓦为众倡。未几，而雉堞焕然，争雄邻郡矣。炘念敌人渡汉远涉，西乡、紫阳、石泉、汉阴幅员辽阔，户口稀少，焚掠无所得，必思归遁楚北。檄沿汉江诸县，挈商民之舟，尽入汉港，守以重兵，使敌不得南向。又念川敌若溃，非东走夔州，北走通江一带。兴安当南北之冲，全陕安危所系，敌据要险，则兵饷俱绝。于是度其山川远近之势，屯其兵勇、卡寨之宜，陈之督抚，以备策用，敌乃不敢窥伺。时宜绵为统军，倚炘为重。在兴安府任3月，复檄之去。后人守其成法得无失。既至宜绵帐，军行与筹饷，皆一言而定，动合机宜悉中。是年十二月，连破汝、洞二河敌巢，赏换花翎。后以受湿疾作，遂还邠州。炘与同邑赵怀玉、张惠言共为汉学，于声音训诂尤深，因校刊《淮南子》、《一切经音义》。（《简明中国古籍大辞典》评价说，"惟清乾隆间武进庄炘单刻本颇佳"。）生平著作，以舟行汉江船覆为水所淹，唯存文6卷，诗7万余首。（《清史·文苑附传》、《简明中国古籍大辞典》、《耆献类征》、《庄君墓志铭》）

周光裕，山西人。清嘉庆三年（1798）以进士任兴安府知府。时白莲教农民军在秦楚活动，为保障城池，周光裕下车伊始，即周历新、旧二城，见新城除兴安镇城守营驻兵外，居民寥寥。其所有官廨衙署暨市廛贸易，商贾居积皆在旧城，而城之基址则荡然无存。问之百姓，则皆安土重迁，遂欲修复旧城。有人劝他入奏有司，他说："朝廷之经费有常，兴安名义上已经有城，若府以详之院、院以达之部，必恪于例不得行。即行矣，而部议者几何时？估工者几何时？辗转迁缓以日以年，脱在贼至（指白莲教）将若何？是以涸辙之鲋而望监河之贷也，其将何以固吾圉？"卒不请示当道。于是年秋开始踏勘地势，捐俸为倡，绅士耆庶及行贾斯土者皆乐从事。因旧堤为城，加高而厚培，自宁远门之西北角，增筑至仁寿门之东北角，又从小南门增筑至仁寿门之东南角。添砌垛口，安设炮台以及海漫水道之属，东、西、南、北 9 门各建敌楼，复挑挖壕堑深一丈 5 尺、广两丈，绕城垣周长 1260 丈为护城河，而城旧观复矣。（道光《安康县志》、《重修兴安府旧城碑记》）

李枢焕，江西举人。清嘉庆四年（1799）任石泉县知县。时白莲教农民军在梧桐沟一带活动，遂诬当地百姓通贼。武人欲幸功以剿袭，为请大吏将许之。枢焕念其乡民迫于势，县府无力保护，是县之责，复遣人访察，而乡民安业如故，遂力阻用兵以戮无辜。事遂寝。枢焕常语人曰："梧桐沟之冤尚易白耳。当贼匪盘踞山谷，捉人鱼肉，大军搜剿，玉石不分，民真冤矣。"戎马仓皇之际，人命真草菅也。嘉庆七年（1802），捐资修葺养济院，俾孤贫男妇得受庇荫。其爱民如子，于此可见。（道光《石泉县志》）

叶腾蛟，浙江山阴县人。清嘉庆六年（1801）五月，以举人署白河县事，旋奉委军营，白莲教自湖北竹山窥陕，率勇往截之，战于湖北得胜铺，白莲教大败溃走。以军功实授竹山县知县。（《郧阳府志》、光绪《白河县志》）

叶世倬，字子云，号健庵，江苏上元县人。清乾隆三十九年（1774）由副贡中顺天乡试举人。嘉庆十二年（1807）题补陕西兴安府知府。兴安盐课向听民负贩，后定为河东引地签商行盐，穷民失业者颇伙。世倬莅任，以引课仍归征纳，阖郡便之。选各乡诸生监于市集，宣讲《圣谕广训十六条》。又于律例中择民间最易犯者 90 条，另刊成册，名曰"山中律例须知"，令各属一并讲解，使知禁戒。复书院，设义学以端士习；又刊《蚕桑须知》以阜民财，各属彷行，民困以苏。嘉庆十八年（1813）郡大荒，以旱潦情形筹划需帑 10 余万，上官难之。世倬喟然曰："某在此休养生息数年，忍视斯民饥而死耶？"即自劾求罢，抚军大惊，手书慰留，悉如所请，如数给之。世倬榜示通衢，某户赈几口，某口赈若干。抚军太息曰："是可为散赈法矣。"又重修万春堤暨新、旧二城，并建议抚宪，增修敌楼于赵台山椒为新城屏蔽，规划经营悉完善。举行乡饮酒礼，以董朴园为大宾，复搜集军兴前后遗事，作《续兴安府志》8 卷。增昭忠、节烈二门，余如原例。寻升福建延建邵道，官至福建巡抚兼署总督。咸丰三年（1853），世倬年72矣，以原官致仕归。九月归苏州，卒于民舍。兴安士民官员请祀名宦祠。著有《健庵日记》、《四录汇钞》、《退思堂诗文集》、《蚕桑须知》等书行世。（《清史·叶世倬传》、道光《安康县志》、《重续兴安府志》）

岳震川，字中干，号一山，汉中洋县人。性纯谨，好学能文，肄业关中书院。清嘉庆七年（1802）成进士，授内阁中书。适天旱得雨，仁宗悦豫，特旨赐葛，因名其文集曰《赐葛堂》。嘉庆九年（1804），充顺天乡试对读官。乞终养告休。中丞方葆岩聘震川主关中书院讲席。得交叶健庵（世倬）先生。后叶调任兴安府知府，特聘岳主关南书院讲席。安康孝廉董诏与震川同出于南郑郭嵩（髯樵）之门，相得甚欢，又同助叶世倬修《续兴安府志》及《安康县志》。老成硕望，纯儒博学，郡人相观而化。盖震川学宗清著名思想家戴震之说，并文章道德而一之。究心汉、唐、宋、明诸大家及顾炎武、方苞等学术，以求其合于程朱者。尝谓"书院之设，关系吏治民风甚巨"。首严交际辞受，肄业者以钱物为贽，皆力却之。其讲论必发明濂洛关闽之旨，以《朱子语录》、《小学近思录》、《白鹿洞条规》，俾生徒时时体认。为文尤以明体达用，清真雅正为主，皆与董诏教学法吻合。一时郡之名士多出其门，张鹏飞其最著者也。年五十犹访求师友话古文辞，后更一意朱子（即朱熹），持身接物，皆以"小学"为本。事亲和颜悦色，奉养有道。戚友婚丧不备者，以授学所得资助之，孤寡贫穷者饮食之，教诲之。有盗窃其书室之物送还曰："从山外来，不知为岳先生也。"其盛德之感人如此！独惜以母终老乞养，竟于嘉庆十九年（1814）六月五日卒。著有《安康县志》、《赐葛堂文集》、《猗松寓舍诗集》、《歕秋草堂》、《客程洗砚》等集。（《洋县县志》、《重续兴安府志》、《赐葛堂文集》）

张澍，清学者，字伯瀹，号介侯，甘肃武威人。嘉庆进士。授翰林院庶吉士，充实录馆纂修，改任贵州玉屏、遵义、四川大足、江西泸溪等县知县。好游历，足迹遍及秦、晋、鲁、豫、江、浙等10余省，博览经史，留心文献，考征旧事，著作极丰。尤留心关陇文征，辑乡邦遗籍数十种。与兴安知府叶世倬、关南书院讲席岳震川交善。安康江北旧传为姚墟，为虞舜陶渔河滨处。值澍辑录战国间史官所撰《世本》一书，该书记黄帝迄春秋时诸侯大夫的氏姓、世系、居（都邑）作（制作）等事，宋代已经散佚。张澍为不使典籍湮灭，寻访搜集，拟重辑《世本》。故受叶、岳之邀来安康寻访虞帝遗迹。期间与叶世倬、董诏、岳震川相唱和，有《和健庵叶太守郭孝子歌》、《安康陆四喜乱后十年得归纪事》等，最著名的是《姚墟考》一文。文章说："帝舜，姚姓也。"《初学记》云："西城故城内有虞舜祠，盖舜母见大虹，意感而生舜于姚墟，因以为姓。"又说："今安康有姚墟者，西城本魏之安阳县，晋太康初改为安康，故皇甫谧《帝王世纪》云：'安康谓之妫墟，或谓之姚墟也。'"（《辞海》、《中国简明古籍辞典》）

黄泰，字保庵，号梅浦，汉中洋县人。清嘉庆十二年丁卯（1807）举人。性情豪爽，奖掖后进，不遗余力。嘉庆二十年（1815）充兴安"关南书院"山长。教士有方，文风丕振。其诗词古文，为一时名流所推重。与邑举人张补山交最契。时张补山选拔任延川教谕，泰赠之以诗，属望殷切。安康文风蒸蒸而上，泰与有力焉。（《来鹿堂文集》、《洋县县志》、《重续兴安府志·流寓》）

王森文，字杏农，一字春林，山东诸城人。清嘉庆十三年（1808）以进士任安康县知县。博雅能文，编辑县志，并请帑筑新、旧二城，恢复元明故址。而赵台山椒创建碉楼，居高俯瞰，尤为扼要。（董诏《重修兴安府双城记》、《香廊堂文集》）

董教增，字益甫，江苏上元人。清乾隆丁未（1787）一甲三名进士，授翰林院编修。嘉庆十五年（1810）巡抚陕西。初兴安府七属食河东引盐，由山西商人领引行销。乾隆年间，议将盐课摊入地丁。至嘉庆年间复归商运。时商人呈称：兴安引地，界连川陕楚三省，土盐肆入，官盐不能畅销。且由河东运赴兴安，山路崎岖，费用甚重，势必堕引误课。教增会同山西巡抚衡龄，奏请以兴安七属，照凤翔府之例，改食灵州花马池盐引，归民运，课按丁摊，以恤商力。又奏兴安城为汉南保障，见当军务告竣，宜急修葺。请于新城4门、旧城9门，各添设炮台敌楼。新城与赵台山相依，其状如屏，俯视城内，了如指掌，应设炮台一座以资防御。其旧城北门，向无炮台，一并添设。又以兴安各属，外来佃农转佃，年久盗卖，以致地主失权。颁发南山州县租佃章程4条，以妨佃客欺诈。尤以未备，更有新议8条，及后议8条。其于兴安乱后之措施，可云详尽无遗矣。（《陕西通志》、《重续兴安府志》）

胡晋康，江苏武进县人，供事出身。清嘉庆十六年（1811）任宁陕厅同知。性耿直，不苟言，当时厅署移驻关口营城（即今县址）内。营城无水，胡屡向上呈文请迁，终获准。得以重新修缮老城，迁回厅署，设立学校。任职5年，为政爱民，曾多次昭雪冤狱，受人称颂，在城隍庙内立碑纪念。

郑谦，河南温县人。清嘉庆十九年（1814）以举人署安康县知县。惠民爱士，尝说："为治之道不外'教养'二字，养以厚民之生，教以正民之德。二者相兼，缺一不可。"故不惮烦劳，趋赴乡里，劝民树植，于是人民之良莠、风俗之尚好，无不洞悉胸中。郑谦认为山中之民唯"教"之一字最为紧要，剖俸在南、北二乡捐设义学4处，延请本地宿儒教读，发其颛蒙。嘉庆二十三年（1818）调去，至清道光元年（1821）回任。奉抚宪扎饬，劝谕绅民就各村庄捐粮衣周恤穷愁无告及养赡鳏寡孤独、疲癃残疾之民。郑谦即赴各乡剀切劝谕有力绅耆，养赡无告穷民183名，受到省及本府嘉奖。安康县儒学，向无贮书，谦捐俸为购置经籍，不敷，又禀请省布政使颁赠书籍，情词恳切，布政使姚祖同亲批："将关中书院现存板片十七种，作速刷印装订，发往安康，嘉惠士林。"安康旧无县志，嘉庆间前任知县王森文始创修，未竣而移官，遂委郑谦厘正，并托嘱版印，谦克尽其事，得以付梓。（《重续兴安府志》、道光《安康县志序》）

曾泰墉，安徽歙县人。清嘉庆二十二年（1807）以举人任石泉县知县。博学多闻，兼长治理，勤于训课，成就颇多，将调，卒于任所。（《继雅堂文集》、道光《石泉县志》）

徐栋，字致初，号笑楼，直隶安肃人。清嘉庆二十四年（1819）举人，道光二年（1622）进士。授工部主事，擢都水司郎中。嘉庆二十三年（1843）任兴安府知府。兴安郡城三面临汉，栋补修惠壑、长春两堤，高其基加于旧5尺。咸丰水冒旧堤两尺，卒未入城。民皆欢然念徐公力。原城内有粮卡，禁粮下运武汉。栋以兴安地卑湿，谷囤积多霉变，既不能久储，又不能出境，固利者毁田改种烟叶、蓝靛，一遇歉年，每乏食，乃设策弛禁，小民便之。卒，祀名宦祠。著有《牧令保甲书》等行世。（《清史·循吏本传》、《牧令书》、《重续兴安府志》）

卢坤，字静之，号厚山，直隶涿州人。清嘉庆四年（1799）进士。清道光元年（1821）护理陕西巡抚，道光二年（1822）迁广西巡抚，复调回陕西任。时白莲教平定后，议者谓："南山老林易藏奸，不宜垦殖。"坤以为此地在汉、唐皆开辟，金、元始荒废，历举史传证之。且举汉李翕《郙阁颂》为据。遂加垦治，至今赖焉。会南山包谷渐次成熟，山内厢厂，照常工作。惟被水淹各县，贫民乏食，因奏请赈恤。并请将坍塌民房，给费修之。又专奏南山各属应修城工，于石泉县城南一带江岸修堤筑坝。并变通陕西营制，改镇坪巡检为县丞。其为汉南救灾备荒，辟地设险诸政，不可殚述。后升两广总督。（《圣武记》、《续修陕西通志稿》）

毛有信，贵州人。清道光元年（1821）以进士任石泉县知县。性慈祥，尝出劝农，携赏物以奖农夫之勤者。民或讼，则曰："尔辈须凭天理良心，勿相争。"因书"天理良心"四字悬于二堂，人皆敬畏之。（道光《石泉县志》）

王鹄，湖北汉阳人。清道光二年（1822）以进士任石泉县知县。勤政爱民，有弊必除。时川楚流民络绎来石泉认土开荒，五方杂处，讼狱繁兴。鹄既持平断理，民无冤抑。复立条教，以清讼源。又收养无告穷民，不使流离失所，诸善政皆能为民谋利。故郡守向淮以鹄政绩列诸推荐。寻以调繁去任。（《向太守禀稿》、《重续兴安府志》、道光《石泉县志》）

曾察远，四川华阳县人。清道光三年（1823）以举人任洵阳县知县，才具明敏，体恤民事，民有越礼法者，晓以大义薄责而遣之，禁用刑杖，民皆感之。而风俗化醇，性喜游，游辄吟咏，著有《关南行藻》。道光十五年（1835）调授安康县知县。（罗钟衡《梦庐诗草》、光绪《洵阳县志》）

吴承烈，江苏武进人。清道光三年（1823）以举人任宁陕厅通判，劝募捐献，置买学田3处，每年收入的租粮，作为太乙书院教师的工资和学生膳食灯火

费用,并捐俸购书籍存放太乙书院。(《宁陕县志》,陕西人民出版社1996年版)

王履基,江苏镇洋人。清道光四年(1824)以举人任石泉县知县。素负文名,怡情诗酒,然为人长厚谦和。一生著作甚伙,著有《北溟集》、《诗薮撷华》。(《中国人名大辞典》、道光《石泉县志》)

周申泽,号雨苍,湖南长沙人。清道光五年(1825)以举人任砖坪厅抚民通判。清勤自矢,倡议建岚河书院,未遂,卒任所。邑孝廉廖成德哭之以诗云:"作吏分符入汉南,情殷赤社岁经三。漫天化雨看新布,二月春风忆细谈。只拟长瞻司马节,竟难重睹使君骖。即今遗像灵如在,不复樽前酒是耽。"(《砖坪厅志》)

郭维暹,字仲昭,号兰坡,河南洛阳人。清嘉庆二十三年(1818)举人,道光三年(1823)进士。以知县分陕西,道光六年(1826)任兴安府知府。为人勤慎,遇事明断。尤以矜慎庶狱为先务,谳词多所手订。遇有疑狱莫能决者,维暹不惜穷追冥索以得其实。故案无留牍,民无冤抑。而相貌魁梧,须长过腹,民以"髯佛"呼之。后升陕安道,道光十九年(1839)以劳致疾卒。(《续修陕西通志稿》、《重续兴安府志》、《郭维暹墓志》)

司徒修,字则庐,广东开平县人。清道光六年(1826)以举人任陕西永寿县知县,甫赴任即调署平利、安康等县。任平利最久。下车即劝民兴水利,广积储,刊《树桑百益》等书,散之民间,俾兴蚕利。其诚勉诸生,以敦品为先,制艺试帖,勤为讲解。刊有《礼记》、《左传》、《尔雅》、《公穀》、《性理》诸书,名曰《易读》,以便初学也。其他若《纲鉴择语举业》、《唐缄简摩集》,皆有功于平利、安康两县士林。道光十七年(1837),以劳积成疾,卒于平利县任所。(《鄂中丞奏折》、光绪《平利县志》、《重续兴安府志》)

谢集成,号柳溪,甘肃武威县人。清道光七年(1827)以举人任砖坪厅通判。兴利革弊,日昃不遑。到任第二年即裁催粮差役,书院款绌,捐廉百金为之倡,工遂竣。道光十二年(1832)至道光十三年(1833)祲饥,人相食。集成劝捐请赈,存活无算,父老至今称之。《记》曰:"盛德至善,民不能忘。"信哉。(《砖坪厅志》)

徐元润,字秋士,江苏太沧州人,为吴下名士。清道光七年(1827)以举人任紫阳县知县。爱民训士,勤勤不倦,尤喜表彰节烈。其在紫阳率先创办同善局,劝谕各乡举行,以济贫困无告之人。并亲自酌定章程,捐廉俸置产业以为垂久之计。知县陈仅说:"徐君云间名士,作宰三秦,所至有循吏声,去紫阳七年,邑人思之不置,观此可想见其为政矣。"(杨家驹《紫阳县志》、《重续兴安府志》)

朱斗南,字松皋,四川重庆府阳江进士。清道光七年(1827)莅任白河县知县。有惠政,妇孺皆以好官称之。喜诱掖后进,书院课文,亲为改窜。曰:

"尔辈多寒士，惟寒士专心研习，无往来应酬酒食征逐之繁，比诸肥满者较易为力。予即苦寒士也，尔辈勖之。"又率绅士修文庙，崇圣祠、武庙、忠孝祠，邑人咸乐从焉。（光绪《白河县志》、《重续兴安府志》）

林一铭，号小岩，山东饶平县人。清道光八年（1828）以进士莅宁陕厅同知。自乾隆四十八年（1783）建置宁陕厅以来，嘉庆初经白莲教农民军战争洗礼，迄至嘉庆十一年（1806），复经"宁陕兵变"破坏，册籍文献毁于战火，百不存一。小岩莅任，志切民隐，以为要兴剔利弊，必志之为书，俾后来者借以考镜。遂谋于诸绅耆，创修《宁陕厅志》："属各乡堡绅士采择古今事迹，继又延请耆儒老成者编辑其类，纪其实，去其伪；传其信，删其疑，从春到夏，仅半年时间而志书成，是为宁陕第一部志乘。"（《宁陕厅志》）

黄克勤，河南原武县人。清道光十年（1830）以举人任紫阳县知县。道光十二年（1832）至道光十三年（1833）岁大饥，民至易子而食。克勤悉心荒政，请赈劝捐，赖以存活者无算。居恒以方介清正自持，听断平允。道光十三年（1833）以积忧致疾，病中言及民事辄痛哭，士民闻者无不堕泪。寻引疾归。（《重续兴安府志》）

马国翰，字竹吾。山东历城人。清道光十一年（1831）举人，次年成进士，以即用知县分发陕西补用。初任洛川县知县，与夏鸿时对调任石泉县知县，道光十五年（1835）充恩科陕甘乡试同考官。道光十六年（1836）莅石泉，以首先拿获邻境盗犯引见，以知州用。当国翰在石泉时，为崇文教，务以德化民，邑民化之，文风以振。尤长听断，民无冤狱，虽官石未久，而民爱戴不忘也。后官白河，善政洋溢，民情胥洽。暇则考据，白邑曾是西汉神童终军裔徙居之地，为此搜佚补阙，据《汉书·艺文志》辑终军佚文8篇。在石泉期间，著有《杂咏诗三十首》，刻石县署，名胜风俗，靡不毕举。还著有《玉涵山房集》53卷，《越漫堂日记》30卷，《经世补编》30卷。（道光《石泉县志》、《经世补编》、《中国人名大辞典》）

郭思仪，山西介休县人。清道光十三年（1833）以进士任紫阳县知县。悉心民事，建义仓，剖俸买谷实之。荒年请赈劝捐，民赖全活者不少。而俭德犹为人所不能及。以卓异升潞州知州。（杨家驹《紫阳县志》、《关中同官录》）

鲍珊，字沧碧，一字铁帆，安徽歙县人。少孤，依兄桂星学，入顺天宛平庠。清嘉庆十三年（1807）顺天乡试举人，归原籍，嘉庆十四年（1809）成进士。道光十三年（1833）由乾州知州升任兴安知府。时值兴安甫遭大水，郡城为墟，郡属八厅县同日被淹，山瘠民贫，流离满目。大府以南山奥区，素易骚动，特催珊藉资整理。珊抵任，凡所设施，仿古荒政之遗而变通之，尤以辑睦文武为急务。郡为南山巨镇，驻重兵以总兵统之。珊与总兵祝廷彪最契，凡事和衷共济，弁不袒兵，吏不袒民，各持其平，兵民如一。一切抚流亡，禁侵掠，弥盗贼，咸资其力，民以是安堵。秋稼熟矣，大水又至，不可支柱。乃亲诣省会，吁大府发帑数万金、粟万石平粜。兼设粥厂，张皇补苴，并劝大户各赈其乡邻，不足者捐廉助之。十五阅月，案牍文移，皆手自属稿，委曲周详，积累盈箧，须发为之顿白。清道光十四年（1834）卒于任所，年五十有六。珊历官20余年，凡事之不便于民者，每出资以纾民力，用是负债逾万。周至路闰生先生赠诗曰，"爱君别有高人处，不把黄金作宦囊"，盖纪实也。（《槛花馆文集》、《鲍君墓志铭》、《重续兴安府志》）

陈仪，字采臣，一字馀山，又作渔珊，浙江鄞县人。清嘉庆十八年（1813）举人，道光十五年（1835）任紫阳县知县。养民以惠而用法严，为治4年，官民如家人父子。道光十九年（1839）调安康。去任时，士民赴省呈留不得，思之不置，立碑以志德政。其在安康任中，严听断，勤劝谕，惩奸慝，扶善良，振学校，表节烈，废者举之，颓者修之。其大者，尤以撤粮禁，修堤防二端，一以舒积困之弊；一以免其鱼之灾，戴星出入，不知其瘁。辑《南山保甲书》，一遵郡守徐栋科条，而稍变通其制。癸卯（道光二十三年）、丙午（道光二十六年）两充陕西乡试同考官，卓异引见后，奉旨仍回安康候升。历任安康十余年，民以有功于邑，为建生祠。咸丰二年（1852）郡遭大水，立城隍（没有水的护城壕）不去，城没于水，陈仪被洪峰带卷漂至黄洋河，将亡遇救，得免于难。郡人额手称庆，咸谓天佑良牧。咸丰四年（1854）升宁陕同知。未赴，致仕归里，杜门著书。著有《继雅堂诗文集》32卷；《捕蝗汇编》4卷、《艺苕集证》一卷、《救荒三策》3卷、《紫阳县志》8卷、《文英书屋詹詹言》两卷、《诗诵》一卷、《竹林答问》一卷、《南山保甲书》一卷、《深宁年谱》一卷。以上著作率多陈仪官紫阳、安康时所撰。（杨家驹《紫阳县志》、《重续兴安府志》、《继雅堂诗文集》）

蔡琼，字渔庄，云南晋宁州人。清嘉庆二十四年（1819）举人，官御史。清道光十九年（1839）任陕安道。道光二十年（1840）春巡至郡，查核安康旧有学田460亩，被前州牧吴六鳌和学官分吞，即严饬归还。复捐俸金200两置高涧刂水田5亩，为多士膏火之资。旋又捐廉银补修文武峰，创建牛蹄岭义学，嘉惠士林有加无已。道光二十五年（1845）升浙江盐运司。道经兴安，士林绘《金州饮饯图》，集诗数百首，至今传为佳话焉。（《安康县学仓志》、《重续兴安府志》）

高箕承，山东济南府淄川县人。清咸丰九年己未科（1859）赐同进士出身第三甲第17名进士。以知县即用，签挚陕西。清同治七年（1868）署任砖坪厅抚民通判。同治十三年（1874）五月十八日署任石泉知县，光绪二年（1876）五月二十三日卸任。（《重续兴安府志》、《石泉县志》）

富明阿，蒙古正红旗人。进士，以知县分发陕西补用。清道光十五年

（1835），补兴安府砖坪厅通判，厅自嘉庆初白莲教乱后，楚、广、川、黔流居麇集，狱讼繁兴，土著时受棚民之欺。明阿下车，询悉土著之不振，由怯流民之恃众，爰捕一二强豪置于法，棚民作恶者敛迹，土著始得复安耕凿。又流民之以赌博营生者，每每鱼肉乡愚，明阿则禀于上台，以治乱国重典之例，从严惩治，轻上峰允行，赌风为之收敛。上峰遂通饬兴安、汉中所属，自此南山赌博加等治罪，并定为正例，而南山各属赌风因以少息焉。(《砖坪厅志》、《重续兴安府志》)

夏鸿石，贵州麻哈人。清道光十六年（1836）以举人任石泉县知县，清廉自守，于民事且勤。与马国翰对调，去任之日，公费余银数十金，交书院生息，以资师生膏火，人咸称其廉。(道光《石泉县志》)

康象书，山东章丘县人。清道光十九年（1839）以进士任紫阳县知县，慈祥恺悌。履任3日，重门洞辟，民有诉者，许直达其前，事无巨细，无隔宿不决狱。士民爱之。未逾一载，调繁渭南县知县。(《来鹿堂别集》、杨家驹《紫阳县志》)

慕维成，甘肃镇原人。清道光二十三年（1843）以进士任石泉县知县。石泉30余年无城堤，议修者多难之。维成至，绅民相庆以为县令大人名维成，必能为保障。而维成亦以为是，不负众望，任职逾年，即集绅士劝捐纠工，择公正之人为之经理，不用胥吏沾手，故人人乐输，而事有成。历经4年之久，积劳致病。将完工调蒲城，百姓留之不克。舒钧接任，维成语舒钧曰："以瘠苦之区而谋百年保障，任怨任劳未遑，尚望后贤之成此事也。"敬职爱民拳拳如是也。(道光《石泉县志》、《重续兴安府志》)

史兆熊，字梦轩，汉中城固县人。清道光二十八年（1848）以举人任平利县训导。在任20年，硕德重望，郡中知名士多游其门。掇巍科者指不胜屈。同治初，办团练，协同守城，尤有功于邑。重修文庙。光绪元年（1875）为督学许振祎所重，延主其创办之"味经书院"，期以十年，于此可见其声誉之隆。史兆熊去后，邑士感念不置，为立德教碑。著有《心劝集》、《儿童必读》、《棘关夺命录》、《身世准绳》等书行世。(《续修陕西通志稿》、光绪《平利县志》)

舒钧，字鲁一，甘肃成纪人。清道光二十八年（1848）八月，由举人补授石泉县知县。甫莅任，值前知县修葺城垣未竣，即接手继修之。工程告竣，着手编写《石泉县志》，他看到前康熙版志乘中，"疏讹颇多，难以依据"，须另起新志。先阅读了《兴安府志》、《续兴安府志》和《汉中府志》，辑录出有关石泉旧事，更从古籍中辑录出有关石泉史料。理政之暇，便专心致志，采编写稿。为使考核精确，他邀集邑中贤达士绅参阅校订，经8个月汇集整理，终于脱稿付梓。《石泉县志》分为4卷，记事详尽，文字简洁，仿康对山《武功县志》体例，以人随事，将史实和人物记入志书。志书后更附录有《史实节录》、《事宜附录》，此虽非志例所载，但舒钧认为人心风俗之贞淫，莫不因时易宜以为政治之本。故"治乱详于史实，善恶著于事宜，不更为政治之一助乎"。（道光《石泉县志》；《石泉县志》，陕西人民出版社1991年版）

周相焯，字九梧，山东人。清道光二十九年（1849）以进士任白河县知县。性刚明善断，时号为神明宰。有樵夫卖柴与城里巴姓者，将斧留于柴捆而忘抽出，樵夫返回家找斧未见，即去问巴，巴拒不承认。樵夫喊控到县衙，相焯升堂，巴坚称未见斧。周见巴指上戴戒指，令"取下来看"。巴呈上，周即写一便条曰："巴已承认在家，叫来拿去，恐家中不信，以戒指为凭。"巴家遂将斧交与差役呈案，断斧归樵夫。在任一年即瓜代去，未能尽展其才，邑人惜之。（《白河县志》，陕西人民出版社1996年版）

江开，字龙门，安徽庐江人。中顺天乡试举人，以军功保举知县。清咸丰元年（1851）任紫阳县知县。盘盘大才，不拘拘于长官威仪。凡除弊锄奸，训士课农，皆竭蹶以为之。在任多时，与吏民相安甚欢。精于地理堪舆之学，尝著《金州地谭》一书，谓"郡地山川灵秀，实甲地，惜无人识而用之"。张补山先生为之序。又作《竹枝调》10首，述紫阳县风俗物产甚悉，为时传诵。寻以忧去官。两奉谕旨，准以墨经从军，随陕安道陈晋恩防堵邻县。后升富平县，以劳卒于任。著有《金州地谭》、《浩然诗文集》、《平定回逆方略》。（《浩然诗文集》、杨家驹《紫阳县志》）

李云麟，满洲镶黄旗人。清道光举人，候补郎中。性情浮躁，语言夸张。咸丰初，太平军西上，入营效力，曾充阿隆多部下。清同治二年（1863），奉旨援陕，加四品卿卫，并令其统辖各路援军，以一事权。云麟居然以钦差自若，始则逗留不前，继则见敌即退。且大张其词，铺叙功绩，谓平定洵、镇、山阳、郧西4县农民军。先是云麟率兵至兴安，兴安知府谢复荣受中丞张集馨密饬，不准云麟入城。云麟不听，盘踞兴安郡城数年，擅受民词，搜括金钱，人民受其摧残者不可胜计。故兴安百姓编为俚谣曰："见官大，见贼怕，见了百姓说大话。"后与石泉知县陆堃互控，及老师縻饷，革去原职，以部中归旗候补。（《东华录》、《平定粤匪纪略》）

林映棠，四川奉节人。清咸丰七年（1857）以进士官兴安府知府。性贪而昧于兵。同治元年（1863），太平军陈兵兴安时，镇兵征调一空，左营游击赵济川兼护陕安镇总兵，驻新城。映棠张皇失措，束手无策。知县吴靖召集绅商办团为防守计，惟自军兴以来，水陆不通，商船停顿，粮款无出。而映棠有私财数万，吴靖屡往商借，映棠吝惜不予。靖激于义愤，商同赵济川，各带兵团，背城一战，赵赞成之，爰定日与敌决一雌雄。终因众寡不敌败绩。赵吴因死守两城以待援兵。十二月十九日，旧城陷，靖死之，全家自焚。映棠则服道人衣冠出署，业已逃入一小巷，被太平军盘获，责其不忠，杀之。越日，新城亦陷，赵率兵巷战。力竭，死于新城内永安桥。事后，映棠竟获旌典，岂其当日意料所及乎？于以见官书之未可凭也。（《关陇思危录》、《重续兴安府志》）

金鉴，蒙古旗人。清同治元年（1862）以举人署任汉阴厅抚民通判。时太平军自平利陷砖坪，由紫阳洞河渡江，经蒿坪趋汉阴城，金鉴甫上任，闻警，星夜遣人至府求援，待救兵一到，即紧闭四门，据城防守，太平军遂绕道西取石泉，孤城得保。人称其有胆识，见韬略。太平军退后，金鉴虑敌从南山来，遂捐资造炮船三艘巡弋汉江。十月，太平军二次西上，十二月十九日攻占兴安郡城。同治二年（1863）正月连陷紫阳、汉阴、石泉，长驱汉中。兴安一地只有少数几股活动，其中以蓝大顺一股最为强悍，七月迭攻石泉、汉阴，皆经地方官先后率团击败。八月，太平军将由汉中东下，金鉴因约西乡知县陈尔弗、石泉知县陆堃、宁陕厅同知瞿镐，会同团练，由乡民捐备经费，每邑挑壮丁万人，以其半留防守，而以其半出境防剿，经抚军张集馨奏，奉谕旨办理，甚合机宜。果大破敌于汉南。金鉴得旨嘉奖，而风沙奔波，遂染疾不起，告养归。（《平定关陇经略》、《重续兴安府志》）

三寿，满洲镶白旗人，姓瓜勒佳氏。清同治二年（1863）以进士任陕西分巡陕安兵备道，兼管驿站水利事务。时汉江水面自太平天国农民军过境以后，奸役兹弊，阻滞行旅。三寿沿江核阅，大是惊骇，认为"于国课厘税大有关碍，而不仅只是阻滞行旅。沿江埠役诈索客货船只钱文，大为商贩之害。除檄饬兴安府严提著名蠹役，认真究办，其余概予斥革外，特出示谕禁，沿江厅县码头，行商、船户人等，务须遵守旧章办理，如再有埠役、差船格外诈索、扰害行旅情弊，一经核实，从重惩办"。自示之后，汉江水路畅通，行旅无忧，人皆额手称庆。（《禁埠役诈索客货船钱财碑》、《重续兴安府志》）

龚衡龄，福建侯官人。清同治三年（1864）以进士任兴安府知府。时值太平军陷城之后，人民逃亡大半，城市丘墟。衡龄莅任即招徕流亡，恢复市集，百废始兴，士民赖以安堵。（《春晖堂诗文集》）

陈肃如，字香雍，河南嵩县人。清同治四年（1865）以进士任白河知县。性明决，善任人，遇勤朴能举事者，加以礼貌；至诡随士，辄呵斥不少假。一时废坠尽举，时乱后恢复，汉江商船鳞次，而盗亦潜出潜没，劫掠民财，肃如联络夹河关水师炮船，与楚军水师都督周有全卫送船只，商民赖以平安。乡里至今德之。（光绪《白河县志》）

童兆蓉，字邵甫，一字芙初，湖南宁乡人。由附生中同治丁卯（1867）科举人。入陕西督抚刘典军营办理文案，累保至候补知府，以道员用，加盐运使衔。寻补兴安府知府，调署榆林府事，清光绪八年（1882）调汉中知府任。光绪二十二年（1896）回兴安府任，旋又调西安府知府，擢浙江温处道，加秩品顶戴，未几卒于任所。兆蓉学道爱人，深知体要，服官陕西30余年，历任各缺，所至有声。在兴安最久。兴安本偏瘠之区，川楚毗连，五方杂处，民俗健讼，奸宄潜滋，物力维艰，民生重困。兆蓉先后在任10余载，精勤求治，实心为民，绝讼源，除匪孽，锄役蠹，裕荒储。南山两遇大饥，兴安一郡特甚。兆蓉请赈筹抚，力任其难，周恤无遗，民有更生之庆，皆曰："童公活我。"其他敷文教以培元气，舒财力以便交通，厚风俗以劝农桑，正习尚以祛淫祠，皆足纲维人纪，酝酿天和。生平以理学自持，从无疾言厉色，属僚旧友来见者，必治具款接，孜孜论治，语不及私。清宣统己酉（1909）以循良入请《循吏传》。著有《童温处公集》、《兴安留别联吟集》、《蚕桑简要章程》等书行世。（《续修陕西通志稿》）

陈楠，字芗谷，江西德化人。清同治四年（1865）以进士任安康县知县。能文章而勤于政事，尝以万春堤（今西堤）外滨汉滨处，原建水牮已圮，移址重修为台，今呼水牮为陈公台，亦甘棠之遗爱也。（《耆献类征》）

卫锡恩，号晋藩，河南陕州人。监生。清同治五年（1866）任平利知县，勤政爱民，尤重教育。同治十一年（1872），劝捐创立卷局。"共捐收稻谷五百石，银二十两，（铜）钱一万零六十四串外，收捐租十四石，捐山地租钱一百零七串有奇"，"一切考费出其中"，并"严定章程"，加强管理，"文风赖以兴起"。

柯逢时，字懋修，一字逊庵，湖北武昌人。清同治八年（1869）由优廪生中本省乡试举人，清光绪十年（1884）成进士，改翰林院庶吉士，散馆授编修。光绪十四年（1888），提督陕西学政。安康南乡有其族人附籍，当其未达时，尝游安康，爱其山水秀丽，风俗朴谨，即欲卜居南山。后督学关中，喜旧地重游，故其在任对南山士子青眼有加，极意提倡实学，培植人才，以酬其卜居之愿云。（《续修陕西通志稿》、《陕西同官录》）

顾骧，字耳山，江苏兴化人。少承家学，经术湛深。由增生中式同治九年（1870）庚午举人，清光绪六年（1880）庚辰大挑一等，以知县用分发陕西。光绪十年（1884）到省，光绪十七年（1891）三月补白河县知县，光绪二十年（1894）甲午陕西乡试同考官。回任后，悉心政事，时白河私铸小钱猖獗。顾骧为禁私铸，暗自查访，抓到伪造私钱者，先杖后罚，严惩不贷。私铸之风敛息。暇时则下乡察访民情，关注农民疾苦。在白河时，甫下车，见应书院课者寥寥，遇试即亲为点勘，加以膏火，宽以时日，参以史论、诗赋、杂体，日新月异，斐然可观。尝谓："两汉经学极盛，班史识之，以为利禄之途。唐宋士人，品曰第，不遽释褐入官。即入官，有仅丞尉者。明制极重进士，非甲科莫跻显要。国朝得筮仕者固多，要必视学术为何如耳。"又每于讼牒中，为诸生剖决是非，未尝稍假辞色。谓人文非培植不兴，人品非砥砺不立，以故白邑士风卓然一变。又成《白河县志》13卷，更定体例，谓"采访宜周、记载宜择，笔削宜公，援引宜核，经费宜筹"。且云："向读严氏（如煜）《汉中府志》，服其形势详核，朗如列眉。惟中载《白鹿洞规》，地非南康，人非秦泞，殊与体例不合。"又云："抱残守缺，前哲所重，凡墓志、碑铭、行状、宗谱及友朋赠答之文，有关人物事实，山川名胜者，类宜摭拾成篇，用资考镜，补其阙略。"后官潼关，值庚子大祲，骎本荒政救民之法，全活甚众。署期未满即乞休去，濒行，绅民垂涕送之。(《重续兴安府志》；《白河县志》，陕西人民出版社1996年版)

林元苎，号馥庵，山东历城县人。由解元拣选知县。清同治十年（1871）任洵阳县令。下车后，询悉洵阳凡50余年科名不振，既躬诣书院为诸生讲贯，又月课于诸生之卷，亲加甯政，文风为之不变。复建立二塔以培补邑之文峰低缺，一在临崖寺左，系文庙震方；一在隔江高峰，系县署大堂巽方。当年即中一副榜、一武举，自此邑中科名不绝。世俗不察，惊为元苎之术神，而不知元苎早为讲贯于前也。后调安康县知县。（光绪《洵阳县志》、《重续兴安府志》）

许振祎，字仙屏，江西新奉县人。清同治三年（1864）进士，授编修。清咸治十年（1871）任陕甘学政。以汉回仇杀，酿成大乱，究其原因，读书识礼少故。始为风俗之忧，终贻疆场之患，必有文教以消其强悍。有儒生为之倡率，而后皇仁可洽，反侧自安。因奏言"西安旧有关中、宏道两书院，培植两省人材，规模稍大。关中书院督抚主之；宏道书院学政主之。惟自军兴以来，士多苦贫，不能自食，又不能从师，虽欲闻明经行修之要，其道无由，况甘省流寓于此者殊不乏人。臣愚以为，似当添一书院，以收两书院之所不能容。因择适中地方，于泾阳城内设一'味经书院'，臣捐廉为之倡，而各属急公好义者，皆醵金襄事，业已设立讲堂开课。创始由臣，经理责成绅士。盖权不归官，则延师可免徇私之弊；费归实用，则经理可免侵蚀之虞。并举平利县训导史兆熊为书院山长，订期十年，而以城固训导姚邵诚、澄城教谕王贤辅协理讲席，此皆关中方闻之士，正学之选。置之训迪，必有可观"云云。清光绪元年（1875）按临兴安，所录皆积学之士。以新生柳扬辉试卷，清真雅正，抄录贴堂，俾各生传观，并给花红以奖宠之。白河拔贡生杨鸿义之母柳氏苦节，廉得其实，特表其墓，以振颓风。又以史兆熊久任平利教官，王贤辅籍隶白河，姚邵诚亦司铎南山，故兴安一府，不唯文风优越，而士习亦较他处为端谨。自后郡之文风士习，蒸蒸日上，皆得振祎振励之力也。后官河东河道总督，调广东巡抚，寻以裁缺内召，未几卒。诏以其政绩，宜付史馆立传。（《清史·许振祎传》、《重续兴安府志》）

徐修凤，字云楼，湖南平江人。清同治十一年（1872）以进士补定远厅同知，代署宁陕厅通判，能文章而勤于政事。莅任甫一载，即复定远职守。迄至光绪十八年（1892）回任宁陕抚民府同知。值城隍庙万安桥倾圮，横木朽毁。时遭灾祲，关口所架木桥（名长安桥）亦被水冲垮，公私荡然。修凤急地方之所急，决意修建"二安桥"，劝邑绅石玉珠修补万安桥，上罩长亭用蔽风雨，乃纠工购木石，修建长安桥，疑资金不足，闻已故士龚道明有余粟被差役干没，令书吏，城约经查，果估得价值7000余串，用于修长安桥外，尚余355串，以200串备岁修两桥，以50缗典买城南关田租3石，余钱放借商人生息，以作修补境内道路桥梁用，并以抚民府谕告立碑云"凡署内上下人等不得染指"，以杜贪污干没；并告示厅民："治事不难于经始，在难于图终，至于道路桥梁，尤为地方急务。偶遇水患崩颓，不但望洋趄趑生叹，且多漂跌忧危，是皆民瘼也，守土者讵可忽视哉。吾故曰：'凡有创制，应筹善后，以永其惠，不仅此区区二桥为也。'"（《宁陕修二安桥碑记》、《宁陕厅抚民府谕》）

方道南，字文川，河南罗山县人。清光绪元年（1875）以举人任洵阳县知县。光绪三年（1877）岁大凶，道南谕城乡办赈，井井有法。又禀散仓粮，设平粜局，惠及士民。南路饥民滋事，道南获数人置之法，民赖以安。（《旬阳县志》，中国和平出版社1996年版）

李楣，字觉堂，山东高密人。清道光进士，授礼部仪制司郎中。清光绪四年（1878）六月，由榆林府知府调署兴安知府。时大旱不雨。斗米钱二缗，四乡饥民蜂起，以吃大户为名，肆扰乡里。李楣与总兵彭体道，乡贤吴希贤等设法筹办杂粮，接济民食，地方安辑，民庆新生。暇时喜吟咏，有《彭仁山总戎陕安纪实诗》传世。以卓异调任西安府知府。光绪七年（1881）四月署任凤邠盐法道，随于是年九月实任盐道。卒于任所。（《关中同官录》）

张世英，甘肃泰州人。清光绪六年（1880）庚辰科进士，朝考二等，引见，奉旨改为翰林院庶吉士，后又以知县用，署陕西甘泉县知县。光绪二十年（1894）十月八日，调署石泉县事。世英目睹"石邑贫苦，地当要冲"，每年有大批官吏差役，因公从石泉过境，大小官吏差役均得供应食宿、车船、人伕为其驱使。石泉无马匹代步，故以人代马劳役，百姓苦不堪言。世英爱民心切，自捐廉银500金为倡，劝邑中绅士"立里仁局，以供差费"。境内有钱人户，纷纷出钱出物，筹建"里仁局"。支应差务，概由"里仁局"办理，减轻穷民负担。旋又发现石民好讼，于是设立讲所，每逢县内庙会，亲自到场劝民和睦相处，互相帮助，扶老爱幼。同时，还编写《劝民俗歌》小册子，发给各乡里，进行教育宣传。农闲时，便以县署名义，将乡绅耆老请到城里，举行"乡饮大宾"古礼，向石泉人民"晓以敬长尊亲之义"。张在石泉6年，"治绩颇优，无不出入至诚"。后奉谕调渭南，念石泉贫苦，每年还"拨五百金津贴石泉"。石邑"民感德政，为之树碑，以志不忘"。（《石泉县志》，陕西人民出版社1991年版）

赵嘉肇，字孚民，号秋崖，山东兰山县人。清光绪十一年（1885）以举人署任洵阳县知县。其政以激扬风教，表彰名节为先务。欲续修县志未成。邑人杨孝子鸿春，割肝愈母，则详请旌表，因格于例未允，乃表其门。祝朱氏以死殉夫，则纪事于县志之末（白河进士谢馨有诗颂之）。其勤于表彰如此。著有《忠孝闻见纪略》传世。（《重续兴安府志》、《耆旧类征》、《海月楼诗文杂抄》）

陈润灿，字昆石，山东宁海人。清光绪十一年（1885）以进士补安康知县。敬教助学，而于节孝尤拳拳焉。听断严明无冤抑。能文章，善吟咏，邑中凡节行义事，皆入题咏。著有《关南鼓吹集》、《兴安节妇引》等。惜以忧去官，复升乾州知州，未赴任，卒于家，论者惜之。（《耆献类征》、《重续兴安府志》）

杨孝宽，字伯鱼，湖南安福（今临澧县）人。清光绪二年（1876）举人，联袂成进士。光绪十年（1884）调补蒲城，未赴任，移署安康县。光绪十四年（1888）任平利县知县。听断如神，常以经术判疑狱。又聘曹京周孝廉、冯星辉茂才，博采周咨，汇集志稿呈宫赞李联芳删削成《平利县志》。月课生童亲加审改。曾宪勋孝廉为孝宽所拔识，先是光绪二十七年（1901）县试，孝宽于曾生卷五试皆列冠军，多士不免啧求烦言。光绪二十八年（1902）曾生获隽，人咸服孝宽之藻鉴云。（光绪《平利县志》、《重续兴安府志》）

尹昌龄，字仲溪，四川华阳人。清光绪二十年（1894）以进士任白河县知县。时值荒年，坐竹筅下乡劝赈，灾民得救甚多。遇山路崎岖，弃筅步行，随从跟他不上。在任期间，提倡兴桑养蚕，在衙前署后隙地，亲自植桑，后人称内城东门外桑园为"尹公桑"。尹又为拿盗贼、禁赌博，常便服与捕役一起缉盗抓赌，一时盗、赌之风敛迹。尹还谕示乡保集资置义田，收租完纳畜税、杂捐，以免扰民。至今民间称颂不衰。民国初年（1912），仕至四川省民政厅长。（《白河县志》，陕西人民出版社1996年版）

杨䑛，字春马风，云南安宁州人。清道光二十四年（1844）恩科乡试举人。大挑一等，以知县分发陕西。清咸丰九年（1859）署白河县知县。性慈祥，为政以实心，公庭寂为僧舍。礼接贤士，觞咏春容，终日不作俗吏语。奉檄创办厘金，落落持大体，不屑为苛细。与白河天池书院山长王贤辅交最契。一日言文庙坊柱系木撑多蠹，宜易以石，即出50金请代购。贤辅谓公已解任，可不事此。䑛曰："此我当为而未为者，烦君为之藉以补阙，顾不我许耶？"贤辅请晓众知，䑛作色曰："我知君，君不我知耶？任君干没不怨，若使我晓众，是我不知君；若君晓众，是君不知我也。"乃一笑而散。卒购之夹河关，如所约藏事。旋罢去，贫不能行，贤辅为贷于商始就道。清同治五年（1866）任神木县知县，时陕回乱，翌年正月二十日城陷，䑛朝服坐堂皇而死，阖署同时殉难。陕西巡抚刘典疏闻得旨予恤。（光绪《白河县志》、《重续兴安府志》、《平定回匪方略》）

杜瑞麟，字石生，湖北鄂州人。清光绪六年（1880）进士，入翰林，截取直隶州知州，分发陕西补用。历署邠州、直隶州知州，光绪二十年（1894）权兴安州厘务。好奖掖后进，邑之名士多从之游，如拔萃者有罗秉璋、著名者马文兆等。中日甲午战争失败后，丧权辱国，瑞麟忧愤自尽，时人惜之。门下士罗秉璋挽之曰："一见便相知，使我及门为弟子，三更何处去，令人拍案哭先生。"盖纪实也。马文兆为经营丧事讫。（《重续兴安府志》）

刘德全，湖北省谷城县人。清光绪十五年（1899）二月以进士任洵阳县知县。任内关心民疾，自奉节俭，做饭常以谷壳作薪。重视教育，到任后，见敷文书院经费拮据，倡议士绅为书院捐置学田，又把东门外官地所收租稞拨给书院，作为师生膏火，并捐俸置山地一分给书院。光绪二十七年（1901）奉令实行新学，主持将敷文书院改为县立高等小学堂，并捐置新思潮书籍20余部。小学堂初设，县内士绅以"洋学"斥之，不肯送子弟来学，刘德全请来邑贤郭焱昌到县内各地游说，终使士绅消除顾虑，送子弟前来就读。光绪二十八年（1902）主持纂修《洵阳县志》14卷，史料丰富，体制颇合志法，参加修志人员多达121人，皆为当时最优秀之人才。光绪二十八年（1902）七月，调任陕西省咸宁县知县，再任候补直隶州知州。（《重续兴安府志》；《旬阳县志》，中国和平出版社1996年版）

张筠，字碧岑，浙江建德县进士。清光绪二十二年（1896）以翰林院编修出任兴安府知府。值前太守童兆蓉于百废俱兴之后，因存"萧规曹随"之心。故其下车伊始，观风扃试生童，即以"萧规曹随"命题以见志。迨后事事皆本童公遗意，不劳而理。复以郡多寒士，因推广书院生童膏火，加月课，录取名额；增杂课，并剖俸奖月试前列各卷，文风因之蒸蒸焉。又于江岸修建金镛矶以杀汉水冲刷，用固城基。后建府城隍庙，致之于礼，此皆荥之在人耳目者。秩满擢西安府知府，旋调署陕安道，升云南迤东道。（《中国人名大辞典》、《重续兴安府志》）

杨汝滨，云南昆明县人。进士。

宗维城，四川郫县人。举人。光绪二十三年（1897）署任平利知县。（《重续兴安府志》）

高赓恩，字腊亭，直隶宁河人。进士。清光绪二十四年（1898）七月，由詹事府司经局洗马任陕安兵备道。莅任即以振兴文教为己任，巡视兴安、汉中两郡"观风整俗"，选生童文艺优者，刻板发往各属以旌宠之。每月增设经、史古课，发题兴安府，散给书院肄业生童。卷由兴安府封转道署，赓恩亲加窜改，品荐甲乙，剖俸奖励。殷殷启迪，不异父兄于子弟；并印发《二曲集》分赠诸生及各属吏，以端士习。又以汉江黄金峡以下诸险滩，盗匪扰害行旅货船，创设炮舰4艘以卫商船，兴汉两属商贾尤利赖之。石泉孝子曾福荣，割肝愈母疾，赓恩为作《孝子行》以传其事。光绪二十五年（1899）三月十二日，以奉诏补四品京堂为大阿哥师傅，赴京供职去。士林惜之，以故沾其教者称道弗衰，于以见赓恩之流泽汉南孔长也。（《南郑县志》、《重续兴安府志》）

关觐光，湖北人。清光绪二十八年（1902）以举人任安康县知县，勤劳任事、知府金文同筹办中小学堂，设学务经费局，谕觐光筹款，觐光不愿伤民，而最恨吸食鸦片膏者，乃于贩土膏者按月包纳坐贾厘金，对种植烟地亩，除完纳地

税外，每亩加一两，士民称快。光绪二十九年（1903）被害，死于任所。（《重续兴安府志》、阮善继《明府关公觐光行状》）

金文同，字书舲，甘肃皋兰县人。进士。清光绪二十八年（1902）由户部郎中，扈从慈禧太后、光绪皇帝西巡，简任兴安府知府。工古文词，课士亲拔甲乙。其时实行新政，凡中学、师范以及中等农业、警察各新政皆筹款兴办。光绪三十年（1904）秩满卸任，光绪三十二年（1906）回任。先是光绪三十一年（1905）曾创办兴安中学堂于关南书院南，工未竣。金文同回任后，复加整顿，添招班次，校舍不能容，爰移入学使行署，以中学堂旧地为师范学堂；并奉部令，在兴安筹设劝学处一所。奔忙上下，劳怨弗辞。而前守童兆蓉所办各善政，如平粜、质铺，皆重订章程，勤加稽查。于奉行不力官员，不恤情面，严加申饬。前守义举，不致废坠，尤为善于守成继往，故人称为长者。（《重续兴安府志》；《安康县志》，陕西人民出版社1991年版）

李汝鹤，字云白，一字季仙，江苏丰县人。以岁贡生中光绪己卯科（1879）举人，癸未（1883）成进士，即用知县，分发陕西。清光绪三十年（1904）由周至调署石泉。勤于政事，实惠及民。适邑大旱，汝鹤躬自祷雨云雾山，直登其巅，甘霖立需，因赋诗以记，中有"生平自信能安命，不为苍生不祷求"之句。历署延川、永寿、户县、略阳等县事，所至皆有惠政。汝鹤官秦几20年，清廉自矢，不取非分。及殁，贫不能归柩。著有《企皋诗存》6卷。阳湖巢凤冈序其诗曰："云白官陕廿载，历宰诸邑，绰有政声，可传者大，何有于诗。然诗之一道，原与政通，云白居官慈祥，岂第必形之于政，故其发为韵语，缠绵悱恻，亦时时流露于其间。其诗传，其政亦因之而传矣。"（《陕西同官录》、《企皋诗存》、《重续兴安府志》）

爱星阿，满洲正蓝旗人。清宣统元年（1909）由翻译进士任兴安府知府。性谨厚朴雅，为政以实心。《学部奏定学堂章程》颁行各府州县后，即全力奉行之。宣统二年（1910），就关南书院旧址着手筹设兴安中等农业学堂，捐俸金置新城东门外坝地10余亩桑园，内建办公室3间、夫役室两间，俾农业学堂诸生学以致用。（《重续兴安府志》）

据史料不完全记载和统计，从魏晋至清末，在兴安府（现安康市）、县任知府、知县的官中，有333名高级知识分子（进士164名、举人162名、大学问家7名），其中有状元1名、探花3名、解元4名。

附录《石泉县志》记载在本县任知县的进士：

胡载道，万历丁丑进士，河南人。流寓石泉，好丹砂。

朱泌，山东单县进士，任知县。

顾声雷，江西元和进士，任知县。

李照远，江西吉永进士，任知县。

王鹄，湖北进士，任知县。

毛有信，贵州进士，任知县。

盖钰，山东进士，任知县。

郭熊飞，山东维县进士，任知县。

蔡风仪，江西进士，任知县。

马国翰，山东历城进士，任知县。

孙玉麒，福建浦城进士，任知县。

慕维城，甘肃镇原进士，任知县。

舒钧，任知县。清道光二十九年（1849）《石泉县志》主编。

刘应祥、侯国璋，道光进士，任知县。

罗重熙、阮调元，同治进士，任知县。

高箕承，咸丰进士，任知县。

张世英、李汝鹤、吴立亭、宫炳炎，光绪进士，任知县。

在这些知县中，马国翰（1793—1857）值得一提。马国翰，字词溪，又字竹吾。原籍章丘圣井镇大柳树村。清代古籍辑佚家、文学家、藏书家。其曾祖时迁至济南全府庄居住，遂入历城籍。马国翰19岁中秀才，在家乡任教20年。38岁时中举。清道光十二年（1832）才以三甲67名考中进士。先后任洛川、石泉、泾阳县令。道光二十四年（1844），擢升陕西陇州知州。清咸丰七年（1857）病故于家，卒年64岁。据《续修历城县志》云："国翰家贫好学，自为秀才时，每见异书，手自抄录。及官县令，廉俸所入，悉以购书，所积至五万七千余卷。"2000年8月30日，《中国文物报》登载了宁阴棠的《玉函山房木刻雕版的捐献》一文。文章说，2000年5月13日，山东省章丘市人民政府隆重举行李应顺传世藏版捐献表彰大会，对埠村镇西鹅庄村民李应顺家中珍藏了120年的5966张清代古籍木刻雕版全部捐献给国家进行表彰，并给予15万元人民币的重奖。这批雕板数量共5966张，涉及经、史、子、集等书籍558部，约450万字，其中有马国翰、李廷启的个人著作，如马国翰的《玉函山房文集》、《玉函山房诗集》、《文选拟题诗》、《竹如意》等，以及两人合著的《百八唱和集》。《石泉县志》载有马国翰的《石泉杂咏》一诗。

第四编　安康市各区县有关教育方面的部分碑版遗存

从安康市的史籍和幸存的一些有关文教方面的石碑及碑文可见当地对教育的重视。

安康市境内文庙内外有不少碑记，每方碑记都记载了安康不同时期的发展史和维修文庙的大量史实。碑记充分体现了保卫先圣之道，发扬儒家光辉事业的人，光照千秋；着重叙述知县发扬儒家礼乐文化传统，认为崇奉至圣先师是大事，并亲自督办牲牷斋礼，主持至圣先师祭典仪式；提出"礼化之蔚兴，莫重于庙貌之尊严，视乎官司之经理"。也就是说，要振兴文化教育事业，必须先修好文庙，修好文庙要看当官的怎样筹划与管理，充分强调了维修文庙的重要性。

一、重修文庙记　（元）郑均

郑均，失里籍。元至正十年（1350）任金州知州。金州儒学见于记载者，可溯至元成宗大德五年（1301）前后，距郑均莅金州逾50年。殿宇斋舍，渐次倾圮。时达鲁花赤买间来监是州，遂与知州郑均，州同也先不花、判官王师古等，共议重修，各出俸金经纪之，共建房22间。

碑文：

文教与王化相表里，方周盛时，凡有国合乐，必释奠于先师。逮唐宋尊孔子为至圣文宣王，以七十子及名儒配食。皇元又加大成之号①。金州宣圣庙②，废于兵革。始自前知州唐天骥③，相土于州治东南，作新庙三楹，并建廊庑。迄今五十余年，渐致倾圮。达鲁花赤④买间⑤来监是州，谋于同知⑥也先不花，判官王师古⑦，吏目李荣，学正雷㪻，各出俸金经纪之。始于至正庚寅⑧春季，终于次年仲秋。屋以间计，合二十二；像以人计，总百有余。故述此为记，冀后之官是州者，有所视效焉。

【注】①皇元又加大成之号：历代对孔子的封号。孔子，名丘，字仲尼，春秋末期鲁国陬邑（今山东曲阜东南）人。生于公元前551年，卒于鲁哀公十六年（前479），我国古代伟大的思想家、教育家，儒家学派的创始人。孔子死时，

鲁哀公亲谏孔子，谏文中称孔子为"尼公"。西汉时，汉平帝追封孔子为公爵，称"褒成宣尼公"，这是孔子有封号的开始。南北朝时，北魏太和十六年（492），孝文帝拓跋宏改称孔子为"文圣尼父"；北周大象二年（580）静帝宇文衍封孔子号为"邹国公"。隋文帝杨坚开皇元年（581），尊孔子为"先师尼父"。唐太宗李世民贞观二年（628），尊孔子为"先圣"，贞观十一年（637）又改称"宣父"。唐高宗李治乾封元年（666），尊孔子为"太师"。武则天授元年（690），尊孔子为"隆道公"。唐玄宗李隆基开元二十七年（739），加号孔子为"文宣"，称"文宣王"。宋真宗大中祥符元年（1008），加号孔子为"玄圣文宣王"，大中祥符五年（1012）又改称"至文宣王"。元成宗铁木真大德十一年（1307）加号孔子为"大成至圣文宣王"。②宣圣庙：即孔子庙、文庙。③唐天骥，元代大德年间任金州（今安康）知州。当时金州城因连年战祸，学校庙宇衙门被毁。唐天骥在城西南兴建庙宇3间，东西修建走廊和厢房，设置儒学，兴办教育，对安康早期教育有政绩。④达鲁花赤：元代官名，即监司。元朝沿用宋朝制度，州的长官正式称为知州，但是路、府、州均置达鲁花赤，专由蒙古人、色目人充，地位在知州上。⑤买间：蒙古人，元至正十年（1350）任金州达鲁花赤，金州庙学创自元初知州唐天骥，至买间莅任已有50年之久，栋折垣塌，渐致倾圮，买间谋于同知也先不花，判官王师古，各出俸金重修，计房屋22间，绘历代先贤像百余位，焕然一新。知州郑均为之勒石以志。⑥同知：官名，知州属官有同知、通判，分别掌财政、刑法、治安等。⑦王师古：生卒年月、里籍不详，元代人。元至正八年（1348）以敦武校尉任兴元路金州判官，精明干事，决讼如流，民无冤抑。复兴文教，化民成俗。⑧至正庚寅：元至正十年（1350）。

二、重建洵阳庙学记　（明）余洵

碑圆首，额饰云龙纹，额篆书题"重建洵阳庙学碑记"8字（首残只存4字，碑身下部残缺，碑文对照残碑及参照《兴安州志》记载）。原高2.20米，宽1.0米。明成化丙申十二年（1476）立碑。明代余洵撰文，王延龄书丹。

余洵，明成化八年（1472）进士。曾为项忠部副使。项忠，字荩臣，嘉兴人。正统七年（1442）进士。授刑部主事，进员外郎。荆、襄间流民屯结如故。通党李胡子者名原，伪称平王，与小王洪、王彪等掠南漳、房、内乡、渭南诸县。流民附贼者至百万。明正统六年（1441）冬，诏忠总督军务，与湖广总兵官李震讨之。忠命副使余洵、都指挥李振击之，遇于竹山。乘溪涨半渡截击，擒李原、小王洪等，贼多溺死。

王延龄，山西浑源州人。明成化十一年（1475）任洵阳知县。成化八年

（1472）汉江涨溢，县治倾颓，学宫故在旬河之畔，亦圮于水。前知县杜琳改建县署于今治，并移学宫于县西高阜。功未竣而卒于官。继任王延龄续修并拓展之，听政育才，永无水患。延龄在洵，慈惠爱民，讼简盗息，与民相安，洵民咸称好官。入名宦祠。(《兴安州志》)

碑文：

孔子以圣道设教，贯彻古今，肇自五帝三王，洎我圣朝以及后世。先孔子而高道统之源者，非孔子无以推明于千万世之既往；后孔子而续道统之传者，非孔子无以垂宪于千万世之方来。迹其后天地而生知天地之始；先天地而没知天地之终。万世之天地位，万物育，三纲立，九畴叙。开亿万千载之太平者，伊谁之功欤？文中子曰："天地能生我而不能鞠我，父母能鞠我而不能成我，成我者孔子也。"孔子之道奚啻天地父母罔极之恩。呜呼至哉吁。孔子之道德高厚，神妙莫测，教化无穷，有如是者宜乎庙食，万世而春秋四季享太平之极也。邵子尝谓："仲尼以万世为土（士），岂欺我哉？"洪惟我太祖高皇帝，龙飞淮甸，奄有九有（州），修文偃武，建学立师，普天率土，罔不从化。洵邑居汉之僻壤，化未易及。洪武初，庙学创建洵水之浒。成化八年夏，圮于大水，坠教基，毁神位。邑令魏县杜琳①始至，卜县西高阜处，询谋佥同。征工抢材，剪荆棘，平高下，议远迩盖大成殿若干楹，三四月厥功类就。明年正月，琳不禄②。署县事典史内黄周显，建明伦堂，翼以东西斋庑，塑圣贤像，立梓潼③祠。然大纲粗立，万目未备。成化乙未冬，浑源王延龄继宰是邑，既而周视庙学，惧不克任。乃于改创县治之暇，仍鸠工倩役，取土木金石树灵（棂）星戟学门、牌楼、仓库、庖湢（厨）、师生廨宇，粧饰神牌、神桌、祭器。与夫砖镘殿堂，石砌阶台，而又缭以垣墉，植以佳木，增广弟子生员，而百度悉举矣。予奉敕抚治汉中，来按兹邑，学谕眉山古朴暨诸绅士夫，请余为文勒石以垂不朽。嗟夫，孔子继往开来，师表万世。有天下国家者，不思所以报罔极之恩，是尤终日戴天而不知天之高，终日履地而不知地之厚，可乎哉？彼异端虚无寂灭之教，不耕不植，侵渔民利，沦没三纲，有垂名教，后世有听其雕梁画栋，安其祀栖遍于名山，何其谬耶。况孔子之道，历万世而无弊，薄四表而弥光。其与弥近理而大乱真者，不可同年而语明矣。今洵之庙学完旧益新，后先祖继可谓知崇德报功而重吾名教者，固可嘉尚也已。尔诸士子，游歌于斯，服膺圣训，当思所以勉力于己，效用于时，求无负于圣朝养贤之盛心，诸有司作兴之美意，其庶几乎。不然，非予之所望也。于是乎记。

　　赐进士出身资政大夫陕西兵备分守关南道副使余洵撰文。
　　行取文林郎署洵阳县事晋浑源王延龄篆额书丹。
　　明成化丙申岁季春日谷旦。

【注】①杜琳：直隶魏县人。明成化五年（1469）任洵阳县知县，悉心民事。成化八年（1472）汉江涨溢，县治颓废、学官故在洵浒，亦圮于水。琳始改迁县署于今治所在，并移学官于县西高阜处（即今文庙）。功未竣，因劳致疾卒于官。（光绪《洵阳县志》、乾隆《兴安府志》）。②不禄：不终其禄，死亡的讳称。③梓潼：即梓潼帝君，有着悠久的历史与传说，是道教所奉的主宰功名、禄位之神，在《张亚子庙》之中亦有记载。传说姓张名亚子。居蜀之七曲山。仕晋战死，后人立庙纪念。唐孙樵有文《祭梓潼神君文》，李商隐有诗《张亚子庙》。据道教传说，玉帝命梓潼掌管文昌府和人间禄籍，因此称为梓潼帝君。

三、重修儒学碑记 （明）伍福

碑圆首，高1.32米，宽0.65米。明成化十三年（1477）立石。明代伍福撰文并书丹。

伍福，字天锡，江西临川县人。正统举人，授咸宁教谕。历官陕西按察副使，提督学政。福风格高迈，诗文典雅，兼工书法。有《咸宁县志》、《陕西通知》、《苹野纂闻》、《三吴水利论》、《南山居士集》、《云峰清赏集》等著作。

碑文：

皇明自两京达天下，郡邑皆建学。金州古称妫墟。学校建置，前代无考。元知州唐天骥，即州治南六十步肇立以兴教事。至正雁于兵燹。国初，知州马大本①重为缔造。永乐十四年，汉水暴溢，学遂颓圮。成化四年，德州高嵩②来知州事，创大成殿三钜楹，上施琉璃兽脊，四垂翠瓦，东西庑各十余楹，棂星戟门，神之厨库。又二年，进士王坪③代任，于殿西改创明伦堂，翼以两斋。未几，汉水复溢，俱为倾坠，独庙存焉。今年丁酉，郑福④来官，躬自程督，比嵩、坪之为美甚。盖可谓知政本之所重矣。

成化十三年孟冬日泐石。陕西提学副使伍福撰文并书丹。

【注】①马大本：凤阳人。明洪武四年（1371）莅金州知州。州遭元末之乱，城郭荡然，衙宇荆榛，田野荒芜，一望丘墟。而衙宇不立，则政令无由出，大本此时无所不当务，尤在急所先务，亟谋修葺署衙，恢复州治；并招抚流亡，开市集、辟田地，重修庙学，民生始苏矣。（《明史·循吏传》、《兴安州志》）②高嵩：山东德州人。明成化三年（1467）由进士任金州知州。永乐间，文庙环于水。三十年未有补葺，庙宇墙垣坍圮，栋折椽摧。高嵩莅任第二年即重修大成殿、戟门、左右角门、棂星门及两庑各9间。重复旧貌，且恢郭之。（《兴安

州志》）③王坪：失里籍。明成化七年（1471）以进士知金州。才干优长，有吏治才。先是金州文庙在州治南崇道街，永乐十四年（1416），汉水涨溢，文庙被淹，房屋多坏。成化四年（1468），知州高嵩修罅补漏。明伦堂故在文庙大成殿后，因高嵩去任而未修葺，倾圮尤甚于文庙。成化八年（1472），知州王坪再加修葺文庙，使之一新。迁明伦堂于文庙西。堂前为进德、修业二斋；东西相向为大门、仪门，直达崇道街。规模始备。（《兴安州志·学校志》）④郑福：字伯祥。太原监生，明成化十三年（1477）到弘治八年（1495）任金州（今安康）知州。体察民情，注重生产，兴利除弊。任期勘察地土，督促百姓栽桑植棉种菽（豆类）粟（谷子），兴修庙宇学堂，组织百姓烧制砖瓦。一年后，于农隙调民伏千余，亲督役筑长春堤，疏浚南山沟水，引入黄洋河。在城东、西、南三面，择空地修建房屋数百间，设市场，吸引贸易。城西七里沟有虎患，郑福发誓说："容虎食吾民，吾躯亦可饱虎。"猎虎安民。当时，汉江多礁石险滩，郑福疏导河洪，便利行船，减少事故发生。任期创修《金州志》，后迁任浙江佥事，终于任。

四、汉阴重修文庙记　　（明）康浩

碑圆首，高2.8米，宽1.3米。明嘉靖二十八年（1549）立石，碑高及文皆录自清康熙《汉阴县志》。

碑文：

汉阴县学在县治东五十步之外，明洪武壬子①肇建，永乐中教谕梁萼重修。至今百十余年，庙貌圮坏，不可言状。嘉靖丁未②闰九月二十日，巡茶盛公谒视恻然，乃出茶法银六十两，命县尹罗君元重修复饰，以尽尊崇之义。罗君即抡材估料，鸠匠分工，夙夜匪懈，不遑启处。自谓三月可完也，不意略阳盗起，妨于多事，狼跋其胡，载疐其尾。延至戊申③八月始获兴工，己酉④四月厥功告成。规模宏丽，加（甲）于往昔。庙貌尊严，士林改观。分守刘公是（世）用，分巡陈公定，日省月试，咸与力焉。罗公遣人具状求记，山林老朽，浩岂能文，事关义举，理弗容辞。尝闻天不生仲尼，万古如长夜。凡有知觉运动者，孰不知孔子之可敬而可尊也，不可忽也。永乐至今，年岁不知几何多也，恬然无复有加之意者，非皆有意薄孔子也。盖康衢文献之邑，经者日众，见者日广，增规意矩，重轮迭奂，日新月盛矣。汉阴在万山深谷之中，经习故耳。以遐迩要荒之区之异，而分以新旧完缺之宇之殊，是非所以尊孔子也，翘祭神如神在，神不享非礼。孔子之神高明如天，博厚如地，悠久如日月，神无时而不在，则祭无处而不享，顾乃荒芜殿陛而望来格洋洋，是以非礼之境而期孔子之享也，不亦慢哉。惟仁人君子不以耳目牿其心，微其显而阐其幽，敦其人之所共略，崇其己之所独尚，推絜矩之心而为均齐方正之政，彻幽明之情以妥神人，好恶之微君子之所为，众人因不识也，盖如此焉。

盛公名汝谦，字亨甫，直隶桐城人，非其世德之厚，禀赋之良，学问之优，报本溯源之至，未必超然独举如此。昔者邃庵杨公，始建古邰横渠之祠；忠萧于公，重增关中僻邑庙学之制，风化遂移，人材倍出，至今皆归功于二公焉。将来汉阴豪杰之生，岂敢忘其所自哉。高丰伟度，迥出宇宙，今日观风举动如此，又焉知将来勋名禄位之盛，不与二公匹休也耶。其故僭以为记云。

赐进士出身奉直大夫户部郎中康浩撰。

明嘉靖己酉年仲秋日立石。

【注】①洪武壬子：即明洪武五年（1372）。②嘉靖丁未：即明嘉靖二十六年（1547）。③戊申：即明嘉靖二十七年（1548）。④己酉：即明嘉靖二十八年（1549）。

五、尊经阁碑记　（明）柴儒

石碣，纵1.01米，宽0.45米。明嘉靖二十九年（1550）立石。

碑文：

尊经阁碑记。豫轩刘先生分守关南①三载，将洗末学②之芜陋，而进之以圣贤之道。乃谂诸郡守萧公曰："金郡③僻在一隅，士业其间，少见经书全籍，必远致而谨储之。"守曰："学校未兴，提调之耻。经正以兴，庶民守之，愿也。"遂拓地开基，纠工储材，巍然壮观于黉宫④之东。经书子籍⑤兼收，然独以经名者，尊之也。工兴庚戌孟夏，成于季冬。刘，燕人，名世用；萧，鲁人，名汝舟。

赐进士出身浙江参政资治大夫白河柴儒撰。

明庚戌季冬月吉日谷旦立。

【注】①关南：函谷关或潼关以南地区，包括今商洛、安康、汉中等地。明在安康设关南分守道，驻重兵镇守。②末学：无根柢之学。③金郡：唐置金州（今安康市）。④黉宫：古代学校。⑤经书子籍：古代儒家的经籍，即被尊崇为典范著作的书籍称"经书"；先秦诸子百家的著作，包括哲学、政治、科技和艺术等类的书称"子籍"。

由此碑文可见当时的地方官员很重视教育，在学校旁建尊经阁（即图书馆）。

安康古代教育史略

六、修尊经阁记 （明）李钟元

李钟元，湖广人，明万历二十五年（1597）以进士任兴安知州，精明烛奸，博雅爱士，加意斯文，尝捐资修葺秦郊社学，规划学田一区，又捐资修文昌阁，士庶诵之。（《兴安州志》、道光《安康县志》）

碑文：

阁以尊经名，崇常道也。兴安旧有阁，至万历癸未[1]，大水倾圮。庚子[2]春，部使毕公[3]、守道孙公[4]，各捐资鸠工，寻旧址充拓之为碑阁，左以纪巅末。适守道李公且至，则慨然出俸金，以助其不及，而缺者完，疏者密，补者华。李公讳天麟[5]，顺天人，万历庚辰[6]进士。其来守也，百废俱兴，尤加意于斯文，修阁乃其一事也。（《兴安州志》）

【注】①万历癸未：即明万历十一年（1583）。②庚子：即万历二十八年（1600）。③毕公：即毕懋康，字孟侯，号东郊，安徽歙县人。明万历二十六年（1598）进士。以中书舍人授御史。视盐长芦。抚治郧阳。工古文辞，能画。著有《西清集》、《管渻集》、《疏草》等。④孙公：即孙奕世，直隶人。不久改任直隶州。⑤李天麟：顺天人。明万历八年（1580）进士。万历二十八年（1600）任关南守道。驻兴安4年，划奸剔蠹，定号房，化窝停，禁健讼，清飞诡，申乡约，严保甲，立常平仓，设施粥厂，捐学田，搜隐逸，采贞婪、布科条、百废俱兴。去之日，士庶自东郭属之境外，送行，无虑数千人、相与拥塞郊关，拥马泣去。邑人为立生祠祀之。邑进士刘卿为之纪。（《兴安州志》、刘卿《李公祠记》）⑥万历庚辰：即明万历八年（1580）。

七、改修尊经阁敬一亭碑 （明）刘卿

碑高1.51米，宽0.63米，明万历三十二年（1604）立石。

碑文：

汉阴学治敬一亭，原居明伦堂①后基是矣，第规模稍未协矩，频年来又几于倾颓。尊经阁建自嘉靖戊午，居文庙左旁稍次，直抵儒学门内道，从学门而入，壁立而峙，义奚取而奚裨于文运。阁建之后，十数贤科寥寥无人，当事者无不扼腕痛心，议修议改，而经费无从，辄已其事寝久寝坏，其圮状不忍侧目。癸丑冬，邑侯张公来莅此土，甫下车即恻然，毅然亟于改修，于视事之初，而土木尚

未遑也。迄今五载，轻徭薄税，公之抚治汉邑者诚切，邑是有起色矣。旋为之极力补缺，建文昌宫，起魁（星）楼，筑河堤，恢拓四门桥，创立八蜡祠，次第举行，若无留难者。继营尊经阁，于敬一亭后，为台千尺，为阁十丈，与敬一亭之相望，叠翠联珠，其一切经制总裁于一心，晨夕殚力。经始于是年三月，迄八月告厥成焉。巍然焕然，其飞彩流丹，直插云霄者尊经阁也。阔亮静深，壁箴辉映者敬一亭也。想公之胸中预有定画故事，不烦民，不扰规制中程而功无难于立奏。语曰："非常之举黎民惧焉，及臻厥成，天下晏如也。"则今日之修祠亭是已。汉庠②得所瞻仰，其敬以经业，一以专经，宏谟高议，称雄宇内，为臣尽忠，为子尽孝，俾经常昭揭中天，万世如一日焉，是所以克副张公合建之意。吾固知汉庠后之爱阁也，深于甘棠远矣。是为记。

赐进士出身通奉大夫山东布政使司左布政使兼按察司副使刘卿谨题。

万历三十二年甲辰春月上浣日。

【注】①明伦堂：《孟子·滕文公上》："学则三代共之，皆所以明人伦也。人伦明于上，小民亲于下。"我国旧以儒教为国教，故各地于学官祀孔子，其大殿题"明伦堂"。②汉庠：汉阴的乡学。庠，《孟子·滕文公上》："（乡学）夏曰校，殷曰序，周曰庠。"旧谓县学为邑庠，府学曰郡庠。

由此碑文可见地方官员很重视乡学建设。

八、郭公学田碑　（明）刘卿

石碣，高1.37米，宽0.51米。明万历二十五年（1597）立石。明代刘卿撰文。

刘卿，字孔源，金州人，明万历八年（1580）进士。聪明博学，精通文史，才华出众。历任雷州兵备道，山东布政使，死后归葬安康，石碑、石兽华表犹存。著有《刘方伯集》12卷。

碑文：

郭公学田记。古之士贵，今之士贱；古之士少，今之士多，多故贱也。岂独自贱哉，亦上无以贵之耳。廪有禄矣，增与附①，其富者可以自给矣。其无赀、无产、无倚、无恃者，曳长裾，戴峨冠，不可以耕则难为农；不可以末②则难为工；不可以贸迁则难为商。夫农也，工也，商也，而能得食。不农、不工，而又不商，士亦岌乎无以糊口矣。胡不自爱者，则迫而入于穰穰之中，日奔走为衣食计，何以专其志而精其业共振拔之？子慕廉洁之芳名，则有啼饥号寒如韩昌黎③

耳，釜鱼甑尘如范莱芜④耳。夫人又何不幸而为士哉？故良莫良于置学田之法，巡抚郭公作人造士，念学田废而痛士之无以糊口也，捐俸资移檄吾郡置学田焉。无何，公有少参之命⑤，且将以泽吾郡者泽黔中矣，使遐陬荒隅，且知礼乐冠裳之盛矣。汉南士谋所以志不朽，于予言为信。予惟举废兴作，今之士者所讳也，公独奋然为之无所顾。非其立万世之功，开千秋之利者乎？使天下监司，皆能以公之心为心，又何患人文之不炳耀而士之失养耶？公也可以风矣！

赐进士出身通奉大夫山东布政使司左布政使兼按察司副使刘卿谨题。

万历二十五年岁次丁酉季春月日立。

【注】①增与附：增生与附生，科举制度中生员名目之一。旧时生员皆有月米，额内者为廪膳生员，增额者为增广生员。于附县学外录取的生员为附生，统称为生员。②末：末业，旧时以农为本，以商为末。又以致用为本，巧饰为末。③韩昌黎：即韩愈（768—824），字退之，河内河阳（今河南孟州市）人。自谓郡望昌黎，世称韩昌黎。唐代进士，诗人、文学家、哲学家、思想家。④范莱芜：即范丹，一作范冉，字史云。东汉永初五年（112）出生于陈留外黄（今河南民权县）。东汉名士，中国古代廉吏典范。桓帝时为莱芜长（有史以来最早的莱芜长），因为母亲守丧而未到任。后在太尉府任职，遭党锢之祸后，遁逃于梁沛之间，以"不得匡世济时"为憾，用小车推着妻子，徒行敝服，卖卜为生，或寓息客庐，或依宿树下，如此十多年，乃结草屋而居，所居单陋，有时绝粮断炊，但穷居自若。东汉末年乐府古诗中，有首民谣赞颂范丹："甑中生尘范史云，釜中生鱼范莱芜"，成为廉吏典范。明清两朝，莱芜为其建祠，并崇祀为名宦。⑤少参之命：即参议。明代在布政使下设左、右参议，以分领各道。

九、义立学田碑记　（明）余寅

碑圆首，高1.83米，宽0.75米。明万历年间立石。明代余寅撰文。

余寅，浙江鄞县（今鄞州区）人，字君房，晚年改字僧杲。明万历进士，官至太常寺少卿。著有《乙未私志》、《同姓名录》、《农丈人文集》等。

碑文：

终南函谷①之间，故侠窟哉。其人慷慨沈断，翩翩豪举，重然诺，急人之难，高于谊而疏于财也。多烈丈夫风，大都其天性然矣。余从往古见而信之，私心每向往也。既督士关中，辄自厚幸，谓得身及其乡②，轺轴③所至，属父老进诸生与之语，沨沨④乎先民之芳车轨在焉。

今年岁试汉南，闻汉南士多不能自解脱于穷愁，并且食间岁衣⑤，往往而是计治生不赡，遑恤⑥他哉。以故载畸颖⑦之资者，至不能尽其材，余固憝莫助之也。刘君太和，实获我心。盖目睹其艰，而不爱其投手举足之劳也。捐地若干亩为义田，择其沃者、平原者、不为雨旱侵者，副在有司⑧云："以给贫而隽者，岁时佐饔飧、供薪水。"郡大夫以状闻余，且为三击节矣。夫刘君以名魁邀上第，甫一令以忧归⑨，彼五斗粟何能为？乃不难自割损以利青衿⑩，此非不朽事耶。翌日者，其将大树乎。则又檄汉南士而勖曰："道德仁义，高谈尚矣。且与诸生为世俗之言，送穷穷不去，逐贫贫又来，笔真可投哉？即富贵舍问学无从取也。多士自淬砥⑪，一旦申通，苏悬釜结鹑之困⑫，俾不辜乡先达人美意。余于尔有望焉，童子鸿不因人熟者也，勉旃⑬勿终藉人⑭哉。"

刘君名宇，字伯大，太和其别号也。己卯⑮冠乡书，癸未⑯成进士。其生员不得承佃，教官不得征租，则勒为宪程，因登余言于贞石⑰，以彰休盛，俟龙门太史氏采风焉。

陕西提学副使余寅。

明万历……（碑文漫漶）

【注】①终南函谷：终南即终南山，函谷即函谷关。此处泛指关中地带。②身及其乡：犹谓身到其乡。③轺辀：古代传达君王政令用的轻便小马车。④汯汯：水声，亦云弘大声。《左传》有"美哉汯汯乎"，中庸之声也。⑤食间岁衣：食物与一年的衣服。⑥遑恤：遑，暇也。遑在心，暇在事。恤，赈也。赈贫之曰恤。遑恤，即无暇赈济贫弱。⑦畸颖：特别罕见而又聪敏的人。⑧副在有司：副，佐也，助也，言相助为理事者也。有司，官吏也。副在有司，即协助官员。⑨忧归：旧时官员遇父母之丧，要回家守制3年，称归忧。⑩青衿：衿，通"襟"。《诗》有"青青子衿"，《传》有"青衿，青领也，学子之所服"。后人谓士子为青衿。⑪淬砥：淬，锻炼刀剑以水灭火曰淬。砥，磨刀石。淬砥，犹言磨炼。⑫苏悬釜结鹑之困：这里含有苏秦、卜子夏的故事。《战国策·秦策一》："（苏秦）读书欲睡，引锥自刺其股。"他未出仕前，家贫，连嫂子都不给他饭吃。《荀子·大略》："子夏家贫，衣若悬鹑。"成语有"悬鹑百结"，鹑鹑的羽毛又短又花，因以悬鹑比喻破烂的衣服。形容破烂，补丁很多。北周庾信《拟连珠》："盖闻悬鹑百结，知命不忧。"陈梦雷《赠臬宪于公》诗："花深时伏雉，釜冷尚悬鹑。"⑬勉旃：勉，尽力也。旃，旗曲柄也，常作助词。《诗》有"尚甚旃哉"，言庶几慎之也。此词意是尽力慎重办事。⑭藉人：藉，同"借"。藉人，即借助别人。⑮己卯：即明万历七年（1579）。⑯癸未：即明万历十一年（1583）。⑰贞石：古对碑的美称，立碑刊文，意在永存。

此碑文称赞本地进士刘宇辞官归里后，致力于地方文化，捐学田百余亩，周济寒士的事迹。

十、紫阳重修儒学碑　（明）张继芳

碑圆首，额题篆刻"重修文庙碑记"6字，高1.50米，宽0.70米。明万历三十七年（1609）立石，现存于紫阳县教育局院内。

碑文：

余丁未[①]受命来莅兹土，观风考俗，诸文士相议项者询以数十计，外邑居其半，脱颖而出者，外邑亦居其半。盖我朝兴贤育才以来，至于今日济济多士生兴王国称极盛矣，而独紫阳间出。始余莫达其故，及诣学执经问难，乃瞻庙宇之颓危，本胜黍离之索寞。嗟嗟！我皇父在天之灵，皇上崇祀之典，作人之意三者若何！有如今日苔痕藏鲁壁，孰窥宝气于连牛；荆棘满尼山，莫辨练光于汉焉。余低回久矣。忆尝读《汉史》，至于学校修设儒士□□[②]，在下未尝不欣然擎揖，由是观之则今之士习□□而不振者有由来矣。夫学校，贤士所关。学校不饬则耳目不新，耳目不新则人心不奋，同□□之寄尘观兴废而莫为之所，余窃耻之。然所盱衡扼腕者，动见是邑财匮民屡，一旦率作兴事，或虞创造之繁，力复之扰。余观《春秋》，凡用民力未有不书者，重兴作也。乃桓公新尝御廪不书，僖公修闷及泮不书，一以御事□盛之所，一以宗庙为妥侑之地，一以学校系兴育之基，皆有国之急务。虽勤于工筑，而民不惮劳者，其故可思也。用是不惮征缮，量功命日，分才称奋，以所请动支学租，不敷辄以俸金佐之。凡兹殿堂门前后左右，不逾时而就绪，黝垩丹漆，嵯峨隆笔，焕然一彰，庶乎于昭之神攸妥，而私心亦藉是少慰焉者不谓。综理唐君，朝夕督率，相与以有成也。夫豪杰无待犹兴，余所修学而必尔士之迭出者，岂如刘公所云，敢以兴起斯文为任。独愿尔士顾名思义，登斯殿则怀羡墙之见，仅仰止之思，昭明德以荐馨香，毋惟缯祀之丰荤。登斯堂则君义臣行，父慈子孝，兄爱弟敬，夫妇别、朋友信，毋为去顺以效逆。登斯门则居广居，立正位，行大道，毋若荡检而逾闲。庶几身修、家齐、国治、天下平，大人之事备也。而诸士不云蒸豹变、龙骧凤翥，得继而起者未之有也。然则，余之所以不惮首士之嫌而拳拳于学校者，正厚盟于尔士观感兴起，亦少有补云尔。彼知我、罪我，夫何爱焉？若徒溺于常闻，谓"山不效顺，川不呈祥"，得外而内不由之，自古人杰地灵，未有地灵而人不杰者也。尔诸士其曷驰城外之观焉？余故为之赘云。

万历己酉岁孟秋月谷旦。

乡进士文林郎知紫阳县事晋沁张继芳谨题。

后补刻：

大清道光三十三年三月吉日，紫阳训导郡邑举人张濂、临潼教谕邑举人杨家坤自文庙旧址移立。

【注】①丁未：即明万历三十五年（1607）。②□□：碑文无法辨识的字。

十一、重修儒学碑记 （明）陈士龙

碑圆首，额饰双龙戏珠纹，高 2.30 米，宽 1.00 米。明万历四十四年（1616）立石，现存于旬阳县博物馆内，即旧文庙前古柏之下。"柏荫铜碑"为旬阳八景之一。

碑文：

国家文运之隆，其辉采铄于天地，贯于川岳，而旁盎于方域，则皆奎所储矣。夫奎岂能朝夕拱抱于多士哉，然亦钟于风气之所酝酿，而孕于灵淑之所宣泄，则基址肇创其藉于胜地之翼助者多焉。洵治接驼峰之崔嵬而逶迤以下，形若培塿之纡。观大势则余属闰气，而县治实蹯其首脉矣。自昔邑奠于东隅，奎奠于西隅之平衍处，四面诸峰拱列，旬、汉二水环夹，斯关南之奥区，一邑之雄胜也。我朝人文蔚起，射策甲乙者共二十余人。其人虽不数见，乃见则如麟如凤，世不可以易得，夫惟不易得，是以不数见，然亦洵所产也。迨自嘉靖甲子①至今，而实寥寥，何响者若斯之烈，今若斯之缺蚀哉？岁癸丑②，士龙滥竽洵邑，释奠先圣，见"科甲题名记"自隆、万以来绝响。窃疑迩来此中无人乎？及月课并季试诸士，阅其文则窃意此中未尝无人也，而其后先显晦殊途者何哉？诸士曰："兹黉宫非故址也。成化间，波涛横决，学宫倾圮，漫及县治，遂同县治改迁于兹。汉江顺流，文峰失拱，诸生坐是失俊者，已历五十余年所矣。"若是则旧址何得复仍？而新规何得无创焉？士龙上其状，得允可用敬。庀鸠始于旃蒙，单阏偆于明年之壮月。于是诹日率属谒庙庭，祗告成事焉，礼也。博士傅君暨诸士指石请记其事，士龙乃昌言曰：诸士今日之举，乃为兴起文明乎？亦知国家鼎建学宫，抑徒以文祠夸诩祗藉为青云阶梯乎？孔子四教，首文而纪行与忠信，文能华国，而行不能澡厥躬，腐士也。《书》曰，"大道亶亶，去身不远"，行固诸士所自帜也。夫士不饬检柙、不称方格、不拭疵类，不号纯白，士诚砥行正名，则以二千石之贵不及一逢掖，以豫章守之榻，仅下一隐士，何者？其声望足重也。是故大规不暴圆，大矩不刓方，蹈五常以为绳，而张四维以为畛，是必有怀玉之蕴焉，必有爱鼎之贞焉，必有如石之介焉，必有饮冰之洁焉，必有纫兰之芳焉。他不远及，即如洵诸先达，其文章气节两擅其奇者，无如张伎陵，而许侍御之议大礼，李会魁之矜名行，沈郡丞之敷德政，以至诸名公之微行懿铄，不可枚举，兹非诸士之师资也。诸士诚轨则前修，砥厉操行，恪遵四教而无敢陨越，是发祥之兆也。《语》曰："善网不得，加之璧辉；善销不得，施之桂馥。"诸士行修言道，即继张、许诸公以崛起，岂异人任焉！而行且为今日改迁学宫之左验，岂不煌煌乎泰曦哉。《月令》曰："凡举大事，无逆大数。"是役也，所为畅通天灵，缨门地圣，安妥圣神，宣达文运。庶无湮郁沉伏以游于烜耀炳烺之域，则士龙之冀于洵者意惟在此乎？今士龙以读礼归矣，敬拭目以望诸士之奋庸者。时共襄事则教谕米君，名暂，密县人；训导傅君，名邦从，中部人；主簿薄君，名大纬，钦州人；典史倪君，名克曙，高淳人，宜并书。

乡进士文林郎知洵阳县事江右陈士龙谨题。

万历丙辰③季秋月日。

【注】①嘉靖甲子：即明嘉靖四十三年（1564）。②癸丑：即明万历四十一年（1613）。③万历丙辰：即明万历四十四年（1616）。

十二、平利五峰书院碑　（清）

石碣，长0.91米，高0.51米。清顺治九年（1652）立石，现存于平利县城五峰书院旧址。

碑文：

顺治九年，礼部题奉钦依刊立卧碑，置于明伦堂之左，晓示生员永远遵守。

朝廷建立学校，选取生员，免其丁粮，厚其廪膳，设学院学道学官以教之，各衙门官以礼相待，全要养成贤才，以供朝廷之用。诸生皆当上报国恩，下立人品。所有教条开列于后：

——生员之家父母贤智者，子当受教父母。愚鲁或有非为者，子既读书明理，当再三恳告，使父母不陷于危亡。

——生员立志当学为忠臣、清官。书史所载忠清事迹，务必互相讲究，凡利国爱民之事，更宜留心。

——生员居心忠厚正直，读书方有实用，出仕必作良吏。若心术邪刺，读书必无成就，为官必取祸患。行害人之事者，往往自杀其身，常宜思省。

——生员不可干求官长，交接势要，希图进身。若果心善德全，上天知之，必加以福。

——生员当爱身忍性,凡有司官衙门,不擅闯入。即有切已之事,止许家人代告,不许包揽他人词讼,他人亦不许牵连生员作讼。

——为学当遵(尊)敬先生,若讲说皆须诚心听受,如有未明,从容再问,毋妄行辩难。为师亦当尽心教训,勿致怠惰。

——军民一切利病,不许生员上书陈言。如有一言建白,以违制论,黜革治罪。

——生员不许纠党多人,立盟结社,把持官府,武断乡曲;所作文字,不许妄行刊刻,违者听提调官治罪。

清顺治九年岁次壬辰三月谷旦,刊立于五峰书院。

十三、捐修文庙引并序　　(清) 王希舜

碑高1.83米,宽0.78米,现存于汉滨区鼓楼西街杨氏家。

碑文:

世传兴安州文庙在州治南,代远无所考。元明间辄建辄修,尝为汉水所坏,至今父老犹略记其事。

我朝定鼎以来,振兴学校,前学士大夫之贤者,修之者亦屡矣。然而几度经营,因陋就简,要未有能全复其盛者。自乙卯寇乱,蹂躏者五六年。癸酉水患决城,庙为之圮,墙垣学舍湮没一空,所存者仅大殿数楹而已。余以是年之冬月来莅兹土,目击其倾斜之状,朔望过此,拜跪趋跄,徒于故宫茂草之中循行故事而已,因相与太息者久之。既而请于总镇万公,谋所以共新之者。而估计浩繁,各官俸薪无几,余惟学宫,为通郡观瞻所系,彼都人士托迹之基,文风教化,全赖乎此,议在首先倡举,而协镇郭公慨然以身任其事。乙亥春起工,凡亲督家人筑之。今棂星门、戟门、泮壁、周围红墙,东西木栅已皆屹然可观。惟大成殿两庑、启圣祠、文昌祠、射圃亭诸处所费特甚。兹将鸠工庀材,余以渐次捐筑,诚浩举也。乃郡之绅士咸谓:余殚志倡葺,不可不有文以序之,且庙貌方兴,须用以鼓励将来,希舜始再拜稽首而为之序:

窃念修建学宫,甚有合于当代右文之典。兴安虽僻处山陬,弦歌礼乐之风,前此者未尝不有。而名教不作,科第无闻,则自谁始也?毋亦先圣之神灵未妥,而斯文统绪遂或几乎息耶,此在修之者所当急讲也。虽然莫为之前,虽美弗彰;莫为之后,虽盛弗传。试问今日之冈宫,其何自而垣墉之?何自而榱桷之?何自而丹青涂塈之?则若者为倡,若者为助,若者为赞襄。他时俎豆明禋,焕然毕备,子衿文藻,绣虎雕龙,当亦不无兆焉。诵其诗,读其书,以服其教者,将得无意乎!将得无意乎!谨序。

大清康熙三十四年　　三韩王希舜　梅侣氏撰

十四、建考棚碑记　（清）王章

碑佚。碑文抄自《兴安府志》。

碑文：

国家取士之法，三年大比于乡，论其士之秀者，以升于司徒。凡三年之间，有岁试，以考论其入学之士；有科试，以取备乎乡试之选。二试之年，皆取民之秀子弟，以附于学而教之。学宪必亲履其地，垣宇必致备于严。凡以为后之可以举于乡、升于司徒，诏于朝以辩论而官之者，皆自此地始也，典綦重哉。

秦省惟西安郡治大，故分为数会。余郡各一会。兴安以直隶且远在秦楚之郊，亦为一会。自明季寇盗纵横，又以处在万山，路复中梗。由是遇试则发题于州，密封缄固，州受而檄取生儒，发缄以试，竟事则封卷解赍，以听学宪之去取而发案焉，迨于国初亦然。章于顺治甲午之岁受任兹土，惟时寇屏于楚，而路荒未治，会考复无专地。凡遇试皆发题如旧章，以为国家取士之大典，而特委州吏其视，州吏诚不轻矣。每先一日点简察院之公署，扃门设巡夜，五更起门进士，皆重简以立于庭，然后锁院而启缄发之题。试毕收卷，随贮于箱，明日赍解。凡两昼夜，不敢治他事，接属吏也。至康熙癸卯，复当乡试。学宪以岁科两考既并为一，河西边卫，复待亲临。功令新更，时日不给，而州城又无考棚，遂取诸生童就试于西安。丙午复取，就试于汉中。生童既众，孱壮不齐，寒暑贫难，交相为困，甚有饥卧旅舍，疲毙道途者。于是州邑之吏若士，聚而议曰："旧例兴安原属一会，是宜设立考棚以祈宪莅，不宜以荒僻自后也。"具文请命，得报可焉。而州城狭小，除镇将道州诸署之外，略无隙地。惟学宫在察院之西，遂以学宫东偏分址筑墉，以附于察院而为考棚焉。上建堂三楹，以便照临。夫以养士之地，分而为较士之区，复得丽于节憲辖之下，谁曰不宜。

惟是材无所出，用是首为捐倡，以及于六邑，各输其士之所有，士亦欣为从事，仍别其窘裕，以听其力之所至。财庀工聚，经始于康熙五年十月，成于七年二月。章由是考其规制与其物力，诚与平原大郡宏临悬殊，但州邑地处万山，时当荒陋，宏敞之弗能，而事乃倍力，因以思及继为修补者之勿可替也。况地有不同，而国家取士之典，所谓升诸乡而贡诸朝者，实于此乎始，则其重一也。于是刊石以记，庶几后之吏斯土者，得以考其所由，谨其修治，而宪使便于回翔，士子免于跋涉，则又所关之钜矣。

兴安州知州锦州王章撰文。

清康熙七年三月吉日刊石。

十五、草堂说经史碑记　　（清）陆德元

石碣，纵 1.31 米，宽 0.65 米，四侧边栏饰勾连忍冬花纹。清康熙三十七年（1698）立石。

碑文：

今上三十六年奉命督学西秦，岁之冬，校士汉上，事竣。由梁及洋，过黄金口，见汉南诸山，峰峦攒拱，杂巚瑰奇，□坛千里，汉水流其中，经石泉至紫阳三四百里，尽层崖相夹，仰视青天在一线间。抵金州山少退，地乃平衍，去东不数里，仍叠嶂斜锁，汉水淼若不见。真气之所聚，盛而不散，宜为灵异所钟。金州当汉南诸山盘勃郁结之势所荡，而倏为平川，知其必有贤士生焉，以泄其灵异。特□□迟君倅石子询所得人，则皆以刘子①对。且曰："其人好古力学经年，年且将七十，惟杜门著书，无与人间事，有《草堂说经史》十八卷，尚未脱稿。"已而迟君携之来，览尽叹曰："自世以八股取士近六百年，在昔先正为文，贯串经史，得其精而遗其粗，采秋实，敛春华，故其文至今不可磨灭。其后追逐时好，伪古者以馂飣为巧，犹知有经史；而工堆积者，朝夕贩鬻，溺于俗而不返，人几以经史为诟。"原无其孰能说经史，今经史有不可说者三，为文不与焉，闻见不广一，简册不备一，议论不当一。刘子处僻壤、安澹素，宁负如司马子长，足迹遍天下有以广其见闻，且更有简册如邺侯三万轴，茂先三十乘，得以考其同异。要其皓首穷经，胸中自有不可遏抑泄，于以发表议论，洞见十八之得失，昭昭若皂白分。其崛起流俗中，穷愁著书，老而不倦，可谓笃学嗜大之士者。更览其《一砚斋集》、《诗歌集》者，俱楚楚有致，而《夏蝇传》、《卞和辩》二篇，规讽醇正，尤有古人遗风。今刘子将以明经为广文，真广文一席，古人重之。唐太宗收召名儒，宋仁宗选于部属，胡翼之有四真之誉，孙明复赐五品□服。他日圣天子下诏求博古通经之学，选玉屏山下，其在刘者，刘子勉乎哉。

赐进士出身奉政大夫陕西按察使司佥事，奉旨提督学政，前户部山西吏司郎中，钦差主考江西丙子科乡试□□河南清吏司员外郎、福建清浦司主事国子监博士奉旨董率琉球官学长洲陆德元撰并书。

大清康熙三十七年仲春月吉日谷旦立，直隶兴安州儒学众士子敬刊。

【注】①刘子：即兴安贡生刘应秋。

十六、兴安州捐建文峰书院碑记　　（清）刘士夫

碑圆首，额题磨泐，高 1.53 米，宽 0.83 米。清兴安知州刘士夫撰文、书

丹，碑文楷书。清乾隆十七年（1752）立石。

碑文：

我国家重熙累洽，文教诞敷，海内庠序之中，蒸被圣化以兴起于学者，既彬彬称极盛矣。又颁布发帑金于各省会建设书院，为造就人材之所。关中文运宏开，忻逢太保尚书尹公，少保中丞少司马陈公，并以名世大儒节钺兹土，仰承德意，尤加意造士，书院所收并一时才俊，又取学宪官公，所拔各属诸生之优异者萃处其中，诗书弦诵之泽远近响风。独兴安一郡，僻在汉南，向来士风未振，诸生中非无忠信之资，而经明行修竟乏其人，岂一方之风气独殊欤？抑所以鼓舞而成就之者制未备也！夫士习与民风相为表里，士习纯则言坊行表足以矜式乡邦，而悔过迁善有潜移默化于不觉者。然其养之也，宣豫而约束，造就之法尤不可心或略，非有地焉以一其耳目心思，资之养膳以给其朝夕。又非有名师钜为导其训行之方，则无以纯其操修，振其委靡而收儒术之效。是则守土者之职也。

余莅兴聿始而会诸生于庠序，共相商确，未几军兴旁午，势不暇及。既而边境清宁，征输不扰，遂首以创兴书院，禀之大宪，已蒙报可。继即综理建造，工费与师生修脯膏火之资，爰捐俸为倡，阖州绅士咸踊跃乐助。无如地瘠士贫，合计犹不及半。复将官山地租，诸路各费及地方公用者，并请归之书院，而磋商复尚义急公，愿岁捐资以补修脯所不足，俱蒙先后允行，而书院之规制始备。其地在城西关厢北堤数武，间设诸生讲贯之所一座，其中讲堂三楹，环以书楼，下为诸生斋舍。凡几案卧榻无不具，上下供给无不周。诸生得名师为指授，恪遵圣谕以朱子鹿洞规条为教规，立之仪节以检束其身心，仿分年读书法，予之程课使贯通乎经史，并取大宪前颁书院诸条约，实力遵行之。日渐月磨，相观而善，必有英敏隽乂之士出乎其间。处则为言行无择之选，出则为家国有赖之士。庶几一道同气，仰副大宪赞襄，圣天子振兴文教之盛治。余亦得藉手化民成俗有厚幸焉。工既竣，因会核经费所自出与厚望于诸生者，次第为之记。

兴安知州河南刘士夫撰并书。

大清乾隆十七年五月朔望。

十七、张太守清理学田记　（清）武烈

碑石高七尺，广三尺一寸，原立于兴安府教授署大门内。

碑文：

载稽学田之制，尽天下郡邑学校中皆有之，其地数之多寡不同，而规制无不同焉。

《兴安州志》所载学田约四百余亩，坐落不一。总以地佃于民，租输之学，

为士子课业、纸笔、供馔之用费，由来久矣。自屡经兵燹，学校中老成凋谢，典制难稽，遂有混占于民间。且因承佃日久，父以传子、子以传孙，视为世业典卖，所存于学校者，十不得二三焉。郡太守张老公祖，奉命莅兹土，下车之后，兴剔利弊，不期月而纲举目张，固已民歌召杜①，士公布文翁矣。重念学校为培养人材之地，兴安士子多苦于资生之无策。爰及学田，按籍清理，出其原额，仍令民间承佃，岁取其租用以给士之贫而不给于朝夕者，甚盛事也。虽以司铎隶宇下者，亦蒙分给其泽为寒毡养赡。继而新任训导白开墺者，请复分给。未几，司训疾卒，萧然官橐旅榇无归，拟以是田之租为扶柩计。四百庙之内约四十亩已为穷民典卖矣，所谓承佃日久，祖父相沿，视为世业者，此其是也。伊侄生员白子庄暴状于太守前，饬令生员朱正色、乡约马承泰查勘得实。呈覆允议：悉以原田归学中，销毁文契，宥其无知典卖之罪，但令典买之家长年耕种，除正赋之外，每岁完纳学租六石，各给印帖，以为后照。而从前之侵渔混占者，至是无遗矣！

嗟呼，典制之久缺也，前人输之，后人侵之。不有仁人君子超而厘正之，何以善其后乎？今而后，不憔寒士得沐膏泽，即广文之官是地者，饮其水而思其源，必将感之、慕之、咏歌而乐道之。而郡太守作养学校之德泽，方且于万斯年未艾也。矧烈之亲承政教，身受栽培，有不感之心而形诸口者，岂情也哉。爰是敬泐贞珉以垂不朽。兴安州儒学学正武烈撰。

清康熙五十八年八月吉日立。

【注】①民歌召杜：西汉召信臣和东汉杜诗，先后为南阳太守，都有惠政，民间歌曰："前有召父，后有杜母。"

十八、太乙书院记 （清）左观澜

左观澜，乾隆六十年（1795）莅任宁陕厅通判。

碑文：

书院之以太乙名者，厅之北有太乙山与豹林谷相近，即摩诘①终南山诗云"太乙近天都"是也。山之名奚取于太乙，其以山秀而耸，上矗云霄，与太乙老人星应未可知也。书院为诸生读书而设，以厅之山，额厅之书院，而并与刘向校书，天禄老人星燃藜照读之义有足比附。诸生肄业其间，果能顾名思义，争自奋发，百尺楼头，三更漏下，囊萤映雪，横经咕哔，安知藜光煜煜，不复从天而下也。以太乙名之，其属望于诸生者意深远矣！诸生勉乎哉。

【注】①摩诘：王维，字摩诘。唐代诗人。

十九、平邑科目题名记　（清）史兆熊

石碣，长0.93米、宽0.47米。清道光三十年（1850）立石，现存于平得城关原五峰书院旧址。

碑文：

宋司马公《谏院题名记》，予尝读焉而有感也。古今人善恶邪正，身之所为，止数十年间耳。而名之流播，乃至数十年后，经久而弥彰。嘻，可惧也。

夫好名之心不可有也，而爱名之心不可无也。爱名者，惟恐有玷于名；好名者，惟恐不得乎名。心术之别，人品判焉。司马公所谓"汲汲为名之人，尤汲汲为利之人"，指好名者言也。斯记之作，恐人好名，正恐人之不爱名也。末云："某也忠，某也诈，某也直，某也曲，后之人将历指其名而议之，岂不真可惧哉？"予观他邑皆有科目题名而平邑无之，予为创举，泐名于石，刊立于书院之讲堂，一以彰已往，一以励将来，后之学者有志于科名，试取温公之文读之，可以知自立矣。（以下刊贡、举、进士若干人略）

大清道光三十年六月初三日刊石。

邑教谕兴元史兆熊撰文、书丹。

二十、建修仙峰书院碑记　（清）张志超

碑圆首，邑令张志超撰文并书丹，清乾隆四十五年（1780）立石，文据《紫阳县志》抄录。

碑文：

从来文教之奋兴必由士类之聚处，昔贤所谓以文会友，以友辅仁也。顾士子之聚处如百工之居肆。所以书院之设，历府郡县皆然，何独于紫阳而无之？紫阳在万山之中，士子每散处穷谷深溪，家自为师，人自为学，少所见而又且无居业之地，乏延师之资，此文风较他邑之兴起为尤难也。方今圣天子文教覃敷，作人雅化，遍洽山陬。紫阳一区山水秀奥，生其间者不乏俊伟，十室之邑必有忠信，不其然乎。庚寅岁，余宰是邦，亟招左近好学者，按月课试以鼓其志，复捐修金延教习以训蒙。而设书院之举，有志未建。庚子岁，始得度地而经理焉。既建正房六间、大门一座。又捐廉置买龚大绪田租一分，价银一百零五两，坐落长滩

沟、双岔河、桐叶坝、枣树碥各处计种三斗粮五合，每年收市斗稻谷一十石，永作膏火之资。落成详明上宪，名之早"仙峰书院"。盖欲士子深造自得有所成就，不啻登瀛洲、陟蓬莱，而非徒记紫阳真人之旧踪也。今夫凿石而未获玉，功力之薄也；寻蹊而未成路，步趋之微也。余不过介然用之于前，敢矜言创始哉……俾多士如玉润山辉，采诸清庙明堂，直与丰镐名人并驾齐驱者，是又重赖于后之君子云。

二十一、创修天池书院记　（清）李宗信

碑圆首，额饰"鲤鱼跳龙门"纹，高2.50米，宽1.1米。清乾隆四十九年（1784）立石，现存于白河县革命陵园。原碑无撰书人，据《白河县志》载，为乾隆四十一年（1776）莅白邑县令李宗信所记。

碑文：

义学之制美矣，余欲为兹土修建非一日，今始获现厥成。古者家有塾，党有庠。今之书院做古庠塾意，以阂其规。名不同而培人材者无不同，虽然，岂独人材已哉？齐民好尚视乎士习，士习端，好尚正。子朱子谓："成人材而厚风俗者此也。"白河兴（安）郡东南邑，古无城，亦无书院。遭明季兵燹，庙社倾圮，人民散失。迨我圣朝休养生息百数十年，民乃稍聚。乾隆三十二年，谢君奉璋宰斯邑，详请筑城，始有都鄙规模：四十二年，余奉命来兹，访舆情，问士俗，城市村野风教固殊，间进一二文学士，观其言论丰采，彬彬可取，尤恐其囿于方隅也。慨然有修举废坠，维持风化之思。既又念，民力艰苦，诸兴作须以渐至。越二年修文庙，四年修社稷、雷雨坛，六年修城隍庙，七年修武庙。当是时，颓堕者兴，愁苦者息，村居密，市肆繁，读书声琅琅，学者亦渐以众，白城景象廓然大矣。遂决意修建义塾，商之司训王君兰溪暨邑中绅士议成，明年春正举事于城之东北隅太山庙故址。更加展辟，坳者平之，洼者筑之，自屏墙而大门，而讲堂，而文昌阁，而奎星楼，而东西学舍，凡房屋十有七间，纵横内外固以砖石，不数月，大功告藏。额曰"天池书院"。前南台，后北冈，左临汉水，右拥绣屏，洵此邦胜境也。籍各处官地，召民垦种，收其稞备讲席脩脯，犹不足，岁捐廉银四十两，膏火之资，奖赏之费乃备焉。既成，绅士群相请曰："吾侪僻处下邑，外慕宏规，兹有志之士，藉以明学术，步云梯，虽吾邑之幸，非贤侯之德不及此，宜记之以示弗忘。"余曰："唯唯否否，余读庐陵先生《吉州学记》，观其所以勉励乎斯人者，大都谆谆于孝弟、忠信、仁义、礼智之为，不徒驰逐声华，揣摩词艺，博取功名为得计也。今书院成，诸君子督其子弟优游涵泳于其间，异日者，本道德、发文章，鼓吹休明，赞襄隆盛，而问其俗，冠婚丧祭皆有节，文

人其家而父公所欣望而欲其如是者,余获亲见之,则余之心慰。诸君子醵金董作,经营劳瘁之心,亦无不慰已。"遂书以纪于石。

乾隆四十九年仲秋月。

二十二、关南书院诸生请立案呈碑　　（清）谢玉珩

　　碑圆首,额题篆书"崇儒重道"四字,高1.70米,宽0.90米。诸生谢玉珩篆额书丹,碑文楷书,现存于安康市政府院内,部分文字已磨损。文据《兴安府志》补之。

碑文:

　　书院肄业诸生谢玉珩、王仁玉等呈,为关南书院告成,环吁立案以永教泽事:

　　窃生等僻处汉南万山之中,距西安省会既远且阻,虽有志士,绝少师承,是以士习文风未能比隆他郡。乾隆十五年,桂林陈榕门抚宪檄饬各属创立书院,颁发书籍,以为广育人材之计。时州治犹未升府,仰蒙州牧刘公讳士夫者,捐廉以为绅士倡,得金若干,购故广东提军侯公讳濙故第,颜曰"文峰书院",以书院房舍渐就倾颓,售其地于商,为今之黄州会馆。即以所售之金,复购县署西偏武生刘日焰屋址,另建今院,刘公有碑文纪其事,文尚可考。此兴郡书院因革之原委也。

　　自元年军兴以来,山中多盗,制抚提镇往来驻节于此,岁无虚日。于是以生徒弦诵之场,顿为戎马供张之地。生等栖息无常,讲贯遂废。嗣后军已奏凯,而久假不归,通其地者心焉伤之久矣。今蒙大老爷下车伊始,即以士习为民风之本,亟宜修复。乃偕安康马老父师,鸠工庀材,自捐清俸,不劳民力。欹者正之,废者举之,秽污者改而新之,颜其额曰"关南书院"。立之条约,筹其膏火,凡一切经史文字之要及栖息讲贯之所无不具备,又于院后别建三楹供奉至圣先师之位,旁侍四,配十哲位,使生等诵读其中,以养以教,期于成立。生等私心感激,与昔人之感父师刘公、吴公者殆有甚焉。惟是化必成于久道,事尤难于守成。今日易行台为书院,安知异日不又易书院为行台。且地邻县署,尤易起侵并假借之端,恐无限婆心一朝废之。生等愚昧,实深隐忧,为此具呈伏恳大老爷钜笔鸿文勒之贞珉,或详明立案,俾后之视今,无复今之视昔,则生等永沐教思奕世感且不朽矣。上呈。批:

　　朝廷崇儒重道,昔诏各直省营建书院,为士子观摩地,原与学校相为表里。任其废坠,是犹郡县无黉宫学博也,如之何其可?兴郡旧有文峰书院。近因军兴,日久废弛,修而复之是守土者之责也。本府德薄学荒,无以益诸生,即此次

草创规模，亦尚多有志未逮，后之来者格遵劝令兴起斯文，当更有以扩而充之。诸生所呈，毋乃过虑，惟书院因革原委，查《府志》向未详载，亦恐久而就湮。本府愧不能文，无以表扬前哲盛举，准即以原呈勒石讲堂，并转详粮宪，以垂久远可也。

大清嘉庆十三年三月上浣日，诸生谢玉珩恭书。

二十三、养正义学记 （清）王肃高

碑圆首，额题"保赤诚求"四字，高1.53米，宽0.83米。清嘉庆戊寅二十三年（1818）立石，现存于汉阴县城关。

碑文：

天下之患莫大乎有子而不能教，欲就外傅而苦无资且无其地。故欣欣向荣之英，往往以不材终老，殊可惜也。所以古之君子出守州郡，始焉必制其田里，教之树畜，使老有所养；继焉必谨庠序之教，申之以孝悌之义，俾幼有所成材。然而良法具存而遵行者或鲜。汉阴民风朴实，士习谨醇，而城乡寒微幼童俊秀明敏者尚多失学。通守钱公忧之，嘉庆二十二年特于署东墙外隙地捐修瓦房、草厅、草房各三间，楼房、山房、草阁、草方屋各一间，土窑三所立为养正义学，教诲童蒙。并捐项劝输，置买范家朴、卞家沟等处叛产，以每年租入为延师束脩、膏火之费。现已详请各宪批照举行，而一时孩提之童鱼贯而来，屹屹然咸乐有师承矣。先是前署通判杜公已倡置育英书院，训课成人，故此特以教小子。慨自教匪扰害，贫家子弟零落多矣，惟我公多方补救，近得稍稍安集，而又营及此。观其锡名之意则蒙以养正，作圣有基。将见山下出泉，后生可畏，城阙无佻达之形，里俗鲜荒嬉之子。达一已所欲达，为众人所愿为，虽所费无多，其有补于风化岂浅鲜哉？《书》曰"保赤诚求"，《诗》云"民之父母"，其在斯乎！其在斯乎！虽然公之乐育固如此其勤矣，且公而普矣。谁无怀保之心，邑中君子必有起而襄成我公之志者，特不知就教诸童其感发兴起宜何如耶。时嘉庆戊寅二月初吉。高，客游汉阴，适承钱公招饮，兹学不揣固陋，因走笔而为之记。

不学安徽太湖生员王肃高撰文。

邑教谕吴梓书丹。

大清嘉庆二十三年岁次戊寅仲秋日，汉邑民敬刊。

二十四、敷文书院学地碑记 （清）严如煜

碑圆首，额饰浅浮雕龙凤纹，高1.85米，宽0.96米。清嘉庆二十四年（1819）立石，现存于旬阳县城关镇。

碑文：

吾楚岳麓书院朱考亭安抚潭州置学田百顷，六百余载，鼓箧来游者得饘粥无忧，近日之称"惟楚多材"，大都岳麓生徒矣。洵，古周南地，《兔罝》之诗曰："赳赳武夫，公侯干城，公侯腹心。"夫以野人任士大夫之所难，当时才俊之盛何如也？乃稽诸邑乘而一百余年来，洵士之德成行立与光明奇杰，称国家有用人物者寂寂无闻焉。岂风会之不古若欤？毋亦未有迎其善气，而导之者欤？书院之设，先儒以之讲学，后世则习举子业，学经义者处其中。夫学经义必先收其放心积厚者，流光先明之金黄，诸公炳然著忠义大节。本朝之陆稼书、汤潜庵、李安溪、张京江均一代名臣名儒，则经义之因文见道，由委溯源，固去讲学之意未远也。存扶翼斯文之心者，敢曰书院非先儒之旧而听其废坠哉。邑敷文书院自邓蒉山先生后，二十年不复延致师生。当文教昌明而学宫茂草，识者伤之！推本其故，蒉山蠲廉俸以赡师生，后之官斯士者，未必尽如蒉山之宏奖风流，而书院虚无人矣！则于讲学之地，为经久之谋，非效考亭之置学田无益也。余承乏年余，诸废典次第修举，乃于书院等置学田，属^①门人何生自立、张生成业，经理其事。延同学友武陵管君敬斋主讲席，属仿岳麓遗意定课规。洵邑虽鄙陋，余喜其人士气质朴茂，与讲学为近，幸薪粟之有助，相与敬业乐群，异日者风会日上，必将有争淬厉，生山川之色，而追古昔之盛者，跂予望之已。其学田坐落地方并学租课规开载于左，后之君子披藉而征之，庶可无虞废坠焉，是为序。溆浦严如煜撰并书。

清嘉庆二十四年岁次己卯孟夏月谷旦。

【注】①属：同"嘱"。

二十五、关南书院添置地亩记　（清）郑谦

石碣，高两尺，广四尺。道光二年（1822）安康县知县郑谦撰，原嵌于关南书院讲堂门左。

碑文：

郡之有书院，所以振文教，维风化也，与儒学相表里，而所系甚钜。兴郡旧有文峰书院，为阖属生童肄业之所。嘉庆军书旁午，废弃日久。十二年冬，叶健庵先生来守是郡，振敝起颓，百事俱举，而于文风为尤急。下车伊始，则修葺书

院，易其名曰"关南"，一时来学者甚众，极炳蔚之盛焉。时余摄安康篆，目前而钦佩之。先生升任后，方以极盛难继为虑。道光元年，向宣斋先生来郡，振兴文教，一以健庵为法，而于肄业诸生尤拳拳焉。后余摄县事，又心焉敬之。先生为余言，院中经费有限，膏火之外，府县官课有奖赏，而堂课则无，殊不足以勉劝学之士。且思寒士有此不给，动辄辍学，即捐资以助，亦非持久之计。先生之用心至矣！会余三莅安邑，幸得亲承叶、向两先生教，而毫无建树，深感为愧。适道光二年有叛产一区，拟捐入书院，以为诸生堂课奖赏之资，请于先生，先生曰，"善"，即以置之。岁收租稞钱二十七串，每岁租稞由县经收，年分两季，上季交纳一半，以六月为限；下季交限一半，以十月为限。由道光二年十月收齐下半年之租钱，即作为三年上半年之资，其三年上半年租钱，即作为是年下半年之费。此后按季递推，庶免不继，所收钱文，随时交给斋长转交监院。自道光三年为始，堂课拔取生童超等及力学而不能自赡者，监院与斋长分别酌给，岁终由监院造册送县转赍本府考查。此虽无足大补，亦聊存奖励之意。后之守兹土者，扩而益之，使多日新月盛，是又不独余之幸，亦健庵、宜斋两先生所厚望者焉。

道光二年　安康县知县郑谦撰

二十六、洵阳重修文庙碑记　（清）严如煜

碑圆首，额饰浅浮雕"龙凤"纹，中题"万世师表"四字，高2.50米，宽1.20米。清道光三年（1822）立石，现存于旬阳城关。

碑文：

天下府厅州县莫不有夫子庙，长吏率博士弟子朔望谒春秋修祀事，百第以美观瞻，习仪容也。觉世牖民，道备于圣经，学者童而习之。一旦膺民社，有治理责。登其廷抚其几筵，如闻提命，举而措之，砭愚化顽裕如也。故其礼不可不虔，而其地不可不肃。洵邑有夫子庙未详建自何年，湫隘倾颓，上雨旁风，每届祀事，几不能成礼。邑侯康君节，惕然曰："是不足以妥圣灵也。"乃捐廉俸倡修，博学范毓玢，邑绅梁上雏、杨必法等力勷之，沿乡劝助，命工师入老林采大木为栋梁，其他柔桷楹枋，胥任以良材，填砖蕆务坚厚，购丹漆必鲜明，高厚其殿宇廊庑，大其半闲阁，固其垣墉，经始于道光二年三月，至道光三年正月工成。规模气象正大光明，秩秩如，翼翼如。以余旧洵令也，嘱为详识其颠末。余维康君兹举，其得治理之要者。夫子曰："惟相近也，习相远也。"孟子曰："经正则庶民兴，庶民兴，斯无邪匿。"人性皆善，乡曲愚民，廪有余粟，饱食暖衣，亦思长保之，而无举义理相导教之者！异端之徒惑以持斋讽咒，结福缘即立登天堂极乐，又习见夫禅宫道观，雕墙画栋，金碧辉煌，龙狮法象如斯其庄严

也。而村庄墟落，或数十里无弦诵声，郡邑学宫，往往鞠为茂草。出乎此则入乎彼，往时三省边境，奸徒潜煽，酿为乱阶，洵亦未之能免焉，是岂民之无良哉？夫亦洵之为邑，当终南山麓，汉江、洵河，左右环纡，山川灵淑之所积，固名胜区焉。余在洵时，方四境多事，士民相从，慨然于好仇干城，其忠信甲山南诸郡，则信乎民风深厚而可进于礼乐之治者。值此学宫鼎新，良司牧昌明圣教，振之以经常之道，吾知洵之中必有魁奇忠信才德之士，服古通经，明礼达用，窥于宗庙百官之富美，而洵之民望宫墙巍峨，礼门义路之荡平正直，化其邪僻嚣陵之习，务孝悌力田，为圣世之良民也。则康君之志也，跂予望之。其赞襄盛举，督捐工资，踊跃从事亦好善之征，例得书名，以志不朽。

洵阳旧令升任陕安兵备道赠布政使衔严如煜撰文并书丹。

（捐资姓名90余人略）

清道光三年岁次癸未仲秋月日。

二十七、续修白河文庙记 （清）朱斗南

碑圆首，高1.70米，宽0.83米，额题"万古不朽"四字。现存于白河县城关。

碑文：

道光七年夏五月吉日，余下车伊始，叩谒文庙，仰瞻大殿两庑，周览戟门、棂星，金碧辉煌，丹铅壮丽，意必诸帑重新，始克臻此美盛。久之询悉，道光三年七月，前任为之。劝输各同官为之董正，合邑绅商为之捐资佽助，领袖监修，故能率作兴事相与以有成也。虽然规模立矣，而神龛、泮沼诸制未备，兼崇圣一祠两壁欹斜，未及黝垩丹漆，盖美哉犹有憾。八年戊子春，余与同僚及绅士等谋竣此工，众皆欣然从事。合前后乐输共得钱一百余缗，余亦捐廉二十金助之。于焉命匠伐石，鸠工庀材，不数月而祠宇、神龛、泮沼诸制焕然更新，粹然大备，洵足肃观瞻而昭诚敬也。其工经始于八年小阳春，落成于九年嘉平吉旦。是役也，可以妥神明，可以振士气。虽有为而为儒者弗贵，然积善余庆，作善降祥，天人相感之机岂或爽哉？邑人士读书立品，好学深思，志圣贤之志，行圣贤之行，言圣贤之言，由此掇巍科，登显宦，内之黼黻王猷；外之驰驱皇路，直不啻操券得之而游刃有余焉。余为邑人士望，邑人士尤当以是自勉也。因授笔而为之记。

阳江朱斗南撰。

大清道光九年嘉平吉旦。

二十八、请颁安康县学籍呈　（清）郑谦

为请颁布经史以振文风事：

钦惟列祖重凤鸣之化，特颁布六籍于学宫；先臣分鹤俸之余，续发群言于黉序。牙签插架，文人怀饼而争抄；目录盈箱，学士如墙而快睹。想当时笙簧有籍，本属累朝旷典之颁布；即今日学校如林，奉为千祀不刊之令。

顾自庚寅岁城湮为沼，久伤漂没乎经舍；兼之癸卯年县袭夫州，并未请颁夫典籍。怅䓪丰者三百士，无缘读未见之书；拒水危者五十年，长此缺补之之什。在山外家弦户诵，居然布帛菽粟之无奇；何关南文佚经残，宛若麟凤龟龙之可贵。斯即瓜镂心而思励，每忧三豕之传讹；就令灯淬掌以争劻，亦苦一鸥之难偕。过屠门之嚼，当之未免垂涎；值乐岁而饥，见者能无心恻。兹者恭逢圣天子稽古右文，鱼集龙门而鼓鬣；诸大夫承流宣化，马经雁塔而扬蹄。在山深林密之间，咸识学师曾闵；即桑户蓬枢之侣，亦思文仿马班。况地丁三省兴安，久已歌崔苻靖野；而名甲七城之安邑，能无思械朴茂林。

爰是阖庠佥议，众口一词，谓必资夫黄卷，庶可与乎青露。伏思刻发善书，程颐贤生二妙；即秦抚溥捐群雅，陈榕门孙占三元。积善必昌，司命朝天而乞富贵；有书可读，寒孺特地以奋功名。倘能请颁日下石渠之秘书，固所愿也；即不然刷印关中书院之板片，不亦善乎。嘉惠士林，羡负耒荷锄者，俱作读书种子；有功文教，看怀瑾握玉者，长为接脚门生。奇书有而翻者，怅昔年骤摄六丁，不无阻于瀛州学士；盛事颓而忽举，喜今日重窥二酉。同吁于国子先生，请呈。

布政使姚祖同批：安康县儒学向无贮书，据请颁布发以资诵读。极是。本司查得关中书院现存书籍内有板片十七种，所监院官遵照另札，作速刷印装订，以凭发往。即邀同张孝廉①逐细检查，以免缺误，可饬办缘由，转传知悉，原呈仍缴。

道光五年十一月二十四日施行。

~~~~~~

【注】①张孝廉：即张鹏飞。

~~~~~~

二十九、禀告措捐寒士秋闱路费碑　（清）张济宽

碑方首，高1.70米，宽0.76米。两面刻字，碑和楷体具禀文辞，碑阴文字漫漶，依稀可见道光年款。现碑弃置于汉阴县太平乡娘娘庙东搭桥用。

张济宽，河南温县人。举人，清道光十年（1830）十一月署汉阴厅抚民通判，是年十一月卸任。此碑当是张通判所为。

碑文：

计开原禀：

敬禀者，窃思为政之要固贵抚绥，而端俗之源尤重文教。汉阴地处南山之陬，自嘉庆二十一年丙子科拔贡生温子巽中式之后，迄今六科并未开榜。推原其故，皆因贫者居多，富者极少，疗饥不暇，安得余资潜心肄业！旧有育英书院，向设膏火二十四分，生童各半。今春卑职甄别时，衡其文理，笔气极可造者尚多。未便因格于成额，阻其进修之路，业已加添生童膏火二十四分，捐廉付给。迨秋闱之时，生员等有志观光而苦于无资赴省者二十余人。卑职复又帮助路费，始有四十余名入闱。此必当加意振兴，庶文风蒸蒸日上。然随时捐给，止可为一时之权宜，非久远之计。卑职志协为谋，深惭无力，而目睹此有可造就之士，又不敢因系暂时代庖置之膜外。现在措捐已资钱六百千文，发给当商刘德隆具领，按年一分生息，每年所收之利以一半添补膏火，一半存留，为各寒士乡、会两试路费之用。不敷之数，或由地方官随时捐给，或嗣后同志者再行捐给，生息均听其便。此项钱文，遇有新旧交代，永作交款，并勒石立碑以昭永远。其息自道光十二年正月□日起，年终具禀各宪查考，毋许挪用。卑职明知所捐无多，未足扩充，而力之所限亦聊以自尽其力，为振兴之发轫而已。肃此具禀，伏乞览核，批示立案。敬请金安。

三十、鸡公滩义学碑记　（清）徐元润

碑圆首，额题"为善于乡"四字，高1.30米，宽0.71米。清道光八年（1828）立石，现藏于紫阳瓦房店镇。

碑文：

鸡公滩向有官义学一处而无授徒之地，岁僦屋居之，迁徙无定。新正，余以公事过其处，见其义仓之旁有屋翼然，诵声琅然。问之则明经王君际盛所修者也。王君禀其庭训，好善而勇于事。往岁偕诸首士经修义仓，而复于义仓之旁独立捐修义学一所，亲自督课，既有以安砚席而兼有以卫仓储，其法两善，而王君乐育之义，经济之才亦见于此。夫紫阳岩邑，往时蹸于兵燹，庐井寥落，数十年荒芜益辟，烟户稍稍稠密。但多四方来集之人，良莠杂糅，少土著旧姓。惟恃一二贤士大夫于其风气将开之会，维持而转移之，转之敦厚则敦厚，转之浇漓则浇漓。敦厚积则子孙蒙其福，浇漓积则江河日下，而不可复挽，岂不甚可畏哉？王君将以敦厚导其乡人于其修义学也。觇之老子曰："为善于乡，为德之长。"是则余之所望于王君而并属望于二三君子者矣。

太仓徐元润秋士撰。

邑举人□□□补堂书。

道光八年岁戊子清明月谷旦。

三十一、捐置东来书院学舍讲堂碑　（清）陈仪

碑方首，高1.65米，宽0.78米。清道光十七年（1837）立石，现存于紫阳县城关。

碑文：

捐置东来书院学舍讲堂记

为学之道，身心其大端也。何以治身？去其身之所苟安者而已。何以治心？去其心之所不安者而已。古之为政者知之，故于士也，虑其身之所不安而谋其心之所安，书院之设有由来欤。紫阳之为城，周二百丈有奇，大如砺。学宫、祠宇、官署、仓狱，尽士之七，东来书院居其东，讲堂学舍逼侧湫隘，左右皆民居无可议拓，士之来读书者，不能安其身，望望焉去之，盖亦有年矣。自余为邑宰于斯，公牍之暇与诸生讲论，将诱掖之而进古，诸生亦踊跃听受，来读书者岁益众，院舍无以容，则假学宫以居。十笏之室，数椽之窗，砚席参置，肱不克舒，诸生若忘逼侧湫隘之苦也者。余嘉其心之知所安，而虑其身之未安也。适西邻有屋售于人；已成券矣。余闻之曰："是不可以议拓乎？"司事者以乏费告，余曰："机不可失也。"是区区者，剖吾俸而取足矣，召售主以原值归之。辟门扫宇，析案分灯，占毕咿唔，永朝永夕，诸生之身幸安矣，而讲堂之逼侧湫隘尤如故也。于是即前庭建广厦三楹，所剖俸差相等。洞达轩垲，以为列侍讲贯会文习礼之所，相与坐春风，吟霁月，庶知所以安其心乎。今天下之称士人者，必曰读书人，是读书者，士人安身立命之地也。读书则孝益孝，悌益悌，忠信者益忠信。不读书则荒而嬉，放辟邪侈日"尔何不读书"，则必蹶然惭然，且试鄙夷之曰"是何足称读书人也欤哉"，则更艴然见于面，无他触其心之所不安也。心不安于不读书，而身乃安于放辟邪侈而无所不为，是讵不得已特溺于苟安而不求诸心焉耳。且夫读书云者，岂惟是占毕咿唔，永朝永夕已哉？理求其明，读书所以明理，伦求其尽，读书所以尽伦，知吾身不能一日弃人伦天理。而立于无何有之乡，则必反求其所当安而不误于所苟安，舍读书曷以哉？使举天下之士皆读书则士习端，使举天下之士皆以读书化其乡里，则民风烝烝于唐虞三代是耶？圣天子科举待士之盛心也，是即古人书院养士之深意也。诸生其勿求身之安而必求心之安，即以心之所安为身之所安可也。若夫实之名归，有必然之理，无必然之数。虽卿相之荣，亦将有求去其身之苟安而得其心之所安者，则余所望于诸生者诚至厚也。因勒诸石以示之。署紫阳县知县鄞县陈仪余山题。

清道光十七年岁次丁酉季秋月日阖邑士子敬刊。

三十二、石泉凤阳台新设义学条规碑 （清）舒钧

碑圆首，额饰浅浮雕"双凤朝阳"纹，高1.75米，宽0.91米。石泉知县舒钧撰文，清道光二十八年（1848）立石，现存于石泉县凤阳乡。

碑文：

学以义名，义举也。在通都大邑可不必设，何者？人知读书也。在穷乡僻壤不可不设，何者？人不知读书也。即间有欲知读书之人，而无力延师，又不能读书。于是一村之中，目不识丁者十人而九。字且不识，又焉知孝悌廉耻为何事，圣经贤传为何语耶？不知孝悌廉耻为何事，于是耰锄德色，同室操戈，嚣竟成风，乡邻有斗，甚且酿为悖逆矣。不知圣经贤传为何语，于是习于鄙俚不堪之言，肆夫荒诞无稽之说，甚且流于邪教矣。此民兴由于经正、而君子所贵及经也。石邑僻介万山，凤阳台地方尤在石邑之山中。延师读书，较他处为更难。前蒙大宪谕，各处设立义学。即有善士江耀先、方致诚等，闻风兴起。各捐资若干，营放生息。越十余年，积资若干，续捐资若干。至道光二十八年，乃建学舍，延师儒。设经馆一、蒙馆一，名之曰集义。于是欲读书而无力者，皆忻忻然使其子弟来学矣。夫圣经贤传之语，孝悌廉让之事，上者读书固好，下者识字亦佳。童而习之，知孝悌二字，必不至不孝不悌；知廉让二字，必不至不廉不让。即学徒之若父若兄，日与蒙师相亲，或豆棚秋话，或茅雨夜谈，得闻圣贤言语，不更足潜移默化乎？况夫"十室之邑，必有忠信"，子弟之佳者，从此而登科及第，蔚然为国家菁莪棫之材，父兄有荣施焉。是则余之所厚望也。爰列条规于后：

——延师宜定章程也。义学开馆，均于开印前后择吉入学，十二月中旬散馆，修金按月支送，非过事苛刻也。缘塾师不无更易，一经透支，则修脯既亏，学将中废。不得不从长计议，定以限制。至设立义学，原为教训子弟，并非以馆谷作人情。地方官亦不得荐人主讲，惟每岁于开馆之时，须禀明今岁经馆延请某士，以便稽查。

——化诲宜广也。课诗、课文，须定有日期，并令馆师将存心立品，居家治事之道，随时指点，切加劝戒。至于童蒙则课读而外，必训以拜、跪、立之礼仪，孝、悌、廉、耻之大端。每逢朔望，馆师率领各徒以次序立，拜谒至圣，次拜馆师，次令各徒交相拜揖。毕，将"圣谕理广训"明白讲解，令各学徒环立听讲，并许该耆老民人齐集听讲。

——馆师宜慎也。经馆之师，选择须严。该首士留心采访，无论本地举、贡、生员及外来绅士，必择立品端方，学有根底者延之为师。至蒙馆，即于附近生员儒士内，慎选诚朴自好不与外事者，该首士随时稽查，如虚糜修脯，情于督

课，或不安本分，唆讼滋事，立即另行延请。

——田租宜秉公经理也。义学租田，既经众士捐入，应听首士招佃取租，不许原捐业主经手。其佃户即与义学另具租约，填明田亩、座落、租斗数目。如佃户逞刁抗欠，许禀官追究。至经理田租首士，必须公举证人，不得私相授受。且每节后，开列账目，即在义学同众人清算，开销若干，存余若干，倘秋成尚远，馆师不能枵腹课读，该首士有垫送，许于租内归还，但不得加息，以杜侵蚀之渐。

文林郎兴安府石泉知县舒钧撰文。
清道光二十八年岁次戊申仲春谷旦。
石泉县凤阳台集义经馆刊立。

三十三、徐芷生公祖培植书院碑记　（清）谭文卿

碑圆首，额饰线刻"双凤"纹，中题"百世流芳"四字，高1.1米，宽0.53米。文题"徐芷生公祖培植书院碑记"。清光绪六年（1880）立石，现存于岚皋县中学内。

碑文：

烛峰书院之设由来旧矣，但经费甚微，士子膏火不足，无以示鼓励。光绪三年，抚宪谭文卿中丞，筹有款项，扎饬各属：如有典当者，准领生息，以作书院经费。砖坪向无典商，势难准领。我芷生公祖，奋然兴起曰："此牧民者之责也，兴化致治，此其时矣。"百计图维，竟领银八百，较邻封尤倍。爰置朱寨沟山地一分（份），用钱一千二百串文，每年收包谷稞（课）叁拾柒石，为士子膏火之费。且恐首士不力，凡书院事件亲手经理，既乾乾不息，复井井有条，必尽善尽美而后已。所谓菁莪造士，械朴作人，不又复见于今欤。夫固人文蔚起，礼教大兴，皆我芷生公祖成之也，其盛德曷可忘哉？是用泐诸石。

阖厅士子同立。
光绪六年岁次庚辰仲夏月中浣谷旦泐石。

三十四、孝廉方正崇祀乡贤张补山夫子德教碑（残）
（清）武廷珍

石碑首残，两侧漫漶，残高1.73米，宽0.88米，厚0.17米。原埋于安运司地下3米深，基建施工时发现，现存于安康市历史博物馆。

碑文：

□□□就州判职，尝候补四川未试，丁酉进呈《治平二十四策》以归。既

归，尤心恳□□□□桑梓，泽吾党者。捐馆后，都人士犹相与念之不已也，复请崇祀乡贤（字漫漶）而（字漫漶）也。因镌贞石，树丰碑。呜呼，韩范勋烈，不必优于鹅湖、鹿洞者，盖惟先生似之（漫漶，字数不清），而异日者，国史方将大书特书，岂吾党敢以日月泰山私拟欤！

监察御史前翰林院庶吉士吏部郎中受业武廷珍顿首撰文。（道光三十年进士）

□□□翰选用宝庆府前户部员外郎受业蒋常垣顿首书丹。
（咸丰癸丑科进士）
□□□门人仝顿首泐石。
□□□月□□日□□吉

三十五、洵阳重修文庙碑记　（清）孙潍

碑圆首，高1.70米，宽0.83米，额浮雕双龙纹，中题"皇清"二字，碑身边栏饰回纹。现存于旬阳县城关。

碑文：

盖闻至圣之道与天地同运，与日月并行，固无人不当遵守，无时而或可离者也。凡有血气者，孰不当崇奉之心，而伸景行之念。昔汉高天下未定，首重曲阜之祀，君子谓："四百年命脉全在于此。"可见圣祀之隆替，有关世运之盛衰，岂独一州一邑哉？洵阳旧有文庙，年远摧残，久未修理。余于癸亥腊月朔日抵任，叩谒圣庙，仰见殿宇损漏，两庑棂星门半属倾圮，慨然思有以新之。适川匪窜扰洵境，缮甲登陴，未遑及此。迨甲子夏，逆匪远遁，县境肃清，遂与广文马君，督劝诸生募资重修，于八月十二日兴工，鸠料庀材，不谋而集，自秋徂冬，天日晴和，百工踊跃，董事诸生周尚文等，朝夕监督，不五月而大功告竣。爰率同僚，谨敬瞻拜，庙貌严整，气象辉煌，足以肃明禋而资崇奉。嗟呼，尼山虽远，道统长存。邑之士君子，尚其经明行修，为希圣希贤之学，而宰是邑者，亦窃思政简刑清，起比户弦歌之化，此则余之所厚望而又深愧弗逮者焉。工成谨志其事于右。

大清同治四年岁次乙丑小阳月吉日　知洵阳县事山阴孙潍撰，阖邑生员（下缺）

三十六、柳树坪新建义学碑　（清）潘宜经

碑圆首，高1.35米，宽0.83米。清光绪六年（1879）立石，孝廉潘宜经撰文，现存于白河县。

碑文：

白河为古锡城，受治金州，素乏文雅，前辈多方筹画义仓外，兼设义学，载在邑乘久矣，各乡遵行数十年未尝废。戊子岁，宜经馆于柳树坪义学，尝进土人而问之。曰：西乡义学每岁设，八乡中惟我乡僻处，于西去学舍较远，寒士负笈殊苦跋涉。贡生蔡显臣恻然悯之，光绪五年邀同白邑宰，复为柳树坪捐设义学。诸君子踊跃，从公解囊资助，爰置地生息，为延师计，于财神庙左造学舍三间、厨舍二间以昭定所，俾贫乏之有志者，不至向隅而泣。近来士风蒸蒸日上，每届童试非复前数十年可此，惟诸君子好义与显臣但是义有以培之也。诸君属序于余，将刻石以垂久远，并胪诸捐户姓名于右，爰即所闻诸士人者，以志其颠末云。

（以下捐户30余人略）

大清光绪六年仲春吉旦众立。

三十七、邑侯沈公诒仲复学额增学田记　　（清）罗钟衡

碑高七尺五寸，宽三尺五寸。原立于安康学仓大厅。

碑文：

闻之贤才辅则天下治，而育贤才则在兴学校，兴学校则在宽于取士，而优于养士。古者乡举里选，风猷至粹。唐宋而降，科目非一，足取士之宽。三代盛时，井田未废，负耒横经，士农相合。汉唐以来，或复身绘会，或给米赡田，或出钱粟取租稞，或师生禀食有司供馔，养之之优又如此。

我国家重熙累洽，文教诞敷、隆化作人，轶于前古。取士途虽严，而取士之额其宽。凡府厅州县取进生员皆有定制，至学校则岁有饩；书院则月有饩，养士亦云优矣。所以髦俊烟霏秀冑坌集，天下文治又然勃兴。

安康为兴安首善，岁科两试取进三十人，以砖坪学校附之，故宽其额也。国初至今，周初至今，罔或增损。自光绪丁丑前学宪陈，破格取士，始减安康学额一名，拨增汉阴，此正危泰，所谓取少停多，开不□之端者也。

岁庚辰秋，邑侯沈公诒仲以别驾来摄县事。下车伊始，凡保中仓储诸政莫不修举，尤拳拳以兴学育才为急务。课士时，询及学额，绅耆士子均以禀复旧额请。是岁杪，学宪樊公按临兴郡，公即具禀转详，甚至援《学政全书》以争之，而旧制遂复。公善折狱，有《南史》沈怀文到任讯九百三十六亩之风。邑西秦郊铺，有陈张二姓争畔构讼，公讯验得实，伪契隐粮，例追入官。公念安康学田菲，乃将陈姓旱地水田二十六亩，拨充兴贤学舍以资膏火。虽元之忽罕，夺田段边，割田何以过？兹昔金章宗时，有司论太学生廪费太多，章宗曰：养出一范文正公，所偿岂少？余谓所复学额，不过一斋之数，安知所增之额，不所出一范文

正乎？公所捐学田，不过余夫之产，安知所捐之田，将来不又养出一范文正乎？公可谓得取士、养士之道也。夫学额复则人知自励；学田增则士有所赡，士有所赡则心专，知自则学进。从此人材蔚起，治化兴降，皆公之赐也。

公宰邑期年，竟以瓜期当去也。惜哉！间尝读史，列儒至沈作宾知台州，政平民悦。及去之日，请留不遂，民为立留贤碑，未尝不想望德音。今观我公，后先继美，诵德咏恩，听之商庶。兹记其有裨学校者，寿诸贞珉，以垂久远。且以写留贤之意焉耳。

光绪七年闰七月立　邑举人罗钟衡撰文

三十八、洵江书院碑记　（清）

碑圆首，额饰浅浮雕双龙纹。高2.12米，宽0.70米。主讲洵江书院□□□撰文书丹。清光绪九年（1883）立石，现存于宁陕县江口中学。

碑文：

学校之设，所以培风化、育人材也。书院之建，足以辅学校之不及。洵江为入山孔道，土地地平旷，商旅辐辏，而山水灵秀之气钟毓不乏其人。惟是僻处终南，有志上进者，非至省垣关中，宁陕太乙两书院肄业，难收讲习之效。而相路各数百里，资斧维艰，岂地能限人欤？实地灵之有待乎人杰也。同治初，谢公邻竹莅主政任，首以培植士林为务，在文昌阁建立义学十所，嘉惠童蒙。时则署司马江公海帆，有行节蓥局之议，函商谢公，在分防七保捐此款移建书院，众绅欣然乐从。爰请诸新任司马杨公春田通禀上宪，批准办理。于光绪二年二月动工兴修，历数月，工程告竣，并置买山地数处，计收租稞四十石。嗣后谢公升任，去后继至者为吴公昆山与我等督办。斋长涂履中、朱□南、储□春、□应珠、舒章锦、王化南、伍春联协同经理。惟事属草创，凡修脯膏火各等项，未免简陋，诸欠裕如。复得左公芸亭来治斯土，首重文教，礼聘汉阴进士胡海峰主讲。因进支不敷，多方筹画，至庚辰秋，续捐铜钱六百余缗，交斋长□□二人管理，收支发商生息，盖于是而规模初具矣。爰泐之石以垂久远并告后之来者。

特授潼关厅前署宁陕厅抚民分府杨汉霄禀清建修。

署理江口主簿吴积建督办。

钦加六品衔特授县丞现任江口主簿左麟卿续捐。

癸酉科举人大挑一等改掣河南补用知县主讲洵江书院□□□撰文书丹。

光绪九年岁在癸未荷月。

三十九、兴仁义学碑记　（清）朱元勋

碑圆首，额题"永垂不朽"四字，高1.35米，宽0.71米。清光绪十年

（1884）立石，现存于石泉县前池河小学。

碑文：

池河之地多义举。文昌宫经学外，增设蒙塾。勋既观厥成矣，而不为感发！兴起者乃接踵而见也。稽其地，旧有兴仁义渡，倡自乾隆二十四年，候选训导刘多霞，武生贺能铭，庠生谭绍章、谢学琛诸前辈，督责首工力成善举。岁以田稞租谷四十石有奇，息钱二十余串，备支经费外，计有余金。

岁甲申，廪生韩君炳，增生刘君开甲，佾生谭君国栋等，邀集同人，爰于其中议筹束脩五十缗，创设义学一所，仍其名曰兴仁，亦数典不忘祖之意也。学师罗公闻而愉悦，以牒于堂。邑侯邹公凤以学为念，集邦人士拟议立石，属予以成，勋窃谓晚近人心不古，嗜利忘义者，瘠公肥己，比比皆然。今池河诸君，独能见义勇为，就自然之利，兴自然之惠，至再至三，其亦我贤侯有以作兴而鼓舞之耳。忆蒙养义学之增设也，贤侯既嘉其善而程以规条，复殷殷然为文以叙其颠末，所谓乐取于人为善，而并以雄勉将来者也，故叙之终云。

夫一乡之感兴，于是推而至于一邑。以逮天下，使执政者悉乐善如贤侯，执事者尽好善如诸君，亦何虑讼狱不戢，礼乐不兴哉。诗曰"乐只君子"，贤侯有焉。又曰"从公于迈"，诸君有焉。韩君炳，勋之同学友也，请予言以为记。勋不敏，溯自都观政而归，凡乡党义举，无不力赞其成，以资观感。况池河义举林兴，观感之效，已卓然大著，将有由迩及远之望，岂仅扩义渡为义学之一善足以拳拳哉？如是乎，乐为之记。

邑人朱元勋撰文、书丹。

经理首人：

廪生韩炳　增生刘开甲

佾生谭国栋　石匠谭自春

大清光绪十年岁次甲申孟秋月日立。

四十、重修文昌宫记　（清）罗钟衡

碑文：

郡城东南隅青松岭，旧有文昌宫，卜吉于嘉庆间，邑侯马雨峰先生创建，为乡贡张补山孝廉折毁于同治壬戌之冬，盖恐为粤逆所据也。至甲戌始重修之。

余按形家言：巽为四维六秀之一，又为天工荐元星。青乌术所谓发文峰于巽辛，巽峰起顶出贵客，辛峰高耸贵无敌是也。夫象纬相背之说，儒者所不道。然而，嵩生岳降，钟毓有灵。公刘定中，辨方伊始。余始以理推之，北斗自乾携巽，文昌星戴于魁、贯于杓，故巽得文昌之气。而汉张衡"紫白九宫法"，后世亦以四维在巽为文昌星。故各郡邑文昌奎星祠庙，多建于巽隅，主发科名。惜甲戌重修人士罕明此义，且惟知巽隅之在青松岭，而不知巽隅实由府署而得向也。遂致寝殿门楼向正北，而与两城相背谬，则失马侯之旨远矣。且奎星楼材弱而质湿，阅数年而欹侧倾斜，每当大风时作，则动摇欲坠，而两廊土垣亦溃裂败坏。于是郡中人士，合议改修。甫兴工，而宵小怵以危言，遂不果，可慨也夫。

郡伯童公莅郡之明年，人和岁丰，弊清政举，每以兴坏起废为己任，蹙然念庙貌之日将就圮也，乃揆时度役，去其旧而图其新，加砖积土，筑为高台，下辟重门，深稳宏敞，上覆奎星阁，气象瑰伟，率加于旧，盖与府署遥相望也。台之左右陶甓为垣，后属于拜殿，拜殿前东、西为朝房，各二楹，前为横廊三楹，余仍旧贯。门外伐石为路，宽一丈、长五十丈，下至山麓，陈家沟水环绕焉。又为石桥达于两岸，凡皆所以便往来了。

间尝登奎阁眺望，觉阁之高竿壮丽，出云气而摄半牛。回忆曩日张补山乡贤所谓"两城烟火了如指掌"者，今日始复旧观焉。至于原溪映带，平畴如画，远带汉水，樯帆下上，而既见者皆出乎履舄之下。汉之北上台、中台、下台，势若星拱，而牛山之峥嵘靓丽遥相影对，又有类于柳子厚所谓"青山为屏风者"。其左右则龙王寨矗立于东，鲤鱼山盘踞于西，谷形轮势，面面相向，无不效伎于山门之前，亦郡中一大奇观哉。

盖其所以崇祀典而培文风者，要非我郡伯童公之力不及此耶？退之云："莫为之前虽美弗彰，莫为之后虽盛弗传。"今公之理新斯阁，仍复马公所卜原向，吾知异日者，贤材蔚起，应运而兴，以黼黻圣朝文明之治，又未尝不欢我公之流泽孔长也。

光绪十一年孟秋　邑举人罗钟衡撰

四十一、太乙书院碑记　（清）汪利润

碑碣，纵1.1米，高0.60米。候选训导汪利润书丹，楷体正书。清光绪二十二年（1896）立石，现存于宁陕县文物管理委员会。

碑文：

知府用署宁陕厅贺，为立章垂远事。照得，太乙书院创自前人，几费经营，始克有此。第时久颓倾，两厢斋房几不堪住。斋长廖文瀚经理两年，除常用外，余钱六十余串，并文明局拨来钱二百一十三串二百九十六文。因重修两厢及内外一切，共得斋房一十六间。各编学号，每号添设桌凳，书案、板床、火盆、锁钥各一。惟秋冬两号较宽，各置二桌二凳。惟防日久废弛，因严立章程，勒石垂久。

——须严锁钥也。每号之锁，无论何人不得私开，诸生来住院者，愿住某号，院夫开锁，将物点交清楚，锁钥仍归院夫收执。诸生归家之时，将原物仍交院夫，然后锁门。

——毁坏公物宜严定着赔也。如毁坏一火盆，赔钱一串六百，一桌一串，一床六百，一凳五百，一书案三百，一锁钥二两。须交现钱，不准拖欠。至号舍有毁者，院夫投鸣斋长公估。

——公物宜慎重也。各号物件均刻有字号，别号不得乱挪。如有乱挪者，罚铜钱一串文。如有院外借用者，经手借出之人与借物之人，一体禀官严办。

——交接须认真查点也。新旧斋长交账之日，出入印册，号房印册，务要一并交清，如移交不清，新斋长或当众不接，或禀官追究。如含糊领接，即向新斋长追赔，不得推诿。

——条规永宜遵守也。有不遵条规者，院夫投鸣斋长，禀官严究。如院夫徇情，立即逐出。如有应赔之款，即在工资项下扣算赔清，再行逐出。斋长徇情或被禀发或经查出，定即严追，决不姑宽。

以上各条以薄待诸生，然不如此不足以振兴学校而垂久远。诸生宜鉴量此心，共相维持，是又余之厚望也。爰泐之石。

监修首事：

候选训导汪利润书丹。

候选教谕廖文瀚。

新选拔贡廖桂枝。

大清光绪二十一年仲秋吉日立。

四十二、洵阳县新修试院碑　（清）王第范

碑方首，高1.66米，宽0.72米，额左行横书"抑扬人杰"四字。洵阳知县王第范撰文，清光绪二十二年（1896）立石。已断为两截。

碑文：

洵阳新修试院记

光绪二十二年九月庚申，洵阳试院成。维时邑中荐绅与夫鲐背之老，握椠怀铅之士，置酒大（以下缺十一字），予乃慨然有感于其朔也。方予下车之始，□□城至西北陬，斯地一秽墟耳。明年县试蒇事，议建试院，相基于此。高者夷之，下者益之。攘之□之，其榛其楛；修之平之，其瓦其砾。曾日月之几何，而焕然成巨观矣。于是□在座者复洗而扬觯，赞且贺曰：见公之作，知公之志。公之剪除荒秽，岂不欲除残而远贪？公之修理败颓，岂不欲兴废而倾否？公之壮丽观瞻，岂不欲兴文教于既敝？公之疏除范围，岂不欲培名节于方来？过此以往，文治得以蒸蒸日上者，悉公赐也。予乃兴避□辞曰：诸君辞多溢美，予无以堪之。然所期于将来者，诚如诸君言，固□□也。退而书其事为记。

赐进士出身钦加同知衔知洵阳县事寿昌王第范。

安康县廪生陈兑书丹。
督工首士岁贡生鲁世吉。
捐资姓字：（略）
洵阳县正堂王捐银二百两。
（以下洵城及县属各铺户捐资名目略）

四十三、水口山创修奎星阁碑记 （清）赖子乾

碑碣，纵1.15米，高0.60米，边框四周饰回纹。邑庠生赖子乾撰，鲁廷干书。清宣统元年（1909）立石，现存于安康市铁星乡。

碑文：

盖闻已有善即欲表扬，君子不为也，人有善而听其湮没，君子不忍也。我境贡元陈讳尧卿老先生，性慷慨有长者之风。平居喜行善，难尽述。惟于光绪甲午年，先生寿近古稀矣，尤毅然关心桑梓，培地方，补风水。以此境下流十里之远，有水口山，为铁炉沟数十里风水之所聚，即合境丛姓之富贵所关焉。其处低缺，理宜培补，因建修楼阁，题名"双圣"，塑供奎斗星君、增福财神尊像，以祈呵护。盖期富贵于桑梓者，有深心矣。先生但是首捐资，经岁月而不惮烦劳，鸠工庀材历寒暑而不辞辛苦。始终三载，功及告竣。《易》曰："善不积不足以成名。"先生固积善成名者欤。然创修落成，祀典宜举，倘常输无出，则又无以昭祀典，而妥神灵也。境内同志诸君子议于先生捐修外，另派积金，经理生息，以为每年祭祀之费，此又诸君子之善举也。其解囊助资者二十余家，通计积金钱五十余串。议明经理公款者，必须秉公妥办，永杜弊端，则美举不致废弛，众善亦同归不配矣。并将布施人等勒诸贞珉，以志功德不替云尔。

邑庠生赖子乾撰，鲁廷干书。
（以下捐资姓名二十人略）
宣统元年应钟月上浣日同立。

四十四、紫阳重修文庙碑 （清）孙永济

碑圆首，额饰高浮雕二龙戏珠纹。文题"重修文庙碑记"。碑高2.30米，宽1.20米。邑令孙永济撰文。清光绪二十七年（1901）立石，现存于紫阳县城关县政府家属院内。

碑文：

今上御极二十六载，济奉天子命来宰此邦。莅事之日，恭谒文庙，阅视前后殿宇及两庑，照壁。墙垣崩裂，椽木腐朽，惟棂星门经前任朱大令承恩修葺差善。询之绅士，佥谓："自国初移置今县置西偏，地势逼侧，规模初具。道光己

酉，邑令吴与九因陋就简，踵事补葺，仍不足壮观瞻。咸同以来，兵旱交迫，屡欲修而未果。"余闻言益太息而不能释。夫文庙之兴废最足证人才之盛衰，紫邑自明嘉靖、万历以来，民物蕃衍，人文蔚起，若刘四科父子，魏学曾昆弟，一门科第，簪缨继继，功名称极盛焉。逮至国朝举贤书者，虽不乏人，而登甲第，跻显秩，二百年来得三人焉。惟赖君清键，现官工部，如鸣凤在霄，凡鸟无声，可喜亦可悲也。论者以蕞尔下邑，灵秀罕钟，岂知深山大泽实生龙蛇，十室之邑必有忠信，特患文教不修，斯文风不振耳？商之砖，殿庑窄隘者扩之，栋宇朽蠹者易之，楹楠剥落者饰之。商请同僚尹仲昆，都戍高子开，司铎刘润生，千戎茹韵伯少尉，逐日监视，撙节支销。用之不足，复提团防局余资一百五十缗，以公济公。经始于辛丑仲春，越六月而工竣。落成之日，焕然改观。首士等请记于余，余曰："文庙为阖邑文风所系，来岁选举，科开特恩，推广诸生踊跃观光，有继赖工部而起者，上追嘉、万科名之盛，是又余所私衷祝祷尔。"因叙其缘起而泐诸石，以告后之君子踵而修之，庶俎豆馨香而斯文常在兹焉。

乡进士文林郎署紫阳县事楚汉阳孙永济谨题。

皇清光绪二十七年岁次辛丑仲秋月谷旦。

四十五、宁陕师范学堂碣 （民国）

匾形石碣，横长1.34米，高0.60米，榜书"师范学堂"四字。现存于宁陕职中。

碑文：

宁陕距兴、距汉、距省垣皆四五百里，山路崎岖，即富家升学亦特别困难，故初、高小毕业者，无深造之机会，而执初级教鞭者，乏相当之师资。特呈准陕西教育所（厅），以杂税四成办师范传习所，有教室、宿舍、操场，次第鸠工。以后不敷预算甚巨，幸蒙杨县长鸿生热心赞助，又与金元各捐薪俸以竣其工，则初级无师资之困难，而高小无毕业之荒废矣。金元谨志。

民国十八年八月三日　教育局长廖金元监修

四十六、宁陕县德教榜文 （民国）

木质，长匾形，长1.32米，宽0.85米。现存于宁陕县城隍庙。

匾文：

监督史仲濂夫子
校长廖辛楼夫子
教员刘定一夫子　　德教
教员黄松如夫子

教员纪云卿夫子

窃宁陕地瘠人稀，兴学匪易。我诸位夫子，承兵燹后，处匪扰中，冒险辱，保学款，旋破坏，旋恢复，如此者至再至三，是办学则难中难，而用心真苦中苦也。不以兵燹懈志，不以恢复畏难，热心而有毅力，改良而能扩充，学生闻风，四区皆至，人数加增六倍于前。课程则循循善诱，秩序则井井有条；和蔼中有威可畏，试验时弊绝风清；成绩优则捐薪奖，寒士困则捐廉助。智育、德育、体育，从无偏重之弊；职员、教员、学员，毫无阋墙之哄。旅行盛举，显教育之精神；委员察学，得成绩之嘉奖。生等蒙教泽竟全功能为有精神有身份之学生，皆我诸位夫子冶铸造玉成之伟功也。生等虽有口碑可述，终觉心版莫名。为良心计，为本校计，为后来学生计，为全县教育计，不得不仅叙德教付之梓人，以为未来者劝，阅者幸勿专认为炽扬计，是则区区之意也。

全校学生：

杨先开	孙启庆	陈英杰	张信恭	廖佑甲	莫桂芳	何云生	彭方祖
黄治玉	李瑞午	陈福源	冯隆俊	黄治祥	陈新铭	刘培德	李永诚
张培仁	邓芝灵	柯愈齐	谭宗正	王定魁	张信忠	陈桂芳	陈朝周
张信道	陈潆汉	陈新善	余崇政	林凤生	苟继高	谭定奎	桂和融
梁盛海	柏文清	苟继诚	廖联元	黄有容	纪光宗	廖佑印	焦永益
汪迪海	孙述棠	纪先斗	朱隆德	柯愈芳	纪先祖	柯愈深	李泽玉
徐德本	柯愈祥						

鞠躬

民国十二年十月□日　敬立

四十七、宁陕县学务汇刊　（民国）廖金元

碑圆首，额题"宁陕县学务汇刊"七字，边栏饰蔓草纹，高2.50米，宽0.95米。宁陕县教育局长廖金元撰文，县长宋仁书丹，颜体楷书。民国十八年（1929）立石，现存于宁陕老城小学。

碑文：

民国戊午，王匪压境，校舍被蹂躏，学款遂干没，停顿两年无法恢复。己未冬，贤宰李公藏政，下车即首重学务，亦即金元与各同志负责任之始也。调查旧班学生九人而已，而学款除田地外，则仅存家严所捐合洋四百元。幸各同志和衷共济，谋整顿、图改革、设预科。不一年近悦而远来，高初两级，竟得学生六十余人。至今十年，毕业三次，人数恒相若。在宁陕则所谓一时之盛者。虽匪扰三次，旋即恢复。虽匪踞四载，攻城三日，而枪声隆隆，未辍弦声。虽学款艰难，量入为出，而产业新置尚有增加。以及两次兼任教局，与各同志筹画各校基金，并得义士乐输。今蒙杨县长鸿生，将杂税四成立案划拨，均应有永久之记述，以

作基舍之保障。爰将十年学务汇刊于左,但愿后贤援案维持以惠学子。有举莫废,以图扩充,是则学务汇刊之用意也。

——高小同管理黄尔耆、梁大华,新置贾家营胡何氏田地三十石,又教局同前张局长善述,及梁管理新置三官庙赵世富田租十石,又先后呈准立案附加契税,高小二分,教育局一分。本年蒙县府将杂税四成立案,永拨学款。

——各初级立案所提庙产,有黄州会稞(课)二十石、桓侯会十石、云雾山十石、梅葛会四石。

——乐捐初级学款,有金元叔祖廖文翰每年捐谷十五石;郑敬修捐谷五石;有金元家严同廖子元、孝元、赐元捐修关口学校一座,合洋四百元,已分别请奖。

——立案充汶水河下保王姓田地一契,稞(课)五石;西河保田地一契,稞(课)四石。均作该保学款。

——新修头门,买邓姓地扩充操场,并建修东边教室一座。

——办学得力已故同志,有汪君利润、刘君国基、黄君尔懋均先后作古。

同志:前教育局长张善述,高小管理员黄尔耆,文庙奉祀官胡成恺,高小校教员梁大华、平安泰、纪金鉴、廖孝元,财政局长廖定坤,前视查员杨春蕃。

中华民国十八年己巳四月十六日即夏历三月初七日,宁陕县教育局长兼高级小学校长廖金元谨志,前任县长宋仁书丹监立。

四十八、安康中学树人楼碑 (民国)张孝慈

石碣,纵0.85米,高0.55米。民国二十四年(1935)立石,现存于安康市安康中学。

碑文:

陕西省立安康中学树人楼碑记

古之以楼传者,如黄鹤、岳阳,经李太白、范仲淹之留题而名高千古,然究其实不过表示名胜之迹而已。他如齐云、摘星、望仙、五凤,游讌所资,无关典要。而推其命意所在,专注培植人才为国家树立百年之大业者,盖鲜此树人楼所由重也。刘君焰荣,吾陕怀璧奇士也,毕业于上海复旦大学,民国廿三年秋衔教厅命来长安康中学,首先开设高中班。复见校址湫隘,设备简陋,思有以改进之而无其资也。会唐旅长子封、严专员祥禾、宁县长逊生、王党委禹九热心倡导,又得地方士绅顾元伯、汪更生、杨瑞周、徐博泉、聂允文诸先生之赞助。动用其中校款一千四百元,益以教厅拨款四千元,起建大楼一座。上下通广一十二间(教室),瓦甍崇墉,规制宏壮,为陕南所未有,颜曰"树人"。于以械朴造士,为国家建不朽之基。较诸记名胜,资游讌,供骚人政客所玩赏者,殆不可同日而语矣。刘君于建楼伊始,甚感各方面精神上、物质上之援助始克乐观厥成,属余

一言，以纪其盛美。余既嘉刘君用意之勤而又深佩其行坚志卓，才能迈众，故能得各界之信仰。半载以来，刷新学校，添置器具，增购图书，建修宿舍，平治操场。学生则沉浸醲郁其读书之志趣。校风日益改善，不独为安康中学立百年不拔之基。俾济济名士，登光明之先路，而其将来事业发展，大有造于全民族之复兴者，尤未可限量。斯楼之工作，持其嚆矢耳，故于其落成之日，敬缀数语，以志其缘起，且使后来者有所观感云。

安康张孝慈紫樵甫敬撰并书。

民国二十四年五月。

四十九、安康中学创建博化室碑　（民国）刘焰荣

石碣，纵1.03米，高0.60米。民国二十五年（1936）立石，现存于安康中学总务处库房。

碑文：

民国二十三年夏，予来长斯校。初至辄讶馆舍湫隘，何以为庠序而施讲授。旋询为故庙改修，因知校况经历之坎坷，而□进殊不易也。是年秋，予吁请上司，及承地方人士之助，起建树人楼，至善村黉宇，始巍然可壮观。翌年秋，奉教厅拨发理化仪器，钜细数百余，具无所庋。乃呈厅请资，兴筹实验室以为安顿。嗣蒙邵主席力子函谕，省库拮据，筹拨维艰，殷嘱行政专员魏公席儒就地方设法以速其成。旋专员及地方士绅倡议，动用其中存款七百元，并分向区内各邑募集。计自议定至兴建仅费时五月。既成，颜曰"博化"，盖纪实也。计得款项除筑舍外，余数悉购器物、图书以资充实。原夫格致之学非捍扯，故实可涉其端倪，势必剖析综核，始可穷究原委。今校中师生得此揣摩考窍之馆，当思群力之津逮而永铭不既矣。顾以题名甚多，未克全勒，非敢有所厚薄，盖知盛德自彰，岂徒假金石已哉？刘焰荣谨识。

计承

安康县共捐三百元。

魏专员席儒捐五十元。

汪更生先生捐一百元，顾元伯先生捐五十元。

杨瑞周先生捐三十元，但舜质先生捐二十元。

薛允文先生捐二十元，骆益臣先生捐一十元。

杨次杰先生捐五元，马晖春先生捐五元。

张庵枢先生捐五元，张世权先生捐四元。

唐矞皋先生每人各捐二元。

紫阳县共捐一百六十元，县长膏俊钦捐一十元。

岚皋县捐一百元，县长梁炳麟暨各士共捐如上数。

平利县共捐一百元，县长梁达捐十元。

洵阳县捐六十元，县长索景安捐二十元。

民国廿五年夏七月初旬立。

五十、新立初级兼强近学校校碑 （民国）唐国元

石碣，纵 1.30 米，宽 0.60 米。唐国元、唐正焜撰并书。民国二十五年（1936）立石，现存于安康市石梯乡石梯渡口。

碑文：

新立初级兼强近学校序

昔战国时，天下纷争，杀戮最惨。而孟子筹胜君为国，则曰："设为庠序学校以教之。"旨哉斯言，诚当今之急务也。历观教育之得失，关乎人材之盛衰；关乎世道之治乱。上自唐虞，下至明清，大而邦国，小而村间，以及一族一家，莫不皆然。呜呼！教育一端，岂可缓哉？盖教育之法，又莫如宋之范文正公。夫文正公之治家，于祖宗则设祭田以祀之。凡入祀者，亲其亲，长其长，必诚必敬；于子孙则设家塾以训之，八岁入小学，十五入大学，故当时人材之盛，称范氏为最，公之法真千百世不易之准绳。窃查我唐氏，自明季迁斯，于今二十余代，历年三百有奇。于祖宗虽薄有祭田，而于子孙则鲜有培植。零星散居，不下数百户人丁，极称藩衍。而人材则寥寥无几，推原其故，不读书也。其所以不读书者有二端：从前虽没有小学一堂，读书之人少，读书之时短，字义未通，文理不讲，久后茫然，人人皆视读书为无益，此不读书者一也。又由吾族世居于斯，添人者多，添地者少。加之土瘠，衣食维艰。凡有子弟者，七八岁则牧牛，十余岁则学耕，皆谋早树夕荫之利，此不读者二也。语云："读书所以明理。"人不读书其理何明？人材何出？常见英明子弟竟陷于终身无成，深可慨也。绪等目击而心伤者已有年矣！爰集合族于宗祠会议，抽祀租之余稞，再立初级兼强迫学校一堂。凡我族之子弟，当读书时，必法文正公之旨，概入学读书，至十六岁成丁后，始准自由成业。否则以家之贫富，按相当以罚其父兄。凡不读者，得强迫以读之，务期人人识字。父诏其子，兄勉其弟，何患人材之不出，家族之不望哉？盖学校既教育之基础，岂仅我唐氏一族一家之关系乎？将见教育行则人材出，人材出则礼义兴，礼义兴则家道盛。由家而乡，由乡而县，由县而省、而国、而天下，即《大学》所谓"家齐而后国治，国治而后天下平"之义也。我族后生者能懔遵而扩充之，则范氏之义田不得专美于前矣。噫嘻！教育之有裨于国家岂浅鲜哉？绪等不学无文，聊志数语以启后之学者耳。并拟暂时行条例数条于后：

——以从前所置岚谷、晓道河之祀稞二十二石,为王家庙及我祠所设初级小校基金,以十八石为校费,四石培修校址。

——凡我族子弟,不论贫富,至七岁皆要入学校读书。至十六岁成丁后,始准自由成业。

——过七岁子弟不入校读书者,以家之大小按相当之处分,以责罚其父兄,得强迫以读之。

——凡子孙家寒,不能送子弟读书者,由宗祠按相当以接济之。

——学校成立后,不分姓氏,不分铺保,愿入斯校者,一律欢迎。但现时无力接济,而后另议办法。

——日后每逢会期,凡入祠祀先祖者,上户各备香纸钱一串;中户各备香纸钱六百;下户各备香纸钱四百弥补校费。如推故不到会者,亦罚以相当处分。

——每逢会期祭祀之后,每户只留家长一人,在祀酬席,凡所率习礼之子弟概不请席。其□亦抽租之余,培植之不足。

合族首人:唐化绪、唐仕喜、唐表章、唐权章、唐国品、唐弟章、唐国元、唐正焜撰并书。同众公议。

中华民国二十五年正月十五日公立。

五十一、批准刊立捐免文武生童卷红碑

石碣长1.1,宽0.56米,石灰岩质,碑文楷体,计16行,行11字。正文首行局部漫漶。文记兴安府批准刊立捐免文武生童卷红事,款署光绪十年(1884)。现存于安康博物馆。

碑文:

钦加监运使衔在任候补道兴安府正堂童为

据汉阴厅贡生蒋眉常等禀称:封职邓光泮,监生龙天辉捐免阖厅文武生童印红,并监生陈联升前捐劵价彙刷章程,请示刊碑以垂久远一案。除将鉴定章程面谕该厅,众廪生散给生童各执一本。并批据票及呈卖卷价印红章程已悉。查该绅陈联升、邓光泮、龙天辉等迭捐巨款,从资卷价印红。俾阖厅文武生童均沾嘉惠,殊堪奖尚(赏)。所议章程亦属妥善。准再在于试院刊碑存照,以垂永远可也。章程存挂发外,合饬勒石以示不朽。

翰林院庶吉士　刑部主政　刘洪简
前宝庆府知府　户部主政　蒋常垣　仝立
前署甘肃阶州　直隶州分州　刘立诚
丙子科举人　王凤鸣
印红局首事　彭运世书丹
光绪十年清和月　谷旦

第五编 安康地区各县县志关于教育事业的记载

第一节 关于教育事业的记载

一、安康县书院及县学

书院产生于北宋，发展于明、清，由私人创设逐渐演变为官府学校，为科举择士服务，属科举的附庸。安康县文峰书院始建于清乾隆十五年（1750），知州刘士夫捐俸倡导、绅士筹资购原广东提督侯滢故宅（北城壕沿）所建，"讲堂三楹，下为诸生斋舍，凡几案卧榻无不具，上下供给无不周。诸生得名师指授"。乾隆四十七年（1782）重建，嘉庆九年（1804）迁址改建。嘉庆十二年（1807）春，知府叶世倬捐俸倡议增修，嘱安康县令马元刚改旧增新，更名为关南书院。咸丰三年（1853），书院遭水毁，知府王履享、知县刘应祥等筹款重建，委举人张鹏飞在新城考院西督建新的关南书院。岭南书院设于恒口镇上街，因地居越岭关之南，故名岭南。安康县两座书院拥有藏书，自置田产，经济独立。书院设斋长（亦称掌教、山长、院长），主持讲学及院务诸事。首事办理生员生活事务，学长负责生员学习事宜。学生分两类：一是已进学的秀才，为乡试应考举人，每月进行两次文生月课；二是县试合格童生，入院攻读"四书"、"五经"，学作八股文、试帖诗，准备进府应考秀才，常年在书院学习。除斋长讲学外，一般为生员自修。办学经费主要来源于学田收入。斋长的膳食费、薪俸，生员的膏火费、生活费，以及端阳、中秋、腊八礼钱，均由书院经费开支。

县学（儒学）是教谕掌管全县生员政教合一的机构。《兴安州志》载："儒学在文庙西，元至元年间知州唐天骥建，至正十年（1350）达鲁花赤买间重修。"明伦堂（县学）在大成殿后，堂前为进德、修业二斋，东西相向，为大门仪门，直达崇道街。明伦堂后设退思轩。明万历十一年（1583）大水，止存明伦堂。后屡有增修。清政府规定安康县学的生员数额，乾隆年间为23名，嘉庆年间为20名；廪膳生与增广生名额相同，每两年贡一人。

县学每年二月在县考棚举行童子初试，不论年岁大小，录取为童生，方可入兴安府赴试，录取者始得进入县学为附学生员，称"二秀才"，是功名的起点。清朝中期，县学平日无生学习，仅有月课季考，由教谕主持，训导辅佐。（摘自1989年《安康县志》）

二、平利县书院及县学

书院专为讲学，研讨"四书"、"五经"和学作八股文章、试帖诗等，以应科举择士服务之所，设主讲老师，称院长或山长。学员有两类：一是已进学的秀才，为乡试应考举人，在书院"寄课"，定期听取面授，类似"进修"；二是县试合格童生常年在院住学，准备应考秀才。

平利设书院一座，随县治迁移，两次定名，始名锦屏书院，在（今）老县城东。清乾隆十七年（1752），知县黄宽创建，并捐置生童膏火，一向半耕半读的学员感德而勤奋攻读。乾隆三十七年（1772），知县秦钟仁捐资增修，本地人士杨玉朝捐置田产。从此，书院以收租供给生童膳食。县址由老县迁至白土营（今址），初未建立书院，试士全在县署。清嘉庆初年，平利绿营千总王瑛镇压"白莲教"义军有"功"，调升岚皋任都司，其在平利县大院瓦房，被平利县租赁建为五峰书院。嘉庆二十四年（1819），河东总督李逢亨告老还乡，以己蓄薪俸将王瑛宅购献与书院。清道光六年（1826），知县司徒修，讲学《制艺试帖》，刊印《五经"易读"》，训诸生以敦品，益民众以蚕桑。清同治八年（1869），知县卫锡恩主持"捐置桌案器具，以书院兼考院"，同治十一年（1872）又"捐款创立卷局，以备寒士考卷之费"，"嘉惠士林，邑人颂之"。清光绪十四年（1888），知县杨孝宽劝捐巨款七千串，振新卷局，"使生员不缺廪膳，一切考费出其中"。清末，在"废科举，兴学堂"的重大变革中，平利县于光绪三十二年（1906）将五峰书院改为平利县高等小学堂。自明代永乐十二年（1414）至清代光绪二十四年（1898），长达480多年中，平利县共考取举人37名、进士9名，还采用选拔捐纳方式录取贡生、监生，从康熙三十五年（1696）至光绪二十二年（1896）的200年中，平利县共入选贡生155人。

明清科举设四级学校，朝廷最高教育部门兼最高学府称"国子监"；省有省学，又谓大学；府有府学，又称中学；州、县有州、县学，均谓小学。县学（学官称教谕）是掌管全县生员政教合一的机构。

明洪武五年（1372），平利始建县学，在今老县中学址。明成化元年（1465），知县安章主持改建；成化十四年（1478），知县刘伦进行扩建；明隆庆五年（1571），知县罗琪为再振文风而扩大学址；翌年，知县李应华继其工程，从而扩大文庙、学署；明万历六年（1578），县主簿高流增修竣工，"顿使先师庙、县学整肃壮观，望之俨然"。

清康熙、雍正时增修训导署。知县古沣为"陶育士子"而"时加训课"。清乾隆三十五年（1770），训导王增高著《训士篇》两卷，教授生员。清道光二十八年（1848），知县郑鉴、训导史兆熊重修（今城）文庙与县学，并任教县学二十载，门下多名士。清光绪八年（1882）训导张延功任教县学，成就亦著。史、张两位离职，门生为之立"德教牌"，以示不忘师诲。

明清沿袭隋唐科举试士教育制度，县设"儒学署"，有学官3人：教谕1人掌管文庙祭祀和教育所属生员，训导两人协助之。明洪武五年（1372）设"县学"，明成化元年（1465）始建"衙署"。清嘉庆十年（1805）后，文庙、学署随县治东迁白土营（今城），仅设训导一人。清光绪三十一年（1905），"废科举，兴学堂"，设劝学总董司事。

民国元年（1912）设劝学所，劝学所长兼视学，佐理教育行政。民国十三年（1924）改设教育局，民国二十二年（1933）裁局并入三科，设教育助理员主办教育行政事宜。民国二十七年（1938）设教育科，置科长、科员、督学、事务员各一人，止于1949年农历4月底。

平利县私塾，明清盛行。民国时期，虽然官府禁办，但是民间却延存。私塾从经费性质上可分两大类。

一是一人主持，联合办学。即由地方兴学首士主持，利用祠堂、庙宇的房屋、田产或由民众自愿捐资、献地、建校聘师，让家族、亲友或邻里儿童免费入学，名曰"义学"。如汝河罐沟、马鞍桥、秋河八角庙、大贵柳林王氏宗祠、八仙街刘家坪、二龙山等地义学，均小有名气。

二是家长出资，延师办校。这一类统谓私学或名"私馆"，按校址分有3种类型：富绅大户一家承担给子女延师授业，叫"家馆"；塾师在自己家中招生就读，叫做"门馆"；邻里、街坊有孩子之户联合请师办馆，各出经费、租赁私房或利用庙宇为校址，称为"街馆"、"村馆"。清末、民国初年，仅城区就有10处学馆。私塾一般为5～20人，年龄不限，启蒙幼童较多，亦有"弱冠"青年，大小同堂，程度参差，课本不一。先读《三字经》、《百家姓》、《家常语》、《千字文》、《幼学琼林》、《女儿经》、《女四书》等书，有一定程度者，则必读"四书"、"五经"。（摘自1993年《平利县志》）

三、白河县书院及县学

白河明成化十二年（1476）设县学，清康熙十九年（1680）始设教谕、训导，督管学政。白河教谕、训导皆为外籍人，缺职时常由安康、洵阳县的教谕、训导代理。

清乾隆四十九年（1784）县城扩泰山庙为书院，每年考入天池书院的廪生、增生不过20人左右。清光绪三十二年（1906），设劝学所，督儿童入学堂，书院改为县高等小学堂，乡间义学改为初等小学堂。

民国五年（1916）设劝学所，所长王佩鸣。民国六年（1917）各区设劝学员。民国十六年（1927）改劝学所为教育局，后改为教育科，推行义务教育暂行办法，明令禁止苛罚学生。民国三十年（1941）改称为文教科，设督学，实行政教合一，乡设中心国民小学，保设保国民小学，乡、保长兼相应学校校长。民国三十三年（1944）设民众教育馆，开展民众教育，强制儿童入学。民国三十五年（1946）裁督学，合并小学，改革私塾，推行复式教学。

（一）明清时期

明清时县内仕途无望的生员，设馆收少年儿童就读，称"蒙童馆"或私塾，束脩由学生家供给，也有的先生受富户之聘上门任教。清乾隆、嘉庆以前，这种私塾不多。嘉庆年间，移民中有知书识字者在家自课子侄，邻里间他姓子弟附馆就读渐多。清道光五年（1825），东、西坝黄、张二姓联合创办义学，知县提倡，县内四乡推广。义学师严道尊，学童鸡鸣而起，榜示课文、传梆会食、灯火三更……学风渐起。私塾、义学多设于某姓祠堂或庙宇内，学童仅数人至十数人。蒙童初认"字块"，继读《三字经》、《百家姓》、《千字文》，再读"四书"、"五经"。教学方法是先背诵而后开讲，一册读完，通背一遍谓之"包本"。写字是每日功课，初"描红"，略知笔顺后写"影格"，继写"跳格"，再"脱手临帖"。先生除到座位辅导外，还以朱笔在学生习字本上圈批、纠正。读"四书"、"五经"时，始作文，作文以习作八股文为主。私塾先生管教学童极严，动辄罚站、罚跪、打手、杖股，教学程式刻板。

清乾隆四十九年（1784），知县李宗信主建天池书院，聘贡生、举人出身者为书院山长、讲席。"藉各处官地召民垦种，以其稞备讲席脩脯，犹不足，岁捐廉银四十两，膏火之资，奖赏之费乃略备焉。"乾隆年间知县谢奉璋、雍正年间知县唐效尧、道光年间知县朱斗南、光绪年间知县顾骥等，常去书院为诸生授课，批改文卷，勉励学生。清末废科举制后，书院改作学堂。

儒学亦称县学，附于文庙，明成化十二年（1476）知县普晖创建，后屡经扩修，是官办学府。县学由教谕执掌，每年春在县考棚举行童试，只取8名，被录取者为生员，俗称秀才。儒学内有泮池，被儒学录取，旧称"入泮"、"游泮"，是踏上科举道路的第一步。

（二）民国时期

清光绪三十二年（1906）书院改为学堂，原来的乡间义学都改为初等小学堂，全县共40所。所开课程有国文、算术、修身、读经、历史、地理、体操、音乐、美术、劳作。民国六年（1917），规定私塾使用短期小学课本。民国十六年（1927）小学实行四二分段制，即初小四年，高小二年。民国十八年（1929）小学改春季始业为秋季始业，高小增加军训课。民国二十六年（1937）起，以

"礼义廉耻"为四维、以"忠孝仁爱,信义和平"为八德对学生进行思想教育。对于学生成绩考核分期中、期末两段,实行百分制,60 分为及格,70 分为良好,80 分以上为优秀。

民国时期,全县农村各地仍有许多私塾存在,所授课程还是《三字经》、《女儿经》、《百家姓》、《朱子家训》、《贤文》、《千字文》等。

明清时期县儒学、书院费用,由县帑拨支或由官地稞租供给。清代中期后,县内各乡义学,由地方乡绅富户公捐小蓄,置学田租与人种,收租供师生用度。清末民初,白河的黄帮、武帮、江西会馆曾公置产业,供本帮子弟求学、应试费用。清代中后期,县内望族的荣宗耀祖意识强烈,自办塾馆经费充裕,且对族中子弟实行奖赏,东坝黄氏家族在宗祠中规定:"考县、府案首,赏钱二千一百文,入学赏钱八千四百文,帮赠赏钱二千八百文;廪生(考取县、州儒学享受国家补贴者)赏钱十六千八百文;恩、岁、副、贡生赏钱三十五串文,拔优贡赏钱七十千文;乡试(赴省考试)帮盘费七千文,能中者,赏钱二百一十串文;出仕者领凭时,供给钱七百串文,惟任教职候分发,文到借钱三百五十千文,均三年还本无利。"如此倡导、鼓励下,清代中后期至民国年间,黄姓子弟入仕者和受朝廷、州、府、县旌表犒赏者较他姓子弟为多。民国时期,教育经费由地方自筹,因商品经济不发达,教育经费十分拮据,校舍多利用庙宇、祠堂、会馆。据资料记载(民国二十八年):"白河县学校,有高小共 5 处,每校教职员 2 人,学生平均每校约三四十名,每月经费每校不过八九十元,仅是开支教职员及校役之薪工并各项公费,若校布置仪器、设备,则根本无从谈起。"民国十年(1921),省参事金少安(白河人)曾倡建白河初级中学,因无经费罢议。白河中学建校 6 年,为添图书,不得不发行"彩票"5000 张,进行筹措。全县唯一的中学尚且如此,可见一斑。(摘自 1995 年《白河县志》)

四、石泉县书院及县学

明洪武四年(1371),石泉县在县治东侧,建县学(小学)1 所。明末,遭战火破坏。清康熙十八年(1679),知县潘瑞奇捐资重修。清雍正五年(1727),知县梁荻增修。县学有学田熟地 17.4 亩,租银 3.48 两。清乾隆四十七年(1782),知县杨河柱倡捐修缮,未竣工。乾隆四十九年(1784),知县齐球接修。落成后,名为石城书院,又名银屏书院。清光绪三十一年(1905),改为石泉县高等小学堂。

清康熙年间,石泉有社学(明清制各州县设于大乡巨镇的学校)一处。康熙五十二年(1713),诏令州、县兴办义学。清乾隆二十四年(1759),乡贤刘多霞、韩炳等兴办前池河兴仁义学。校址原设前池火神庙,后移祖师殿(今前池中学址),由兴仁义筹出 50 缗为教师薪资基金。贡生张振先、庠生李煜等,倡捐兴办前池河文昌宫义学（池河镇小学后院）。清道光十七年（1837），李世江集资主会，由周之翰经手兴办前双嶂文昌宫义学。道光二十八年（1848），江耀先、方致诚和陈继贤捐资兴办凤阳台集义义学。清光绪十一年（1885），邓启仁兴办后柳牛石川义学。光绪十九年（1893），知县陶先章兴办城关文昌宫义学。每年以30缗所得利息，作塾师薪资。光绪二十七年（1901）前后，贡生李天民、四川人王开堂及川人同乡集资铜钱200串，兴办四川馆义学。光绪三十三年（1907），全县义学改为初级小学。

明初和清代，办学多为私塾，塾师多是落第的读书人。私塾有3种形式：①塾师设馆，接受附近学童就读。按学童年龄大小、学历高低、家境贫富，议定全年学资。学门旺者多达二三十人，少则五六人。②大族富户延聘塾师，家内设馆，称为家馆或东馆。③数家合伙延聘塾师，多借寺庙、殿宇为馆舍。教师俸薪各家分摊。

光绪三十一年（1905），废科举、兴学堂，改儒学署为学务局，训导为视学。同年秋，改学务局为劝学所，视学为所长，劝学所下设劝学员。

民国二年（1913），改劝学所为教育公所，所长改称主任。民国六年（1917），改教育公所为劝学所，改主任为视学，下设劝学员。民国七年（1918），改视学为所长。民国十四年（1925），改劝学所为教育局。民国二十二年（1933），改为县政府教育科。民国三十二年（1943），第三科（教育）、第四科（建设）合并为教建科。各乡、镇设文化主任一人，管乡、镇文化教育，直至新中国成立前夕。（摘自1990年《石泉县志》）

五、汉阴县书院及县学

汉阴自明代起，城乡相继建立县学、书院、社学、义学和私塾。"戊戌变法"后，改书院、义学为学堂。民国初，再改学堂为学校。民国二年（1913），始有女子初级小学。民国十六年（1927），有产者因种种原因，多愿捐产办学，出现民生凋敝而教育发展较快的现象。之后，军匪混战，学校殆于停办，莘莘学子，大都失学。民国二十四年（1935），汉阴县立初级中学成立，县内始有中等教育。校舍破烂，设备简陋。

明清时期，汉阴县的学校有私塾、书院、县学、社学、义学5种。

（一）私塾

有两种类型：一是富绅大户延聘家庭塾师或由就学者集资聘请塾师的散馆，二是塾师自设的专馆。

私塾没有学制规定，入学生童年龄参差、程度不一而混合一堂。塾师个别教授，因材施教。教学过程大体为点书（教读）、温书（背诵）、开讲（讲文）和习文（写作）。元代规定对15岁以下幼童授以《孝经》、《小学》、《大学》、《论语》、《孟子》。明、清增学御制大诰、本朝律令及冠、婚、丧、祭等礼节，内容安排大体分为3段，即：启蒙段学《三字经》、《百家姓》、《千字文》；中段学《论语》、《孟子》、《大学》、《中庸》；末段学《诗经》、《尚书》、《易经》、《礼记》、《春秋》，兼学算学、策论、律赋、骑射等知识。

（二）书院

书院为生童读书、准备科举的场所。汉阴县最早的仰山书院是明嘉靖十九年（1540）由知县杨惟藩将城内关帝庙改建而成。由于缺乏固定经费，嘉靖二十一年（1542）停办。育英书院是清嘉庆八年（1803）由通判杜蕙与生员许逢熙等人创建，清光绪二十九年（1903）改名育英学堂。

书院设山长一人，主持讲学及院务；首士一人，办理生活事务；学长一人，负责学习事宜。入学者一是生员为应乡试，每月进行两次"文生月课"；二是童生为进府应考生员，常年在院学习。

（三）县学

又称儒学，是教谕、训导管教全县生员政教合一的机构。县学平日无生就读，仅有月课、季考。汉阴县学系训导郑守方于明洪武五年（1372）创建，民国后圮废。

（四）社学

元制50家为一社，每社设学校一所，故称"社学"，农闲时令子弟入学。明、清相沿，每乡（里、铺）均置社学一所，亦称乡学，教育15岁以下幼童。汉阴县城内社学是知县张大纶于明成化十六年（1480）创建。同时6里各有社学一所。其后随里、铺的调整变化，乡学时有增减。

（五）义学

义学是由官绅私人捐资，照顾贫寒子弟的免费学校。汉阴在清代有两所义学：义正义学，嘉庆二十二年（1817）由通判钱鹤年倡议并捐资创建；蒙养义学，光绪年间建立。

社学、义学的教学内容、方法与私塾同。

明清时代，汉阴县教育行政机关为学署。明洪武五年（1372）创建。

清光绪三十二年（1906），废科举制，改学署为劝学所。

民国元年（1912），仍袭旧制。民国二年（1913），改为县府第三科。民国三年（1914），改名学务局。民国五年（1916），复名劝学所。民国十四年（1925），改为教育局。民国二十二年（1933），裁局并科，教育局撤销，县府仅设教育助理员一人，协助县长办理教育事宜。民国二十四年（1935），成立教育股。民国二十六年（1937），改为教育科。民国二十九年（1940），改称第三科。

明清时代，教育行政经费从地方田赋、税课中支出，并有规定数额。明万历

《汉阴县志》记载：万历四十六年（1618），夏秋税粮中存留汉阴儒学仓粮食共折银255.91两（每石折价银8钱），由本学师生吏俸月粮支用。存留县学的夏秋粮占全年田赋征粮额的33.64%。同年，税课中共支出儒学银256两。

儒学（县学）中有学田。明万历十八年（1590），汉中府巡道郭元桂发银置田20.9亩、地4.8亩。万历二十五年（1597），提学道沈季文发银百两，置田30.5亩。万历三十一年（1603），提学道臧尔劝发银百两，置田55.1亩。万历四十一年（1613），汉中府巡道余自强发银40两，置田17亩。合共水田123.5亩、地4.8亩，每年收租谷169石。设置学田的作用，明万历《汉阴县志》载："夫学田之设，非徒周贫乏，盖欲教养贤才为国家异日之用耳。诚于寒士中学行俱优者大赉之，而次递及之。是激劝寓于赈济，以恒产培其恒心。此上人作养之德意，而学田之所关系者大矣！"

儒学还有卷价田，计种1.1石，每年租额33.1石，清咸丰七年（1857），监生陈联升捐。印红田，计种7.5石，每年租额146.6石，清道光十年（1830），龙天辉、邓光泮合捐。状元田，活租32石，宾兴会银750两，清光绪二十七年（1901），通判姜渭劝捐。

育英书院经费有以下几个来源。①清嘉庆二年（1797），用存贮公项积累置田，计种1.35石（租额40.5石）。其后，邱通理、邱通德、胡华美、吴维新、吴士成、张誉周、王坦、马现道、毛大禄、尹体仁、方文彬等共捐水田计种3.96石、旱地一段。②黉学巷屋基地5段，东关庄房两院、园圃一处，租银200两以上。③海壕沿园圃7段、北坡旱地两段，计种2.65石。④兴安府常年拨银165两，当商生息。⑤清光绪三年（1877），藩库拨银500两，置田计种1.1石（租额33.6石）。⑥清光绪二十七年（1901），储万贞等捐银1155两。

义学田。清嘉庆二十一年（1816），张彩、邱玉树、邱玉池、陈九龄、刘元超、陈九鹤、于庆、张廷典、邱玉书、舒达政等捐购山地7段，年收租苞谷30.7石。

私塾老师束脩由聘请人付给。塾师自行设馆的，由入学学生交纳学费。

清光绪二十九年（1903），开办学堂，儒学田、印红田、卷价田、状元田、书院田、义学田所收租课统一使用。高等小学堂一所，岁支银2684两。两等小学堂两所，岁支银240两。初等小学堂10所，岁支银500两。师范传习所一所，岁支银105两，钱75串。

民国一至二十九年（1912—1940），教育经费独立核算。由教育基金保管委员会保管，教育局（科）掌握使用。经费有以下两个来源：①田赋附加四分之一、契税附加一分、畜屠税四成、畜屠斗捐附加。②原有学田、提取庙产、人民捐助，共计教育地产：谷课2733.4石，苞谷课61.45石，棉花课8.2石，麦课8石，棉花12斤。（摘自1989年《汉阴县志》）

清嘉庆八年（1803），通判杜蕙捐廉 400 金，同贡生徐逢熙、王蓬周，生员刘永超、陈刚，监生王垣、许尚、于庆等创修育英书院。

清同治八年（1869），通判吴钦曾与绅士多人捐资将旧察院改建为考院。

清同治十二年（1873），通判傅汝修，主持在城东南隅动工修建文峰塔。次年落成。

民国二年（1913），安康地区第一所女子小学——汉阴县女子学堂创立。

六、洵阳县书院及县学

书院为饱学儒生藏书、校书及读书治学之所。明清之际发展为讲书或讲学机构。其教学目的与内容都与科举有直接关系，是科举考试的准备场所。"求学者，私塾启蒙而书院成其学。"清乾隆十六年（1751），洵阳知县刘琪在县城北门内倡建敷文书院（"敷文"即振兴文化之意）。乾隆十九年（1754），知县罗鳌建房 16 间。清光绪二十七年（1901），知县刘德全捐资置地，购书延师，选拔人才，弘奖风流，由贡生郭焱昌、姜善继主持书院，任山长。

蜀河镇旧时曾设书院一处，名曰城内书院（一曰"全城书院"）。书院匾额新中国成立后尚存，"文化大革命"期间被毁。

洵阳由于长期以来经济、文化均不发达，书院不大昌盛。清末兴学堂后，书院随之消亡。

洵阳私塾教育清末渐盛，民国初年继续发展，民国十三年（1924 年），洵阳县知事明令取缔私塾，改为初级小学，但是禁而不止。据调查，赵湾区在民国十二年（1923）有私塾 13 所，到民国二十四年（1935）发展到 20 所；赤岩区民国十三年（1924）有私塾 7 所，民国三十年（1941）发展到 18 所。"民国三十四年洵阳县本籍男女教育程度表"统计表明：全县受私塾教育的人数为 15474 人，占有文化人口的 60%。洵阳县的私塾按性质可分为 3 类。

（一）教馆

有钱人或豪门绅士请塾师在家设馆，教授家族子弟，称为"教馆"。如蜀河项中武家曾先后聘请过陈立际、刘凤藻、许鹤泉、许化达等名师在家教书十数年。

（二）家塾

教师私人在家设馆教授生徒，称为"家塾"，如东区的廖鸿功家塾和北区郭明嵩家塾。其中尤以郭氏家塾最负盛名，其家连续 6 代设馆授徒，洵北各地不少学生舍近求远，专程到其家就读。

（三）村塾

由村或庄院乡人协议集资开设的私塾。公推当地头面人物作学东，牵头请师，择定馆址。塾师的束脩（薪俸）按入学人数摊派。这类私塾为数较多。时办时停，无固定塾师，也无固定馆址。据赵湾区调查，民国期间境内断续创办私塾达49处之多。

另外还有一种类似私塾的义学，由地方会馆、宗祠出资，推举"学东"负责办学事宜，统管学稞基金，聘请先生教授本族、同乡子弟，亦收贫寒子弟，一律免费入学。洵阳义学影响较大的有3处：其一在双河铺，清道光八年（1828）建；其二在赵家湾街后，道光十九年（1839）建；其三在赤岩红土寺，清咸丰年间（1851—1861）建。

按程度，私塾有"蒙馆"和"经馆"之分。洵阳县私塾大多属于蒙馆。少数属混合类型。私塾所收学生，年龄并无限制，五六岁至二十多岁都有，以五六岁至十五六岁为多，入塾人数多寡不定。私塾开设课程甚为单一。教材一般为"三百千"（《三字经》、《百家姓》、《千字文》）及《杂字》等韵文。年龄稍大，教材也随之加深，如有的就讲授"四书"和经史百家之书。私塾教学以识字、背书为主。学童入学稍久，除读书背诵外，教以习字。先生以扶手润字，教以横、直、勾、点及转折、轻重方法，再令自书。自书时先描红，次写影本，进而临帖，故习字为学塾中主要课程之一。学童读至相当时期，能粗解字意后，便教他们"习对"。先教字的平、仄、虚、实，后讲对仗、押韵。如《声律启蒙》所载的"云对雨，雪对风，晚照对晴空，来鸿对去雁，宿鸟对鸣虫"之类，以为作诗的准备。学塾中规矩极严，除以学生拜师，每日到校、离校要行礼外，并定有严格的罚规，如罚立、罚跪、打手心、笞臀等。

塾师薪俸无具体规定，多由学东根据学生人数议定，一般情况是：民国初年，蒙生每人每月拿8串钱（5个大铜板为1串），读"四书"以上的每人每月拿10串钱。民国二十四年（1935）后，以粮食计算，每人一年拿5斗粮食，另拿食盐、食油、旱烟各一斤。塾师生活由学生按月供给，此外端阳节、中秋节等年节例送节礼。仅此薄资，只能糊口，塾师生活贫困，景况凄惶。有先生作《教书十二月苦——先生自叹》长诗，倾诉了内心的悲愤与不平。

民国三十年（1941）后，保国民学校、中心小学相继建立。有的私塾被撤销，有的改成短期小学，后又统一为国民学校，用统一教材代替"四书"、"五经"。但是，部分私塾依然存在。国民学校教员多为老塾师。有的仍用《三字经》一类教材。

清光绪二十七年（1901），清政府命令全国书院改为学堂。光绪二十九年（1903），又颁布"癸卯学制"，将初等教育分为蒙学堂、初等小学堂、高等小学堂。因有别于私学，人称"官小学堂"或"公学"。是年，洵阳县奉令，将"敷文书院"改为"初等小学堂"，学制5年；其课程为修身、读经讲经、中国文学、算术、历史、地理、格致、体操、图画、手工等。同时，将龚家梁考棚

(今旬阳县法院、检察院所在地)改为"高等小学堂",学制 4 年,为洵阳县最高学府。学科为修身、读经讲经、中国文学、算术、中国历史、地理、格致、图画、体操等。此外,还加授手工等随意科。初小每周上课 30 小时,高小 36 小时,读讲经一课每周均为 12 小时。此外,每日还有半小时温经钟点。教学方法以讲解为最要,并注意循循善诱之法,纠正了从前专重死记硬背的教学方法。学童虽规定不用体罚,但体罚实未禁止。学堂改以往学校的个别授课制为班级授课制,按钟点打铃,集体上堂下学。

清光绪三十一年(1905),县署倡立 4 区各铺初等学堂,所遇阻力很大,原因是师资缺乏、没有学款、学生家长不习惯让学生上新学等。县署"劝学公所"在各区派劝学员一人,进行调查、筹款、兴学,开通民智。次年,县令吴彦章令蜀河镇将蒙馆(现蜀河区公所处)改为初等小学堂。廖鸿功多方设法,劝动镇上绅士及友人筹措资金,因地制宜,扩建学堂,购置桌凳,教师由他一人增加到 3 人。

据民国初年《洵阳县乡土志》记载,全县学堂分布如下:

城内高等小学堂一所、初等小学堂一所,小棕溪铺学堂一所,蜀河铺学堂一所,蓝滩铺学堂一所,双河铺学堂一所,西岔河铺学堂一所,竹筒河铺学堂一所,神河口铺学堂一所,大金河铺学堂三所,红寺土铺学堂二所,七里关铺学堂一所,间河铺学堂一所,甘溪铺学堂一所,麻坪河铺学堂一所,大岭铺学堂一所,赵家湾铺学堂一所。(摘自 1996 年《旬阳县志》)

七、岚皋县书院及县学

岚皋地处川、陕边界巴山北坡,居住分散,经济窘迫,教育落后。清道光十年(1830),城内北街始创岚河书院(即烛峰书院),后称高等小学堂。清末,全县有高等小学堂一所,初等小学堂 20 余所。科举时期,全县考中庶吉士一名、进士 2 名、举人 8 名、贡生 12 名。

民国初期,学堂改称学校,相继创办乙种农业学校、女子国民学校和半日制学校。民末,全县初级中学一所、中心国民学校(高小)13 所、保国民学校(初小)70 所,在校学生 4910 人,不到学龄儿童的三分之一。

清末民初,全县教育经费来源于学稞和教育基金,其次为地方自筹和官绅富户募捐。民国十一年(1922),有教育基金千余串,学稞 9.6 石。民国二十一年(1932),学稞增至 296 石余,24 所小学学稞 45 石,各保学稞 68 石余。民国二十五年(1936),教育经费收入 7259.4 元,支出 10300 元。民国二十六年(1937),省财、教两厅批准岚皋县教育经费预算 16836 元,其中行政费 360 元、教育费 10712 元、奖学金 5764 元。民国晚期,货币接连贬值,教育经费折包谷随赋征收。民国三十七年(1948),文教卫生支出仅占财政支出总额的 3.5%。

中华人民共和国成立前，岚皋县小学多设于祠堂、寺庙或民房。清光绪三十一年（1905），全县初等小学堂21所，其中设于寺庙14所，借用民房两所。民国三十八年，13所中心国民学校（高小）中，明珠坝、小镇、铁炉坝、佐龙沟、铁佛寺、化鲤墟小学设于寺庙；61所保国民学校（初小）多设于庙堂和山寨，课桌凳多为学生自备。

民国十五年（1926），岚皋始创初级中学一所（岚皋中学今址），学制3年，袁仲熙（日本明治大学毕业）首任校长。民国十七年（1928），因社会秩序动乱而停办。民国三十二年（1943），修复校舍，招收新生两班93人，开学复课。民国三十三年（1944），增至4班141人。民国三十六年（1947），设3个班级，学生136人，设公民、国文、英文、算术、博物、化学、物理、历史、地理、代数、几何、三角、体育、军训、音乐、美术课。（摘自1991年《岚皋县志》）

八、镇坪县书院及县学

（一）私塾

清末民初，镇坪县私塾形式有两种，一是先生设馆招生，二是东家聘师教读，以后者居多。乡邻或亲朋子女欲入学就读者，与东家协商缴学费入学。学生年龄悬殊，小的七八岁，大的二十岁左右。启蒙学生先学《三字经》、《百家姓》、《七言杂字》等，再学"四书"、"五经"、《幼学琼林》等。学写毛笔字为每日必修课，也有教学珠算者。先生授课依学生接受能力分别点教，强的多点，差的少点。一般只教句读、识字，不讲解，当日背诵，不能熟背的多予体罚。民国二十年（1931）后，匪患频仍，私塾普遍停办。民国三十年（1941），在边远农村恢复少量私塾，复兴乡竹叶关、双河乡蚂蟥坝两所私塾，延至1953年。

（二）书院学堂

清光绪三年（1877），三山书院落成，位于城西塘塆城隍庙文昌宫魁星楼。先后聘山长蔡玉衡、柳杨辉、田宝蓉等教授生童。光绪三十三年（1907），将三山书院改建为高等小学堂，次年正月开学。光绪三十四年（1908）在县城设立崇德女子小学堂一处，各乡设初等小学堂13处。

高等小学堂是镇坪县唯一最高学府。学生在私塾学业优异、考试合格方得入学。由于费用较大，学员多为富家子弟，在高等小学堂毕业后去兴安等地深造。高等小学堂先后聘洪维藩、赖子麟等任堂长至民国初。

（三）教育经费

清光绪三年（1877），有学产银稞钱148串800文、玉米稞128.2石。光绪二十五年（1899），实行连农捐、屠户捐作学款辅助。清宣统二年（1910），县丞安澄抽庙租、会馆租，令各保筹建初等小学校。

民国初,学校经费来源由学产和地方附加税解决。民国二十九年(1940),公学产交由县财务委员会管理,教育经费列入县地方财政预算内统筹统支,中心国民学校办公费每月8元。(摘自2000年《镇坪县志》)

九、宁陕县书院及县学

新中国成立前,宁陕县教育发展极其缓慢。清乾隆五十三年(1788),通判陈明义捐俸创办太乙书院。清道光三年(1823),署同知吴承烈劝捐开设义学3所。民国初年,义学改设书院,民国五年(1916),改书院为学堂。民国二十五年(1936),开设女子初小。民国二十八年(1939),男女初小合并,设立完全小学。民国三十年(1941),按乡保设学,始有中心国民学校。民国三十六年(1947),在老城创办初级中学,民国三十八年停办。至1949年,全县共有小学51所,在校学生1300人。师资缺乏,教学设备差。

(一)儒学

清乾隆五十三年(1788),在老城建太乙书院,以太乙山命名,有房屋13间。清嘉庆二年(1797),又建正厅五楹、前厅五楹、厢房6间、讲亭一座、牌楼一座。

书院设山长一人主管校务,主讲1~2人。学生以"四书"、"五经"为课本,写作则以"制艺"为主。

嘉庆十八年(1813),同知胡晋康建儒学,学额为岁考取进文、武童生各6名,科考取进文童6名,设廪膳、增广生各2名。额贡,十年一贡。

儒学学租两处:一在汶水河黄莺窝,一在老城以北干沟。

(二)义学

清道光三年(1823),署同知吴承烈捐置义学3所,一在老城内,一在老城北关,一在江口街。

(三)私塾

民国初期,乡镇多办有私塾,主要是殷实之家,自官宦而至平民,往往自发地延请名师,在家设馆,供子女求知读书。所读书籍甚杂,诸如《百家姓》、《三字经》、《四言杂字》、《七言杂字》、"四书"、《诗经》、《左传》、《古文观止》等。每日早读,上午写字作文,下午背诵温书。

(四)学堂

民国五年(1916),将原太乙书院修葺,改为高等小学堂,改山长为校长。当年招收学生20余名,学制3年。开设国文、算术、修身、英语等课程。民国十五年(1926)后,学制改为两年,开设国文、算术、公民、体育、英语等课。民国十八年(1929),设立高等小学堂预科一班,招收全县私塾生,作为高小学前班。是年，还以杂税四成办师范传习所，附设于高等小学堂内。后因资金不敷，预科和师范传习所只办了一期。

民国十五年（1926），江口书院改设为学堂，称为宁陕第二高等小学堂。

民国二十三年（1934），第一高等小学堂改名为北街小学，民国二十四年（1935），县府迁关口，北街小学和宁陕第二高等小学堂停办。

（五）初级小学

民国二十四年（1935），县府迁至关口，次年分别成立关口男子、关口女子、关口黄州会馆、江口、四亩地、四亩地黄州会馆、汤坪、贾营、汶水河黄荆沟、太山庙10所初级小学。

（六）高级小学

民国二十七年（1938）秋，恢复高小，校址迁设关口。招收四乡初小毕业生50余名入学，取北街小学原名，次年改为县立关口镇小学。民国二十八年（1939），又招收五年级一个班，并将男子初小并入关口镇小学，改为二部，关口镇小学遂成为六级五班小学。

宁陕第二高等小学堂亦于民国二十七年（1938）秋季恢复，民国二十八年（1939）也成为五级三班小学。

（七）中心小学

1. 保国民学校

民国三十年（1941），全县40个保设立国民学校31所：关口镇立小学、关口镇立女子初小、城寨镇立小学、关口联保保立小学、汤贾联保保立小学、县立北街小学及太山庙、四亩地、江口镇立短期小学，梁家庄、两河街、河心堡、汤坪街、狮子坝、观音山、贾营、龙王沟、胭脂坝、柴家关、海棠园、南昌沟、太白庙、五龙河、洵阳坝、沙坪、龙王庙、红草河、黄金美、沙沟、高关峪、梅子坡国民学校。

2. 乡中心国民学校

民国三十年（1941），将各乡所在地的小学改为中心国民学校：全县共有城关、洵江、高沣、汤贾、柴四、太龙、汶壹、西两8个中心国民学校。

民国三十七年（1948），全县有中心国民学校9所，保国民学校29所。（摘自1990年《宁陕县志》）

十、紫阳县书院及县学

紫阳置县之初，因人口稀少，社会动乱，教育事业难以开展。明嘉靖、隆庆、万历年间，全县社会比较安定，教育事业才有了一定规模和成就。办学形式以私塾为主，公学仅县城有小学一所，入学人数不详。这一时期，经过科举制度的选拔，涌现出了一批优秀人才，计有进士 3 名、举人 8 名、贡生 54 名。明末清初，紫阳县战乱经年，私塾大多停办，县城小学校舍累被劫火。至清雍正十二年（1734），每年连 8 名童生、20 名廪增生都"因应试人少取不及额"（民国《紫阳县志·学校志》）。清乾隆中期，紫阳县社会渐趋安定，教育事业始得恢复，至清道光十三年（1833）全县共有书院一所（仙峰书院设在县城）、义学 7 所（县城两所，洞汝河口、瓦房店、蒿坪河、毛坝关、麻柳坝各一所）。清光绪三十二年（1906），停制科兴学堂，将书院改建为高等小学堂、义学改建为初等小学堂。清末，全县共有高等小学堂一所、初等小学堂五十余所。制停科后，考取官费留日生 8 人，考取省内外高校生 25 人。

民国初，学堂改称学校，并创办了女子学校和职业学校等新式学校。民国三十年（1941），紫阳县初级中学创立。至 1949 年 11 月末，全县共有初级中学一所，中心国民小学 12 所，保国民小学 120 余所，教职员工 284 人（其中初中 32 人）。由于受教育面窄，适龄儿童入学率不到 15%，文盲占全县人口的 80% 以上。

紫阳县自清末兴办小学教育以来，至民国年间，由于兵燹连年，社会动乱，教育事业发展缓慢。民国十三年（1924）前后，全县虽有初级小学 10 所，但"办理合法者不过十分之一，而放弃自懈者，实占十分之九"（民国十三年知事杨家驹在紫阳县第一次教育行政会议上的讲话）。到 1949 年末，全县小学在校学生不过 2000 多名。新中国成立后，小学教育发展较快，1985 年在校学生比新中国成立前夕增加 20 多倍。

清光绪三十二年（1906），实行教育改革，停制科兴学堂，提倡"中学为体，西学为用"，紫阳县将书院、义学悉改为学堂。县城有高等小学堂一所、初等小学堂 2 所，其他东、西、南、北四乡 24 地皆设初等小学堂，共五十余所。课程有修身、读经、国文、算术、历史、地理、格物、图画、体操等。

民国初，改学堂为学校。民国十二年（1923），知事杨家驹创建城关初级女子学校。至民国十四年（1925）全县共有高等小学校一所、初级国民小学校 51 所（城关 6 所、东区 18 所、西区 8 所、南区 11 所、北区 8 所）、初级女子学校 10 所（城关一所、东区一所、西区 3 所、南区 3 所、北区 2 所）。民国二十七年（1938），各地女校停办。后改县立高等小学校为城关中心小学校，并建保国民小学（初级小学）。至 1949 年底，全县共有中心小学 12 所，保国民小学 120 所。课程有国语、算术、历史、地理、美术、音乐、体操、劳作等。

明清时期，紫阳县教育经费主要来源于募捐、学田租银、放债息银。开支主要用于修建官学校舍、官学教师薪俸、考生棚费等方面。经费由县府统管。据道光《紫阳县志·建置志》记载，清道光二十年（1840）全县共有学田 19.6 亩，收租银 3.1 两。

民国元年（1912）至民国二十五年（1936），教育经费来源与明清时期相同。民国《紫阳县志·学校志》记载，民国十四年（1925），全县共有学田52处（亩数不详），每年收租课包谷85.3石、稻谷26.5石、小麦3斗、钱293串；每年放款生息钱872串、银101两；每年另行由县府筹集包谷52.5石、小麦2斗，钱2988串。民国二十五年（1936），全县学产租课2353元（银圆，后同）、学产孳息300元、附加收入1314元，合共3967元。民国三十年（1941）前后，县财政建立，教育经费纳入预算管理。民国三十三年（1944）为57.98元（法币，后同），占县财政支出的15.7%；民国三十五年（1946）为397万元，占6.1%；民国三十六年（1947）为1077.3万元，占1.6%；民国三十七年（1948）为5937.9万元，占2.5%。

（一）行政管理机构

明设教谕署。清康熙三年（1664）改设训导署。民国二年（1913）设劝学所，民国十三年（1924）改为教育局，民国二十二年（1933）改为教育科。

（二）教育辅导机构

明、清、民国时期，全县教育辅导机构无考。

（三）招生机构

明、清、民国时期，全县招生机构无考。（摘自1988年《紫阳县志》）

第二节　反对溺毙女婴的《育婴会碑》

古代安康地区的一些有识之士，对民间重男轻女、随便溺毙女婴的习俗深恶痛绝。他们从民族的兴旺发展考虑，自发制定了乡规民约。安康市紫阳县瓦房店小学院内有一通《育婴会碑》，该碑是清代同治八年（1869）立石，记载了由紫阳县监生熊中立倡议并得到县令的支持，成立育婴会的过程。针对当时乡间重男轻女、溺杀女婴的恶俗，这些有识之士大声疾呼"共襄义举，勿戕生命"，"倘有溺毙女婴，准即公同禀究，治以故杀子女罪"。

《育婴会碑》方首，额题"育婴会碑"四个大字，碑为青石质，高1.6米，宽0.85米。碑文楷书阴刻，竖写右起左行，排列分上中下3截，以横行空格隔开。碑文如下：

署紫阳县正堂加五级纪录十次孔（广晋），为晓谕事。据监生熊中立等禀称"溺女贻患既习成风，引领求援谁怜请命。现值灾害流行，宇宙干戈，扰乱寰区，欲求苟全其生，必先勿戕其命。爰集同人劝捐立会，暂奉育婴，终归同善。虽集腋尚未成裘，幸探囊已经捐费，设局伊始，条规胪陈，禀请示谕"前来。

除禀批示外，合行出示晓谕。为此，仰合邑绅粮军民人等知悉：该监生等倡议育婴，实为莫大阴功。凡尔绅民，务期慷慨乐输，共襄义举，毋得阻挠干咎。该董首等亦不得始勤终惰，积公延私，致干并究，凛慎毋违。特示。

计开育婴条规于后：

入办会内公事者，均宜向天焚誓，具致公凛慎之结。后之相继为首者亦然，否则俱不得滥入与事。

在会各乡不准谋害子女，倘有溺毙，准即公同禀究，治以故杀子女之罪。

生女之家均宜自行抚养，委系赤贫，即时报知户首，查实填写结状，随付婴父，面交乡首查实，加名保结之上，带交总首焚递，照规领费。倘有诈冒贫人，假充自产，及指男为女，入局滥领，一经察觉，准其加倍追还。该首舞弊徇情，与滥领者同罪。

赤贫每育一女婴，先期户首、乡首同至婴家查验，女婴无恙，方准再行入局领费，否则不得再领。间有家贫情甘苦养，不愿领费者，听其自便。女婴长成后，及笄而嫁，毋得衍期……

第三节　各县创办女子学校

从教育入手，安康地区各县与重男轻女恶俗做斗争。

一、安康县

安康县第一女子小学堂于宣统元年（1909），由知县事钱松年借新城昭忠祠设立。安康县第二女子小学堂于宣统二年（1910），由知县事林扬光在套子巷创立。

二、石泉县

清宣统元年（1909），吴念章［浙江省乌程人，监生，清光绪三十三年（1907）上任］任知县时，倡设初级女子小学。聘朱满瑞（又名朱自凤）为教员，校址先设在朱满瑞家宅院，后迁至泗王庙殿堂西侧厢房。当时有戴莲芝、杨丽卿、陈世英、邹芙蓉等十余名学生，讲授《三字经》、《百家姓》、《孝经》等课程。这是石泉县创建女子小学之始。民国十三年（1924），戴莲芝在长胜巷戴家宅院，又办起女子初级小学校。开办时有十多名学生，后发展到三十多名。随即学校由戴宅迁到西门程太和（商号）的宅院。开设的课程主要是中华书局出版的国文和算术，教习字和作文，校名为石泉县立初级女子小学，学生逐年有所增加。民国十六年（1927），陈雨皋任教育局长时，对该校办学的经费给予了大力支持，油印课本，解决了学生缺少课本的困难。民国二十二年（1933），女校迁入江南馆新址（今副食品公司加工厂）。城乡凡有条件上学的女子，甚至已婚女子，都纷纷前来报考，学生经考试录取编班，高级两个班，初级4个班。民国二十五年（1936），更名为"石泉县江南馆女子小学"。从民国二十年（1931）朱自芳任校长起，经过陈道生、张子宣、许劭先、张丹如、黄劲松、刘治平、蒙子瑜、朱文圃，到民国三十八年刘心竹止，历任校长10人次；从民国二十三年（1934）起，到民国三十六年（1947）7月止，毕业学生15届。

三、岚皋县

民国二十四年（1935），在下北街设女子高小。民国三十六年（1947），全县有中心国民学校13所、保国民学校70所，在校学生4911人，其中六年级13班176人，五年级13班235人，四年级以下193班4500人，女生占学生总数的25%。

四、宁陕县

民国二十四年（1935），县府迁至关口，次年分别成立关口男子、关口女子初小，开设国文、算术、公民、体育、英语等课。

五、镇坪县

光绪三十四年（1908），在县城设立崇德女子小学堂一处，启蒙学生先学《三字经》、《百家姓》、《七言杂字》等，再学"四书"、"五经"、《幼学琼林》等。学写毛笔字为每日必修课，也有教学珠算者。先生授课依学生接受能力分别点教，强的多点，差的少点。一般只教句读、识字，不讲解，当日背诵，不能熟背的多予体罚。民国二十八年（1939），督察专员杭毅捐薪2000元，由地方人士积极筹措倡办"竞公女子学校"，开设国文、算术等课程。

六、紫阳县

民国初，学堂改称学校，并创办了女子学校和职业学校等新式学校。课程有国语、算术、珠算、图画、体育、歌咏等。

第六编　安康民间教育的发展

明清时期兴安府在此任职的知府、知县或通判大多是进士、举人等社会精英和饱学之士。这些人不但把经济、文化发达地区的行政管理经验带进兴安，而且更重要的是他们重视教育，带来了各地好的教育经验，他们重修文庙，尊崇孔子，设学田、书院田、印红田、状元田，办义学，扶助贫困学子。

第一节　教育经费的来源

明清时期教育经费源于学田租金、官款拨充、官绅捐款、学生交纳，民国时期教育经费多为地方自筹，新中国成立后的教育经费则主要来自国家拨发和群众集资。

一、安康县

安康县的教育经费多为自筹。明末自知州郑琦创办县学，始置学田521亩6分7厘，年纳租银52两8钱1分5厘7毫9丝。守道李天麟捐俸银50两，置傅家河六垱沟地45亩，年纳租银5两4钱1分7厘8毫9丝，为诸生课业纸笔供馔费用。

据《安康县志》载，清康熙三十二年（1693），兴安州学13处，学田411.67亩，年收租银52两7钱零5厘7毫9丝。清道光二十年（1840）春，陕安道蔡琼巡察至兴安府，将前知州吴大鳌和学官分吞的学田，换佃查明学田租谷52石，房租17200文。清光绪二十四年（1898），知县朱承恩捐俸银200两、张太守捐俸银50两修讲堂。光绪三十三年（1907），县立高等学堂相继成立，经费来自学田租银、祠会庙产和被没收的白莲教教民家产田地。次年，兴安知府金文同将旧日城堤下隐瞒款项交由八帮首事张云汉等拟章程十条，成立"城堤学务经费局"，所收钱文分作十成，作为各项教育经费使用。

民国二年（1913），以学田收入充小学经费，时学田已多为乡绅把持。民国八年（1919），兴安9县联立中学经费，除继承兴安府中学堂原有不动产百余石外，陕西督军陈树藩捐购稞租100石，百姓王珠捐30石，学田收入约300石，不敷数由9县分摊。民国二十一年（1932），安康县兴办初等教育，自筹经费

22748元。民国二十四年（1935），创办慈幼小学，以地亩庙产稞租60余石作办学之经费。民国三十六年（1947），各乡校产稞租如下：新建乡旱地和水田112.2亩，宅地4亩及水旱稞27.5石，沈桑乡63石，石郎乡51.3石，神滩乡50余石，双桥乡30老石，松树乡29.7石，三渡乡30石，田坝乡17石，团后乡30余石。校产入不敷出者和无校产者，或由乡保摊筹，或由学生供给教师薪粮。各校基本建设经费，除以校理事会管理的稞租开支外，不敷由县统筹劝募、分摊。如陈贺乡中心国民学校（今叶坪小学）建土木结构楼房3座42间，以两年稞租124石支用外，不足部分由各保摊筹。民国三十二年（1943）七月，县立中学建学生宿舍，县政府召开募捐委员会议并令各乡镇捐募共3万元。民国三十二年（1943），教会办信义小学，经费皆来自教会，从挪威劝募捐款。

新中国成立初期，人民政府清理和接收校产、祠会、庙产、学田的收入，仍为当时学校经费来源。

除此之外，还设有印红田，其收入供贫困学子作为考试的笔墨纸卷费用；状元田，其收入用来奖励考中秀才、举人、进士的优秀学子。

二、白河县

明清时期白河县儒学、书院费用，由县帑拨支或由官地稞租供给。

清代中期后，县内各乡义学，由地方乡绅富户公捐小蓄，置学田租与人种，收租供师生用度。清末民初，白河的黄帮、武帮、江西会馆曾公置产业，供本帮子弟求学、应试费用。清代中后期，县内望族的荣宗耀祖意识强烈，自办塾馆经费充裕，且对族中子弟实行奖赏，东坝黄氏家族在宗祠中规定："考县、府案首，赏钱二千一百文，入学赏钱八千四百文，帮赠赏钱二千八百文；廪生（考取县、州儒学享受国家补贴者）赏钱十六千八百文；恩、岁、副、贡生赏钱三十五串文，拔优贡赏钱七十千文；乡试（赴省考试）帮盘费七千文，能中者，赏钱二百一十串文；出仕者领凭时，供给钱七百串文，惟任教职候分发，文到借钱三百五十千文，均三年还本无利。"如此倡导、鼓励下，清代中后期至民国年间，黄姓子弟入仕者和受朝廷、州、府、县旌表犒赏者较他姓子弟为多。

民国时期，教育经费由地方自筹，因商品经济不发达，教育经费十分拮据，校舍多利用庙宇、祠堂、会馆。据资料记载（民国二十八年）："白河县学校，有高小共5处，每校教职员2人，学生平均每校三四十名，每月经费每校不过八九十元，仅是开支教职员及校役之薪工并各项公费，若校布置仪器、设备，则根本无从谈起。"民国十年（1921），省参事金少安（白河人）曾倡建白河初级中学，因无经费罢议。白河中学建校6年，为添图书，不得不发行"彩票"5000张，进行筹措。全县唯一的中学尚且如此，教育经费的拮据状况可见一斑。

三、汉阴县

明、清时代，汉阴县的学校有私塾、书院、县学、社学、义学5种。

私塾有两种类型：一是富绅大户延聘家庭塾师或由就学者集资聘请塾师的散馆，二是塾师自设的专馆。私塾没有学制规定，入学生童年龄参差、程度不一而混合一堂。塾师个别教授，因材施教。教学过程大体为点书（教读）、温书（背诵）、开讲（讲文）和习文（写作）。元代规定对15岁以下幼童授以《孝经》、《小学》、《大学》、《论语》、《孟子》。明、清增学御制大诰、本朝律令及冠、婚、丧、祭等礼节，内容安排大体分为3段，即：启蒙段学《三字经》、《百家姓》、《千字文》；中段学《论语》、《孟子》、《大学》、《中庸》；末段学《诗经》、《尚书》、《易经》、《礼记》、《春秋》，兼学算学、策论、律赋、骑射等知识。书院为生童读书、准备科举的场所。汉阴县最早的仰山书院，是明嘉靖十九年（1540）由知县杨惟藩将城内关帝庙改建而成。由于缺乏固定经费，嘉靖二十一年（1542）停办。育英书院是清嘉庆八年（1803）由通判杜蕙与生员许逢熙等人创建，清光绪二十九年（1903）改名育英学堂。书院设山长一人，主持讲学及院务；首士一人，办理生活事务；学长一人，负责学习事宜。入学者一是生员为应乡试，每月进行两次"文生月课"；二是童生为进府应考生员，常年在院学习。县学，又称儒学，是教谕、训导管教全县生员政教合一的机构。县学平日无生就读，仅有月课、季考。汉阴县学系训导郑守方于明洪武五年（1372）创建。民国后圮废。社学，元制50家为一社，每社设学校一所，故称"社学"，农闲时令子弟入学。明、清相沿，每乡（里、铺）均置社学一所，亦称乡学，教育15岁以下幼童。汉阴县城内社学是知县张大纶于明成化十六年（1480）创建。同时6里各有社学一所。其后随里、铺的调整变化，乡学时有增减。

其经费大多取自于学田、书院田的收入。学田，明万历十八年（1590），巡道郭元桂捐俸置田6处、地一段。万历二十五年（1597），提学沈季文捐银百两，置田3处。万历三十一年（1603），提学道藏尔劝捐银百两，置田5处。万历四十一年（1613），巡道余自强捐银40两，置田一处。以上共计水田15处，合计123.5亩，旱地一段，其坐落各处。向归儒学招佃收租，年纳谷169石，以100石作学师束修及书读口食，余69石，分给廪谷15石、礼生谷4石、贫士谷8石、卷户谷10石、礼房谷16石、兵房谷16石。此外另有卷价田，计种1石1斗，活租32石1斗，监生陈联升捐；印红田，计种7石5斗，额租146石6斗，监生龙天辉及封职邓光泮合捐；有状元田，活租32石，宾兴会银750两，为清光绪二十七年（1901）通判姜渭助捐。书院田，育英书院计有田租计种3石9斗8升5合。城内黉学巷地基5处，东关庄房两院，园圃一处，值银200两以上；又兴安府常年拨银165两，当商生息本钱2030串文；又城外海壕沿园圃7

段,北坡旱地两段,田租计种 2 石 6 斗 5 升;又光绪三年 (1877),藩库拨银 500 两,置田租计种 1 石 1 斗,此次基金生息 135 两。

四、岚皋县

清末民初,岚皋县教育经费来源于学稞和教育基金,其次为地方自筹和官绅富户募捐。

民国十一年(1922),有教育基金千余串,学稞 9.6 石。民国二十一年(1932),学稞增至 296 石余,24 所小学学稞 45 石,各保学稞 68 石余。民国二十五年(1936),教育经费收入 7259.4 元,支出 10300 元。民国二十六年(1937),省财、教两厅批准岚皋县教育经费预算 16836 元,其中行政费 360 元、教育费 10712 元、奖学金 5764 元。民国晚期,货币接连贬值,教育经费折包谷随赋征收。民国三十七年(1948),文教卫生支出仅占财政支出总额的 3.5%。

五、宁陕县

清乾隆五十三年(1788),在老城建太乙书院,以太乙山命名,有房屋 13 间。清嘉庆二年(1797),又建正厅五楹、前厅五楹、厢房 6 间、讲亭一座、牌楼一座。书院设山长一人主管校务,主讲 1~2 人。学生以"四书"、"五经"为课本,写作则以"制艺"为主。嘉庆十八年(1813),同知胡晋康建儒学,学额为岁考取进文、武童生各 6 名,科考取进文童 6 名,设廪膳、增广生各 2 名。额贡,十年一贡。儒学学租两处:一在汶水河黄莺窝,一在老城以北干沟。以上除书院田收入外,还有政府拨款和乡绅捐款等作为经费。

六、平利县

明初,"诏天下郡县养士类"。平利县始设县学的办学经费由国库开支,生员 20 人,每人月支廪米 2 石(补贴生活),学官俸薪亦由国库拨银。清代前期学费亦出于国库,其制为:对县学定额生员有常规拨款;试期拨款,分期预算,将粮银发到主考场所应用。清光绪初年,左宗棠任陕甘总督时,平利空前受益,一次发银 500 两,享受膏火(生活费用)的生童,由 20 名增至 37 名。清嘉庆十年(1805)后,始有地方教产(学稞),此为清廷镇压农民义军"白莲教"时,将县参加"教军"人员家庭抄没,其土地称之为"叛产",全部充公,以作书院山长、讲师及生童膏火之用。清道光十八年(1838),县进士余怀堂出任山西平陆知县,捐钱 500 串给家乡办教育,始立"宾兴公局"。清同治十一年(1872),知县魏锡恩主持,改立"卷局",劝"捐稻谷五百石,银二十两,钱一万零四百一十九串有奇,以钱谷置产,岁收地租三百六十四石九斗七升,房租六十四串,收捐租一十四石,捐山地租钱一百零七串有奇"。当时教育经费充裕。十余年后日趋松弛，入不敷出。光绪初年，卷局提（支）出当租钱1000串，将其利息分给文闱。清光绪十七年（1891），将马天礼绝产63石6斗中的12石拨充老县义学，51石6斗拨充全县宾兴费。光绪十八年（1892），彭士文、彭世华捐助典当三契，计当价2000串，同年知县杨孝宽捐钱7000余串，其用始足。光绪二十三年（1897），将一分典当之地赎买成宾兴永远公业，每年收租包谷73石7斗，房租钱24串，俱作儒学礼宾房送考之费，自此备用有余。其支出，以光绪二十年（1894）正科为始，统计经费作十成摊算，以五成给正科乡试，一成半给正科会试，余为首事薪水之费。

七、石泉县

明洪武四年（1371），在县治东侧，建县学（小学）一所。明末，遭战火破坏。清康熙十八年（1679），知县潘瑞奇捐资重修。清雍正五年（1727），知县梁获增修。县学有学田熟地17.4亩，租银3.48两。清乾隆四十七年（1782），知县杨河柱倡捐修缮，未竣工。乾隆四十九年（1784），知县齐球接修。落成后，名为石城书院，又名银屏书院。清光绪三十一年（1905），改为石泉县高等小学堂。清代，石泉县办学经费来源主要出自热心教育事业的有识之士馈田赠地，建立学田，收取租课；或靠县令士绅捐俸捐资，购置学田，集金生息。如有不敷，官府拨银公款提留，学生缴纳学费以作补助。雍正五年（1727），石泉县学（后改为银屏书院）置有学田17.4亩，按年交纳租银3两4钱8分为教育基金，作常年经费。

民国时期公办小学经费，为政府拨款和学田租课等。民国十六年（1927），没收全县祠堂、寺庙、清明会和无主产业等1200余石，作为全县教育基金。县成立教育款产保管委员会，统一支用。民国三十年（1941）以后，从中抽出一部分作为高中、大学学生奖学金。民国二十一年（1932），全县全年教育经费资产为42964元，年收入为14177元，年支出为13160元。民国三十年（1941），石泉县中学有学课20余石，年支出经费21000元，由学校自行支配。民国三十一年（1942），全县中、小学共95所，教育文化经费年支出总额为167550元。

石泉县逐年陆续筹集资金，至1949年，房租1500多石，全县小学月支粮食100石。新中国成立后，公办学校的教育经费主要由县人民政府拨款，学生只缴纳少量杂费；民办学校经费，以公助为主。

八、镇坪县

清末，镇坪县教育经费主要来源于学捐和学生纳费，出自官款者仅占百分之二三，95%以上为城乡税捐或劝捐。清光绪三年（1877），有学产银稞钱148串800文、玉米稞128.2石。清光绪二十五年（1899），实行连农捐、屠户捐作学款辅助。清宣统二年（1910），县丞安澄抽庙租、会馆租，令各保筹建初等小学校。

民国期间，教育经费主要由地方筹措掌管。其来源有三：一是学款或公产，二是地方杂捐，三是劝富捐赠。民国初，学校经费来源由学产和地方附加税解决。民国二十九年（1940），公学产交由县财务委员会管理，教育经费列入县地方财政预算内统筹统支，中心国民学校办公费每月8元。民国三十六年（1947），县中有公产稞租130余石，各乡中心学校租稞549.75石，各保学租稞761.93石。

新中国成立后，教育经费来源主要是国家按年度制定教育经费预算，支拨教育经费。其次是社队集资和学生纳费、学校勤工俭学的收入。新中国成立初，学校经费实行分级供给制。中学和完小，由学稞支付一部分，不敷部分由县政府在地方粮下开支。不久，中学经费由省教育厅拨发，普小经费仍由学稞支付，不敷数由区在征收农业税时附加征收。1950年，教育经费列入地方财政预算，大型基建支出和地方财政无力负担的教育事业支出，由省地财政予以补助。学校办公费按在校学生人数拨给，中心学校一般每月30～50元，后由学杂费开支，不足部分由县给予有限补助。

九、紫阳县

明清时期，紫阳县教育经费主要来源于募捐、学田租银、放债息银。开支主要用于修建官学校舍、官学教师薪俸、考生棚费等方面。经费由县府统管。据道光《紫阳县志·建置志》记载，清道光二十年（1840），全县共有学田19.6亩，收租银3.1两。民国元年（1912）至民国二十五年（1936），教育经费来源与明清时期相同。民国《紫阳县志·学校志》记载，民国十四年（1925）全县共有学田52处（亩数不详），每年收租课包谷85.3石、稻谷26.5石、小麦3斗、钱293串；每年放款生息钱872串、银101两；每年另行由县府筹集包谷52.5石、小麦2斗、钱2988串。民国二十五年（1936），全县学产租课2353元（银圆，后同）、学产孳息300元、附加收入1314元，合共3967元。民国三十年（1941）前后，县财政建立，教育经费纳入预算管理。民国三十三年（1944）为57.98元（法币，后同），占县财政支出的15.7%；民国三十五年（1946）为397万元，占6.1%；民国三十六年（1947）为1077.3万元，占1.6%；民国三十七年（1948）为5937.9万元，占2.5%。

第二节　政府及开明士绅办义学

一、安康县

义学，城乡共16处。东关有回民义学3处，陕安镇亦有义学一处，在新城兴安中学堂。清光绪三十一年（1905），知兴安府金文同创建新校于书院南，以旧关南书院为学生宿舍，工未竣，金调三合口厘金，继之者为山东党逵生，踵而成之，招生开学，人民耳目为之一新。金守回任复加整顿，添招班次，蔚为大观。校舍不能容，爰移入学使行署。以中学旧地为师范学堂；关南书院暨新斋为兴安中等农业学堂。

二、白河县

明清时县内仕途无望的生员，设馆收少年儿童就读，称"蒙童馆"或私塾，以为职业自称"舌耕"。束脩由学生家供给，也有的先生受富户之聘上门任教。清乾隆、嘉庆以前，这种私塾不多。嘉庆年间，移民中有知书识字者在家自课子侄，邻里间他姓子弟附馆就读渐多。清道光五年（1825），东、西坝黄、张两姓联合创办义学，知县提倡，县内四乡推广。义学师严道尊，学童鸡鸣而起，榜示课文、传梆会食、灯火三更……学风渐起。私塾、义学多设于某姓祠堂或庙宇内，学童仅数人至十数人。蒙童初认"字块"，继读《三字经》、《百家姓》、《千字文》，再读"四书"、"五经"。教学方法是先背诵而后开讲，一册读完，通背一遍，谓之"包本"。写字是每日功课，初"描红"，略知笔顺后写"影格"，继写"跳格"，再"脱手临帖"。先生除到座位辅导外，还以朱笔在学生习字本上圈批、纠正。读"四书"、"五经"时，始作文，作文以习作八股文为主。私塾先生管教学童极严，动辄罚站、罚跪、打手、杖股，教学程式刻板。

三、汉阴县

义学，是由官绅私人捐资，照顾贫寒子弟的免费学校。汉阴在清代有两所：一是义正义学，清嘉庆二十二年（1817）由通判钱鹤年倡议并捐资创建，还劝训导张彩，职贡邱玉树、邱玉池，贡生陈九龄，生员刘元超，监生陈九鹤、于庆、张廷典、邱玉书，军功舒道政等捐资置范家扒、卞家沟山地两处，计种3石7斗，每年收包谷租30石7斗，为诸生束脩膏火之资。后学址倾圮，移于承恩寺内。二是蒙养义学，在南街药王庙，清光绪年间建立。

四、岚皋县

通判屈寿昌扩建书院设县立高等小学堂。清光绪三十一年（1905），境内设高等小学堂一所，乡村初等小学堂21所，蒙养小学堂（儿童启蒙教育的私塾、义学）16所。

五、宁陕县

清道光三年（1823），署同知吴承烈捐置义学3所，一在老城内，一在老城北关，一在江口街。民国初期，乡镇多办有私塾，主要是殷实之家，自官宦而至平民，往往自发地延请名师，在家设馆，供子女求知读书。所读书籍甚杂，诸如《百家姓》、《三字经》、《四言杂字》、《七言杂字》、"四书"、《诗经》、《左传》、《古文观止》等。每日早读，上午写字作文，下午背诵温书。

六、平利县

平利县私塾，明清时期盛行。民国时期，虽然官府禁办，而民间却延存。私塾从经费性质上可分两大类。一是一人主持，联合办学。即由地方兴学首士主持，利用祠堂、庙宇的房屋、田产或由民众自愿捐资、献地、建校聘师，让家族、亲友或邻里儿童免费入学，名曰"义学"。如汝河罐沟、马鞍桥、秋河八角庙、大贵柳林王氏宗祠、八仙街刘家坪、二龙山等地义学，均小有名气。二是家长出资，延师办校，统谓"私学"或名"私馆"。此类私塾按校址分有3种类型：富绅大户一家承担给子女延师授业，称为"家馆"；塾师在自己家中招生就读，称为"门馆"；邻里、街坊有孩子之户联合请师办馆，各出经费、租赁私房或利用庙宇为校址，称为"街馆"、"村馆"。清末、民国初年，仅城区就有10处学馆。私塾一般为5～20人，年龄不限，启蒙幼童较多，亦有"弱冠"青年，大小同堂，程度参差，课本不一。先读《三字经》、《百家姓》、《家常语》、《千字文》、《幼学琼林》、《女儿经》、《女四书》等书，有一定程度者，则必读"四书"、"五经"。

七、石泉县

清康熙年间，石泉有社学（明清制各州县设于大乡巨镇的学校）一处。康熙五十二年（1713），诏令州、县兴办义学。乾隆二十四年（1759），乡贤刘多霞、韩炳等兴办前池河兴仁义学。校址原设前池火神庙，后移祖师殿（今前池中学址），由兴仁义筹出50缗为教师薪资基金。贡生张振先、庠生李煜等，倡捐兴办前池河文昌宫义学（池河镇小学后院）。清道光十七年（1837），李世江集资主会，由邑绅周之翰经手兴办前双嶂文昌宫义学。道光二十八年（1848），江耀先、方致诚和陈继贤捐资兴办凤阳台集义义学。江耀先捐房屋9间，方致诚、陈继贤各捐地产作为永久收入。当时折合价值各约300串文（一个教师最高的年工资才100串文），买了田稞地稞（稻谷、包谷）40多石，经费比较充裕。清光绪十一年（1885），邓启仁兴办后柳牛石川义学。廪生韩炳、增生刘开甲、谭国栋等倡办前池河兴仁义学，其经费由兴仁义渡节余项下开支。光绪十九年（1893），知县陶先章兴办城关文昌宫义学，朱澍庭管理，以300串钱放债，每年以30缗所得利息作塾师薪资。光绪二十七年（1901）前后，贡生李天民、四川人王开堂及川人同乡集资铜钱200串（放债生息，以作为聘请教师工资），兴办四川馆义学。

明初和清代，办学多为私塾。塾师多是落第的读书人。私塾有3种形式：①塾师设馆，接受附近学童就读。按学童年龄大小、学历高低、家境贫富，议定全年学资。学门旺者多达二三十人，少则五六人。②大族富户延聘塾师，家内设馆，称为家馆或东馆。③数家合伙延聘塾师，多借寺庙、殿宇为馆舍。教师俸薪各家分摊。

八、洵阳县

教师私人在家设馆教授生徒，称为"家塾"，如东区的廖鸿功家塾和北区郭明嵩家塾。其中尤以郭氏家塾最负盛名，其家连续6代设馆授徒，洵北各地不少学生舍近求远，专程到其家就读。村塾是由村或庄院乡人协议集资开设的私塾。公推当地头面人物作学东，牵头请师，择定馆址，塾师的束脩（薪俸）按入学人数摊派。这类私塾为数较多。时办时停，无固定塾师，也无固定馆址。据赵湾区调查，民国期间境内断续创办私塾达49处之多。另外还有一种类似私塾的义学，由地方会馆、宗祠出资，推举"学东"负责办学事宜，统管学稞基金，聘请先生教授本族、同乡子弟，亦收贫寒子弟，一律免费入学。洵阳义学影响较大的有3处：其一在双河铺，清道光八年（1828）由廪生孙远荫、贡生张继铭创建，以岁收租30石作为经费；其二在赵家湾街后，道光十九年（1839）建；其三在赤岩红土寺，清咸丰年间（1851—1861）由生员李正芳创建，以收租稞19石为经费。

九、镇坪县

清末民初，镇坪县私塾形式有两种，一是先生设馆招生，二是东家聘师教读，以后者居多。乡邻或亲朋子女欲入学就读者，与东家协商缴学费入学。学生年龄悬殊，小的七八岁，大的20岁左右。启蒙学生先学《三字经》、《百家姓》、《七言杂字》等，再学"四书"、"五经"、《幼学琼林》等。学写毛笔字为每日必修课，也有教学珠算者。先生授课依学生接受能力分别点教，强的多点，差的少点。一般只教句读、识字，不讲解，当日背诵，不能熟背的多予体罚。民国二十年（1931）后，匪患频仍，私塾普遍停办。民国三十年（1941），在边远农村恢复少量私塾，复兴乡竹叶关、双河乡蚂蝗坝两所私塾，延至1953年。

十、紫阳县

至清道光十三年（1833）年，紫阳县创建义学 7 所：县城 2 所、瓦房店、洞汝河口、蒿坪河、毛坝关、麻柳坝各一所。清道光四年（1824），知县张琛以建书院余款，给每义学钱 200 串文。道光十三年（1833），贡生王济盛又以赈余钱 200 串文，添设麻柳坝义学一处。

第三节　民间自发成立联合奖学金董事会

民国三十七年（1948）编修的《汉阴县志》中，有关教育的部分记载较细："清光绪三十二年（应是三十一年）科举制停，训导卢仁谦兼劝学总董，就署内设劝学所，创办初等小学堂。""教育经费来源：自清光绪二十九年开办学校，迄于民元。旧日学产，除将学田一百石零六斗划归财政局外，其余学田、书院田、印红田、卷价田、状元田以及宾兴会银概作教育经费。……三十五年奉令：保国民学校精粮全部列入县预算内统一筹支，原有基金孳息应作充实设备之用。""奖学金。本县奖学金原有张氏（晓灵）、胡氏（勉斋）、杭氏（劲夫）等各种。计张氏捐稞（净谷）二百五十二石；胡氏及张维斋、陈卓玉共捐稞四十八石；杭氏捐稞三十四石。"民国三十四年（1945）六月，又倡组各氏联合奖学金董事会，并制定了《汉阴县联合奖学金董事会组织规程》，其"第二条：本会以奖励本县优秀刻苦力学之学生，得以升入高中、大学，培养健全人才为宗旨。第三条：本会以统一管理张氏晓灵捐产二百五十石（稞）；张氏维斋、胡氏勉斋、陈氏卓玉共捐田稞四十八石；杭氏劲夫捐增基金一拾万零二千元，暨地方拨充基金二拾万元，共置田产三十四石（稞）。又以三十五年度存余稻谷，置田产三十二石（稞）。总计三百六十六石（稞）为职责"。其"第七条：本会应办事项如左（旧文书格式是竖行由右往左书写）。一、基金管理及运用事项。二、基金筹集及计划事项。三、审核应奖学生成绩事项。四、经收租稞暨发奖事项。五、调查学生家庭经济状况事项（可能是为了解除优秀贫困生的后顾之忧）。六、拟订各种章则事项。七、其他有关执行事项"。民国三十六年（1947）八月，还制定了《汉阴县联合奖学金董事会发给奖学金办法》。其"第一条：为奖励本县优秀学生继续深造，以培养健全人才起见，订定本办法"。其"第四条：本奖学金一律奖给实物（笔者注：可能是当时币值不稳定之由），并以发稻谷为原则。其名额与实物暂定如左（因竖行书写）：一、留学国外学生四名，每名每学期奖发稻谷四石。二、大学专科学校暨立案之私立大学专科学校学生二十四名，每名每学期奖发稻谷一石五斗。三、高级职校暨立案私立高级职校学生十名，每名每学期奖发稻谷八斗。四、高级中学暨立案之私立高级中学学生二十名,每名每学期奖发稻谷八斗。五、师范学校暨立案之私立师范学生二十名,每名每学期奖发稻谷八斗。六、简师学校暨立案之私立简师学校学生十名,每名每学期奖发稻谷四斗。七、初职学校暨立案之私立初职学校学生五名,每名每学期奖发稻谷四斗。以上各款所列奖发实物,均以老斗计之"。其"第十一条:领受奖金学生,其学业、操行、体育成绩,每学期逐渐降低者减发奖金"。

从民国时期汉阴县的奖学助学基金组织来看,主要是靠民间社会贤达和有识之士的捐赠,有组织、有章程可依,是比较稳固和切实可行的奖学助学办法。明、清两朝汉阴是否也有类似的民间奖学助学组织,因手头无资料可查,还不得而知。仅从民国时期民间奖学助学的组织来看,汉阴从城镇到乡间,这种浓厚的向学传统和价值观念,是长期的历史积淀,作为一种"汉阴精神",会一代一代传下去。因而,人才辈出也是不足为怪的。汉阴这种民间建立奖学助学基金会的做法,对今天也有很好的借鉴作用。

因手中没有安康市其他县区的有关史料,仅从汉阴县的这些记载,可窥当时民间向学、助学的可贵民风。

第四节 张鹏飞创建的"来鹿堂"木刻雕版印刷社

张鹏飞(1783—1857),安康人,又名鹏玢、鹏翼,字扶九,号补山。少贫,食菜根度日,编蒲叶以抄书。手不释卷,以读书为乐。清嘉庆十八年(1813)拔贡,选为州判。嘉庆二十五年(1820)举孝廉方正,深得陕安道考评称赞。清道光辛巳科(1821)中举,以州判职赴四川候补。道光十七年(1837),以老人丧事丁忧回安康。他是一位笃实的教育家,因感觉陕南买书极为不便,于是就往四川成都聘请木刻雕版工匠,在那里镌刻木版,然后运回安康印刷出版。他当时觉得这也不够方便,安康遍地都是梨木、枣木等木刻雕版优质材料,何不就地进行雕版印刷?道光十七年(1837),张鹏飞创建"来鹿堂",经营雕版印刷,开安康出版发行之先河,给陕南文化传播做出了很大贡献。

张鹏飞在家乡致力教育,举办兴贤学社,倡修关南书院、文庙、兴贤塔,恢复魁星楼,抢修水毁考院,在牛蹄岭建乡学等。由集资到落成,事必躬亲,一身百任,艰苦备尝。他还向8个书院捐赠书籍600余种,以惠士林。为解决贫寒童生膳食,多方奔走,收回学田数百亩。在当时,张鹏飞的道德、学问备受学子敬仰,进士武庭珍、管涝、雷钟德,举人吴敦品、黄加焜、李芬等均为张鹏飞的受业弟子。

知府王履享、知县刘应祥筹款,并报请上峰支持,从省里借来经史子集雕版100多种,让张鹏飞的"来鹿堂"承印,作为充实关南书院、岭南书院等本地各书院的藏书楼,还将一部分图书无偿赠送给本省的关中书院、宏道书院、华山书院、太华书院、四知书院、正学书院、崇正书院、明德书院、绿野书院、鲁斋书院、褒城书院等。

第七编　安康元明清进士名录

一、元代1名

白圭，石泉人。元至正年间（1341—1368）进士。官职礼部侍郎，掌管礼乐、祭祀、学校、贡举等事宜。为人诚实，办事果断，有魄力，有分寸。死后，奉祀在石泉"乡贤祠"。

二、明代9名

左福，生平不详。

谢文，字显通，金州人。明成化十年甲午科（1474）举人，成化十四年戊戌科（1478）进士。巡阅通州、竹木、居庸诸关军耗，以及长芦盐法漕运，四川边储。所至，划弊纠奸，不避权贵。忤当道，迁河间府知府，善折狱，案无留牍。岁饥施赈无遗惠，终山东参政。（《陕西通志》、《大清一统志》）。

鲁得之，字望溪，金州秦郊人。明成化十六年庚子科（1480）举人，成化二十三年丁未科（1487）进士。擅书善画，工古文辞，官湖广道监察御史。謇谔不阿，以劾珉王下狱，寻释出。知吉安知府，有惠政。常从周小泉游，湛深儒术。值刘瑾乱，家居讲学，从而问道者履满于庭。高陵吕仲木（柟）避宦官刘瑾之乱而寓金州，时与得之就正所学。著有《周易管见》两卷、《语录》一卷、《奏疏》3卷、《杂著》一卷、《诗集》6卷、《望溪文集》8卷。（道光《安康县志》、《鲁氏家谱》、《中国人名大辞典》）

许中，明洵阳县蒙恩里大棕溪人。明正德九年（1514）乡试中举，正德十二年（1517）考进士，中三甲第一百九十五名，初供职行人司，官行人，继选山东道御史。任内忠于职守，"敢言，不避权要"，以参与著名的"大礼之狱"而闻名于世。正德十六年（1521）三月，武宗朱厚照卒，因乏嗣，经朝官公议，皇室宗子朱厚熜于四月即帝位，是为世宗。世宗一即帝位，便与众朝臣在追尊皇考一事上发生争执。因自明开国至于武宗，帝位均为父子相传，至世宗方有兄终而族弟及之这种特殊现象。世宗以孝道计，欲立生父兴献王朱祐杬为皇考，而以大学士杨廷和、礼部尚书毛澄为首的绝大多数朝臣则主张按照汉、宋两朝先例，立孝宗（弘治帝朱祐樘）为皇考。经众大臣据理力争，世宗妥协。明嘉靖三年

（1524）正月，世宗在张璁、桂萼等的唆使下，执意改立生父为皇考，众大臣激烈反对。世宗发怒，连罢数位大臣。吏部尚书乔宇上谏，请求罢免张璁、桂萼等人官职，释放以上谏而下狱的翰林院修撰吕楠等人，因遭世宗斥责，乔宇请求去职，御史许中与刘隅上疏，请慰留乔宇，世宗推托说："朕不是不用乔宇，是乔宇因病自动要求去职。"至七月间，世宗召见群臣于皇城左顺门，向众臣正式宣布：立生父为皇考，"群臣骇愕"。适值此时，已升任翰林学士的张璁、桂萼又上章诬群臣缔结朋党，顿时群情激怒，纷纷上章反驳，世宗庇护不理。群臣怒而呼曰："国家养士百五十年，仗节死义，正在今日！""万世瞻仰，在此一举，有不力争者击之！"于是九卿、翰林、给事、御史、六部和大理寺属官共219人齐跪左顺门，请求世宗收回成命，许中亦随尚书何孟春跪于群臣之中。世宗下谕退下，众臣不听。世宗怒，遣锦衣卫士抓为首8人下狱。众臣失望，放声痛哭。世宗更怒，命人尽录群臣姓名，将198人关进监狱，其余待罪。数日后，对跪谏大臣分别给予杖死、戍边、夺俸、贬职等处罚。许中被贬为亳州（今安徽省亳县）州判，不久迁任浙江余姚（今浙江省余姚市）县令，未及赴任，卒于亳州。

　　刘四科，字健庵，刘腾之子。紫阳人，原籍泾阳。明嘉靖四十三年（1564）举人，明隆庆四年（1570）进士，授长治县知县，晋俗以丁坐役，多欺售。四科廉其奸状，贫富称平。升吏部主事。寻升考功郎。时进退之权在政府，一切迁除更不关白，以故时宰恚恨，拟旨夺俸者再。转太常卿，养疾家居，疾愈升太仆卿，历升兵部尚书兼右副都御史抚蓟。蓟州为九边重地，公日讨军实而申儆之，为屹然巨镇。房山煤税众且乱，公飞檄定之，极谏而罢；有言搜牧马场，可岁得二万金，公三疏力止。时畿辅水灾，请上发帑金数万赈济，并宽缓旧逋，缓并征，改折屯粮，煮粥赈饥。而公竟劳瘁不起，卒年70岁。文武属吏，若军民皆哭失声，相与作木主祀之。得赠太子少保。论者谓："公德隆望重，才堪济世，真社稷臣也。"赐谕祭葬，入乡贤祠。著有《干沟平贼记》、《紫阳邑侯邓公去恩碑记》等载于《紫阳县志》。(《明史》、康熙《紫阳县志》)

　　刘卿，明隆庆四年庚午科（1570）举人，明万历八年庚辰科（1580）进士。字孔源，金州郡城人。明嘉靖二十一年（1542）十一月初五日生。官霸州兵备道，整饬辽东、开原等处兵备兼理马政、河道，政绩卓异，迁山东按察司副使。端资懿行，卓识远猷，到处流惠爱之声。廊庙用材，则迢迢万里采木巴蜀；委以疆事，则锁漠北之烽烟。杂虏外虞，邻震内抚，功著社稷，擢山东布政使司左布政使，授通奉大夫。万历三十八年（1610）卒，享年78岁，按《大明会典》制度，以二品例置归葬故里。卿文章渊雅方正，惜邑迭遭兵燹，其所著《刘方伯集》12卷，散佚不传，今仅散见于《府志》之《关南道曾如春修城堤碑记》；汉阴《改修尊经阁、敬一亭碑记》暨《郭公学田碑记》数篇而已。(《陕西通志》、《兴安州志》、《山东通志》)

刘宇，字伯大，号太和，兴安州城人。明万历七年己卯科（1579）举人，万历十一年癸未科（1583）进士。授襄阳令，未几父卒。以忧告养奉亲，事母甚孝，居里平易近人，恂恂布衣行里闾间，尝道遇负薪人，误批其颊，左右惊诧缚其人，公笑而释之，其惠量过人如此。尝捐学田，为诸生童薪水；复立义冢，输三年租为木椟掩埋之费。助筑万春、长春二堤，士民赖之，咸称其义。母殁，庐墓三年，服阕，补梁山县令，再调安阳、邢台，所至惠声被野，庆得好官，为立生祠尸而祝之。寻陟南京兵部主政，三年考满，迁职方司郎中。会妖党煽乱，留都震惊，公计歼灭之，事闻显皇帝，嘉乃懋绩，将授节钺，会有忌功畏直者逸之，公遂挂冠去。未几，卒于乡里。明崇祯三年（1630）诏赐奉直大夫，入乡贤祠祀之。著有《太和文集》16卷、《太和诗集》8卷。（《陕西通志》、《奉直大夫刘公入乡贤祠碑记》、《兴安州志》）

王应泰，明万历四十六年戊午科（1618）举人，明天启二年壬戌科（1622）进士（第299名）。由进士任宝坻县知县，迁吏部稽勋司郎中。明崇祯九年（1636）因疾告养归里。翌年，李自成农民军由商洛出汉阴，汉阴城陷，逃出后，隐于凤凰山中。崇祯十一年（1638），新任知县张鹏翱礼请其出山，助张恢复县治。清主入关，降清，委陕西分守关南道少参。（《圣武记》、《陕西通志》）

刘其德，字子尚，号调玉。兴安州人，寄籍紫阳。南京兵部职方司郎中刘宇之子。明天启三年癸亥科（1623）举人，明崇祯元年（1628）进士，选翰林院庶吉士陞检讨。博学好古，虽酷暑严寒，手不释卷，每召对多称旨，有声史馆。目盲乞归，侨寓襄阳，值农民军破城死之。（《湖北通志》、道光《紫阳县志》、《一砚斋集》）。

刘威民，兴安州人，明万历四十一年癸丑科（1613）武进士，性豪放，鹰扬虎视，文武一体，大司马推毂钦差守备蓟镇界岭口，以都指挥体统行事。万历四十四年（1616）以忧归，遂不复任，优游林下，著有《京畿武略》，惜不传，传者唯《鲁欢山墓志铭》一篇，可睹其文苑风采。（《兴安州志》）

三、清代65名

钟仪杰，陕西兴安州洵阳县人。字德万，号华峰。仪奇之弟，洵阳县蜀河里柳村铺人。清康熙三年甲辰科（1664），一甲第114名。举康熙二年（1663）癸卯乡试第二人，先仪奇登三年甲辰进士。谒选得河南息县令。仪杰才华蕴藉，文章踔厉，未第时与兴安刘应秋、汉阴汪毓珍游。及莅息县，值歉岁，履亩勘赈，罔有遗漏。行取吏部验封司主事。累迁文选司郎中，改外授广东广州府知府。选司为声华之场，仪杰退食时，独闭门谢客；广州为膏腴之地，仪杰洁己奉职，不避权要，不营资产。以疾卒于官，易箦（弥留）时，谓诸子曰："古人谓，生无益于人，死当无害于人。胡床挂壁，伊何人哉？如我死，毋以遗禀乞怜上官，毋将署中物充归装。"诸子皆遵治命。会观察某者，乃其铨部旧寮，闻之曰："钟君廉而身后如此，勿论无以遗子孙，万里舟车之费将何给也？"遂致书寮属，各捐赠，舟已行，追送及之。至今子孙虽书香克振，而壁立萧然。（光绪《洵阳县志》、《一砚斋集》）

钟仪奇，字大璞，号南山，又号秀峰，陕西兴安州洵阳县蜀河里柳村铺人。清康熙六年丁未科（1667），一甲第 20 名。选山西河津县知县。廉明勤政，长于听断，邑有豪猾，盗孀归地契，蚕吞地垄殆尽，妇鸣冤不得申，仪奇侦访得实，追还旧契，地亩，杖笞豪猾，民称快之，咸谓好官。历署阳城、长治，皆有惠政。（汉阴汪毓珍《乡贤录》、光绪《洵阳县志》、《一砚斋集》）

汪毓珍，字孔兰，一字若千，陕西兴安州汉阴县人。清康熙六年丁未科（1667），一甲第 51 名。康熙元年（1662）拔贡，考取知县候铨。徜徉山水，与兴安刘应秋、武进高寄相唱和，尝构亭铁溪，举文酒之会，为郡城士子所乐道。他参加殿试时，刘应秋尝赋《送汪若千先生北上殿试》诗云："宝剑应先开玉匣，仙槎及早渡银河。凤凰池上春光好，明月沙堤响佩珂。"殿试中试，授主事，旋改同知衔分发山西，康熙二十三年（1684）题补蒲州通判。以丁忧归，服阕，补浙江道佥事，直言敢谏，为当道所不容，构陷落职，抑郁以终。汪毓珍诗文俱工，清新雅正，有晋唐之风，著有《若千诗文集》、《周易易话》等书传世。（康熙《汉阴县志》、《一砚斋集》、《若千诗文集》）

卫如玉，字子东，号朴庵，陕西兴安府白河县人。清嘉庆十六年辛未科（1811），赐同进士出身，第三甲第 76 名。嘉庆九年（1804）副榜举人。授内阁中书。与林则徐同年。在京师应林则徐之邀，与同榜诸进士雅集龙树寺，同年周芸皋为图，在座 34 人皆有诗，额曰《龙树寺同年雅集图》。后林则徐奉旨巡抚广东，如玉为赋《送少穆同年南行》诗。而如玉则以亲老不乐仕进归，主讲天池书院者 10 年，发明性命之奥，天人之旨，使后学不迷所向，成就人才甚多。亲殁，服阕。入京供职，旋充方略馆校对，辛卯（清道光十一年，即 1831 年）科顺天乡试同考官。后以疾殁于京邸，同年咸惜悼之。如玉自总角即爱读，信古笃学，经史子集皆手录之。凡郊庙制度、井田学校及礼乐图器、山经水道靡不考核精切，故能希踪圣贤，阐明正学也。著有《禹贡图说》行世。（光绪《白河县志》、《续兴安府志》）

谢玉珩（1781—1854），字宝书，号鹤龄，陕西兴安府安康县流水店陈家坝人。清嘉庆二十五年庚辰科（1820），赐进士出身，第二甲第 28 名。幼聪慧，五六岁嗜学如成人，从兄学经书，后与张补山共师乡贤董朴园。董谓张博而才，谢拘而谨。学有所成，嘉庆十八年（1813）拔贡，嘉庆二十一年（1816）举人。授四川昭化县知县，历署新宁、德阳、绵竹、达县事。将赴蜀时，其父告诫："当为蜀民造福，不义之财，分文不取。"次年因费用不足，遵父嘱差人归取银

200两，拮据而不累及百姓。新宁俗朴，文事不举，他于四乡设义学，常携笔墨书籍躬往劝导，奖掖学业优秀者，果有张姓生员乡闱告捷，时人誉为"破天荒"。文庙倾颓，募金逾万，十月乃成。后移任绵竹，清道光四年（1824）大灾，谢玉珩全力以赴救灾散赈。先清户口，分极贫、次贫，据门牌发给米票。设两局，极贫归赈济局，次贫归零赈局。贴出安民告示，约日散济，每次领五日粮，民无拥挤守候之苦。有议设粥厂，他说："施粥杂沓，稍有颜面者，甚于嗟来之食！"谢虽出身封建家族，却能平等待人。勤慎廉明，善折狱，凡遇疑案，再三推勘，不得真情不止，称为青天。他还办团练，禁盗窃以民捕贼。为劝化乡民，又用乐天体，编五言、七言俚句俗歌，张贴于街市通衢，妇孺皆能成诵。邻邑并有抄录，传为家训，地方一绅士录为一册，题名《谢公宦蜀政治录》。凡官去任时必减价税，印契人惊问其故，他说："吾资金无忧不给若后任新莅斯土，倘所需不敷，不又重累吾民乎！"他执政爱民，深得川人拥戴。离任新宁，士民攀留，四境奉送万民伞，抵昭化，民相候道左迎接，并建德政坊，书"为民父母，除暴安良"，谢力阻未能。此坊曾毁坏，清光绪四年（1878）又重修。道光五年（1825），因父丧归家。百姓赠匾书"上蔡遗风"。归家后不再为官，优游林下二十年。兴安太守白维清、徐栋先，先后聘他任关南书院讲席。因治学精博，谨于言，慎于行，不自骄矜，人称良师。所撰《淙城草》、《葭萌草》皆不示人。道光二十八年（1848），其学生章声扬、阮钧衡拣所录存者数十篇付诸同乡，安康知县陈仅弁言简端，依其自居名号，题书《守拙斋集》。（《续修陕西通志稿》、道光《安康县志》）

茹金，字元浦，清嘉庆十八年（1813）举人，陕西兴安府汉阴县人。清道光六年丙戌科（1826），赐同进士出身，第三甲第44名。中进士后，授知县。幼厚重，寡言笑，甫髫龄，名噪艺苑，邑宰、郡守咸器重之。使从安康董诏、洋县岳震川诸先辈游，讲明宋、元、明诸儒之学。各体验于心血，是以学有渊源，远近宗仰，负笈者至舍不能容。常仿安定分斋教士法，随其材而教授之，虽讲括帖，亦必责以躬行实践。历任山西壶关、四川乐山知县。岩邑蛮疆，均称难治。茹金身兼官师，抚字教养，风俗丕变。及去任，皆卧辙以留，并立德政教泽碑，其得民心如此。以丁忧归乡，后贫不能赴任，教授石泉池河义学。殁祀乡贤祠。著有《衣江宦迹录》行世，又有《诗文集》若干卷待梓。（《汉阴厅志》、陈仅《继雅堂诗文集》）

温予巽，字东川，陕西兴安府汉阴县人。清道光十三年癸巳科（1833），赐同进士出身，第三甲第42名。自幼随父亲在祖父温颖（知县）任职的山东德平县居住。温颖押饷赴京，途中被劫，缉盗未获遂为挂吏。不久，其父病故，家境贫困潦倒。予巽开馆讲学，供养老母，因收入微薄，仅能糊口。予巽性宽厚，外朴内慧，见人讷讷若不能言，而志响深远。家贫力学，不以治生为意，恒屡日不举火，处之泰然。清嘉庆二十一年（1816），由拔贡中式北闱乡试举人，选甘肃敦煌教谕。道光癸巳科进士，改翰林院庶吉士，散馆授检讨。尝因召对，受道光皇帝特旨，简放江南扬州府知府，以政最，擢湖北荆宜施道，累迁广东盐运使、江西按察使、直隶布政使，去释褐之日未十年也。以孤忠独立，调甘肃布政使，并非道光皇帝之意。适甘肃总督因事递职，特旨予巽代理陕甘总督。道光逝世，遂为权贵所中伤，免去总督。予巽感道光皇帝恩遇，遂饮鸩以殉。祀乡贤祠。（《续修陕西通志稿》）

　　余怀堂，字路门，陕西兴安府平利县大贵乡人。清道光十八年戊戌科（1838），赐同进士出身，第三甲第45名。《平利县志》云："邑之甲榜自公始。"任山西平陆县知县，颇著政声。以丁忧归，关心乡梓教育，慨捐田地一段，课"五十余石"作为士子宾兴之费，"邑中人才蔚起，实赖此义举也"。（《平利县志》，三秦出版社1995年版）

　　祝垲（1827—1876），本名祝隆贤，字幼荻（又字定庵），号爽亭、印垲。陕西兴安府安康县人，祖籍湖北武昌。清道光二十七年丁未科（1847），赐同进士出身，第三甲第67名。清道光七年（1827）十月二十七出生于砖坪厅城。祝垲父祝应华有5子：长子祝隆金，字节臣、印铖，孝友成性，父卒后，教弟楠、濂、炳、垲，延师教读，封朝议大夫；次子祝隆玉，字盐田，号梓邻、印楠，以附生报捐知县，分发河南补用，钦加盐提举，代理河南滑县事；三子祝隆德，字子峻，号小溪、印濂，授四川蓬溪知县，钦加同知；四子祝隆仪，字子威，号星如，印炳，以附生报捐知县，分发山西补用，钦加同知，授繁峙县知县；祝垲为五子。垲妻杨氏，随侍母至垲任所，母于舟中染病，左臂刳肉和药进母，饮后愈，被勒封为夫人。祝垲自幼聪明过人，誉为神童。7岁能文，9岁府试冠军，入邑庠。11岁食饩，道光二十年（1840），膺乡荐举人，丁未科进士，分发河南以知县用。初署内康、措置悉合体要。清咸丰元年（1851），迁柘城县知县，与诸生讲学会文，士心以附。咸丰三年（1853）五月，太平军大股北上，归德不守，柘城士民逃徙一空，会讲诸生重祝垲育人之德，入视，劝其偕遁。见其身着朝服危坐公堂，诸生感泣，告诉他敌已临城下。祝垲见众生可用，爰令办团练坚守。太平军知有备，弃城而去。调太康、新乡，皆赖办团御敌，城得转危为安。升迁光州知州，擢守归德府。凡垲到处，居民得谋鸠居，民感其德，咸立生祠祀之。清同治元年（1862），清将僧邸驻商丘，知祝垲得民，重倚之。垲任事直，颇有以萤语中伤者。军事甫竣，讼端辄起，停职待查。旋得实，坐讦者以诬告罪。会战事气氛炽热，钦差某不得进大顺广道，殒于阵。朝廷命祝垲代兼权钦差事，次第克服广平、邯郸各城。旋以在宋州征粮不力落职，经张子青相国、刘荫渠制军、曾文正（国藩）制府先后保奏开复，以道员另补。左文襄（宗棠）入关陕剿匪，以祝垲从行。陕境肃清，叙功给二品顶戴。以母老归直隶省亲。李少荃相国，复深器之，先后权大顺广道长芦盐运使司、海防营务等差。清光绪二年（1876）十一月二十病逝，葬于砖坪厅蔺河漫坡，年仅50岁。祝垲弱冠筮仕，即以俗吏为戒，讲求身心性命之学，希望追踪圣贤。其学得力陆王，而于程朱之主数穷理未尝偏废。虽戎马倥偬，不辍讲贯，得士最盛，门人有贾太守铎、冯太守浒木、李刺史嘉谟等，其尤著者有朝分校常阁部王永盛、徐太史龙麟、张侍御鸿远、刘观察毓栯。性纯孝，侍母左右自髫龄至五十，依依如孺子慕。相国徐桐、三原贺瑞麟序其集，略谓："垲虽本文成（王阳明）而能守程（颐）朱（熹）之说，践规蹈矩，而不师心自用。称其善学文成，于此可以觇其所学之纯矣。"殁，祀乡贤祠。"文化大革命"中，祝垲坟被红卫兵掘墓开棺，有黄金、水晶石眼镜等殉葬品。有关祝垲的传说，已被人搜集整理成民间故事。著有《体微斋日记》、《语录》、《易说》等集行世。（《祝观察事略》、《续修陕西通志稿》）

　　武廷珍，字鹿苹，陕西兴安府平利县人。清道光三十年庚戌科（1850），赐进士出身，第二甲第15名。中进士后，授翰林院庶吉士，散馆授吏部主事。生平孝友，廉介不苟取与。初家贫，喜读书，经史子集皆丹铅评点，手抄成帙。尤深于诗及古文词。后供职铨曹，廉明谨慎，擢监察御史，上疏多见纳。初为广东惠州知府，清积牍，劾庸吏。后以丁忧归。服阕，授湖南衡州府知府。正己率属，时以学道爱人为念。培植小学，刊《小学近思录》等书，与士类讲求实学。寻告归，闭门著书，唯以汲引后进为己任，一时掇高科、登显宦者，多出其门。遇贫乏者，施与无所吝。又置义田数百亩，以赡族人。年七十有六卒。著有《养性山房全集》、《江东蜉蝣寄录》、《时文》、《嘤鸣雕盼集》、《经文》、《凤哕集》等书行世。（光绪《平利县志》、《重续兴安府志》、《嘤鸣雕盼集》）

　　王世远，陕西兴安府平利县人。清道光三十年庚戌科（1850），赐同进士出身，第三甲第31名。

　　刘洪简，陕西兴安府汉阴县人。清咸丰二年壬子科（1852），赐进士出身，第二甲第85名。翰林院庶吉士，改授刑部四川司主事。

　　蒋常垣，字星门，陕西兴安府汉阴县人。清咸丰三年癸丑科（1853），赐同进士出身，第三甲第94名。中进士后，官户部主事，迁郎中。太平天国农民军起，告假省亲。清同治元年（1862），兴安府失守，奉上谕总办兴安郡属八县团练，甫任事，值四川官军以索饷为名，凌扰地方，几蹈兴安陷落之辙，赖常垣调停其间，始得无虞。由是日夜严防，招辑难民，汉阴、石泉、紫阳、洵阳等地多所保全。叙功赏蓝翎加道衔，以知府候铨。因亲老不思远离，主讲兴安府关南书院，成就甚多。清光绪元年（1875），谒选授湖南宝庆知府。越二年告归。林下优游，俨如村老，毫无仕宦气。夫妇齐眉，皆年八十有三卒。（《重续兴安府志》）

邢景周，字楷夫，陕西兴安府平利县人。清咸丰六年丙辰科（1856），赐进士出身，第二甲第48名。改翰林院庶吉士。请假归籍，值太平军自湖北入境，侵扰邑东。景周倡募团勇防御，赏加赞善衔。复奉旨帮办本地团练。清同治元年（1862）七月，四川农民军抵境，势焰张甚。景周率勇攻击，大败敌军，斩获无算。农民军退回，复乘胜追击。七月十六日，行至洛河巴山，农民军数万精锐来援。或劝其勿进，景周不许，督勇迎战，被农民军四面围击，团勇溃逃，景周手刃敌军数人，力竭被执，百方诱降不屈，旋被农民军所杀。事闻，从优议恤，赠知府衔，原籍建专祠祀之。（《续修陕西通志稿》、光绪《平利县志》）

余上华，字芾丞，陕西兴安府平利县人。清咸丰二年壬子科（1852），赐进士出身，第二甲第66名。清道光二十九年（1849）举人，中进士后，签分兵部职方司主事，升员外郎郎中。补浙江道御史，后迁户科给事中。直言敢谏。历任贵州遵义府知府，调署铜仁府。均有惠政，俸满引见，百姓攀辕卧辙，因格于例，未能留任，为勒石以志去思。便道省亲，藉营告老退隐之居。后北上引见，行经汉口病卒。子国桢，因长期居安康，遂为安康籍。（《续修陕西通志稿》、《重续兴安府志》）

罗贤升，字枚臣，罗贤文之胞弟，陕西兴安府安康县人。清咸丰二年壬子科（1852），赐进士出身，第二甲第77名。咸丰元年（1851）举人，中进士后，改翰林院庶吉士，武英殿协修。工古文词，尤湛深经术，故其文岩角崭露，不同凡响。清同治初，奉旨回籍练乡团，因劳致疾，年甫四十，卒。子，钟衡，清光绪五年（1879）举人；孙，秉璋，光绪二十三年（1897）选贡，俱能以文行世其家。（《重续兴安府志》）

张九搏，陕西兴安府平利县人。清咸丰六年丙辰科（1856），赐同进士出身，第三甲第102名。

何贵高，陕西兴安府汉阴县人。清咸丰九年己未科（1859），赐进士出身，第二甲第53名。刑部主事。

管涝，字春洲。清咸丰九年己未科（1859），赐进士出身，第二甲第66名，陕西兴安府安康县长枪铺人。（《清朝进士题名录》第1017页原注11：管芳，题名碑作陕西兴安人，《碑录》作陕西安康府人。小金榜、民国《续修陕西通志稿》卷四十《选举表》作安康县人。《咸丰九年己未科会试同年齿录》作陕西兴安府安康县廪生。今据补。《通志稿》人名作管芳，或有误。）咸丰八年（1858）举人，己未科联捷成进士。授主事。清同治二年（1863）奉上谕回籍督办乡团。时太平军陈得才由汉中率部东下援皖北，川匪曹背时扰镇安，涝令团总杨炘、王重良等团防安康西北各关隘，炘有勇，重良有谋，二人充团长，审地势设伏要隘，遍布旗帜作疑。适敌酋蓝大顺，亦由周至溃窜安康境内，涝率团聚而歼之。是役也，蓝大顺授首，妻妾被俘，叙功炘与重良俱授守备，赏戴蓝翎。涝以调度有方，记名道员候补，赏换花翎。嗣后又参赞左宗棠戎幕，以关陇肃清，左宗棠保荐升布政使。(《蜀陇思危录》、《平定关陇纪略》)

罗儁，陕西兴安府安康县人。清咸丰九年己未科（1859），赐同进士出身，第三甲第 76 名。

陈进衔，字卓廷，陕西兴安府汉阴县人。清咸丰十年庚申科（1860），赐进士出身，第二甲第 67 名。中进士后，授吏部主事。回籍探亲，值太平军西进，留办城防，以功叙员外郎。清光绪八年（1882）迁文选司郎。简放有日，竟以亲老告终养归里。时川督刘传铭、陕抚鹿传霖皆与有旧，相得甚欢。或有请托，辄正色拒之。其笃天伦、淡名利如此。（《续修陕西通志稿》）

胡印远，陕西兴安府汉阴县人。清咸丰十年庚申科（1860），赐同进士出身，第三甲第 80 名。户部主事。

张良璋，陕西兴安府石泉县人。清同治元年壬戌科（1862），赐进士出身，第二甲第 37 名。翰林院编修。

张鹏鬻，字翼臣，号南池，又号待隐居士。陕西兴安府紫阳县高桥中坝人。清同治四年乙丑科（1865），赐同进士出身，第三甲第 49 名。历宰江西高安、兴国、吉水、安福等邑。政尚宽和，公余以诗文自娱，博览群书，温文尔雅，迥殊俗吏。数校秋闱，其所荐拔者多名士。秩满归来，以所得廉俸分赍族里人，以为不隐君之惠云。其所撰《侍隐居士传》尤脍炙人口。（杨家驹《紫阳县志》）

鄢鸣雏，字霭堂，原名周和，陕西兴安府平利县张家乡鄢台村人。清同治七年戊辰科（1868），赐同进士出身，第三甲第 7 名。中进士后，授工部都水司主事。聪颖好学，品学兼优，工书，有颜鲁公《争坐位》之神髓，笔力遒健俊秀，挥洒自如。暇则以笔墨自娱，名士公卿求书者日接踵，名逐驰京华。秩满归田，慕名求书者甚众，"时人得其片纸只字，皆珍惜"，视为拱璧。（光绪《平利县志》）

雷钟德，字仲宣，一字禹门，陕西兴安府安康县人。清同治十年辛未科（1871），赐进士出身，第二甲第 16 名。同治八年己巳科（1869）举人，辛未科进士。改庶常，同治十三年（1874），散馆授编修。清光绪二年（1876），得实授玉牒馆收掌。光绪三年（1877），以亲老截取同知分发四川。光绪五年（1879）题补理番直隶同知。理番在四川西部，汉夷杂处，民俗塞野，钟德至，创修书院，自任讲席，熏陶指授，裁成颇多。会金川二喇嘛倡乱，气焰汹汹，直犯厅署。同官皆失色，钟德挺身出，晓以大义，夷众感泣去。旋摄忠州篆。光绪九年（1883,）移署石柱厅，是岁朝廷大计，因卓异引见，奉旨以知府回任候补，并加盐运使衔。光绪十四年（1888），丁内艰返回安康，兴安太守童兆蓉延主关南书院讲席。服阕入川，办理涪州、巴州等岸盐局。光绪十九年（1893），任雅州府知府，继办泸州厘局及万县土药。时有以蜚语陷之者，后经赵樾村观察查按得实，为白于川督鹿传霖，传霖因以重之。旋补嘉定府知府。光绪二十三年（1897），调宁远府知府，宁远为蜀极南部，汉夷时交哄，黠者或欲度为要功，钟德则取为汉奸者置之法，群夷皆服。光绪二十四年戊戌（1898）回任，适川东有余蛮子事起，嘉定居上游，一夕数惊。钟德反复告谕不足惧，外示安详，内则擘画守备。仿古乡兵法，严守望之制，以是奸人不得匿迹。自雅州南入嘉定有铜河者，乃盗贼渊薮，钟德以川南俗尚剽悍，愍不畏法，于是师法"治乱用重典"之义，穷治巨魁，诛数十人，党从敛迹，相戒不敢犯。光绪二十七年辛丑（1901），再荐卓异，奉旨以道员候补。光绪二十八年（1902），任重庆府知府，次年调署成都府知府。会宁远夷阿什者拥众为乱，地方官不敢正视，屡易守者皆不效。光绪二十九年（1903）春，川督锡良以钟德熟悉宁远事，乃檄之往。时钟德年已六十，知交劝其称病勿去，不听劝阻。单骑往，军次大兴场，众惧夷众不敢进。钟德为语利害，众感泣，钟德见众可用，乃身先士卒，夷既屡被创，夷酋马蒲子等知不可抗，遂乞降。计进军至马夷受降凡三月，廿一昼夜不为寐，以是精竭神亏，徒中风邪。边地苦无良医，抱病归成都，医终罔效，延至清宣统二年（1910）逝世。病危时，犹念取夷善后不置。钟德貌恂恂如中人，不为疾声厉色，遇事则刚正不挠。执法尚严，而出以审慎，故刑者不怨。为学期以致用，尝云："积万言于囊箧，不若见什一于行事。"故喜耽读书而少属文，然偶有作，人多传诵。晚年抱病，始以韵语自遣。著有《晚香堂诗集》行世。（《雷氏行述》、《续修陕西通志稿》）

李联芳，字实斋，陕西兴安府平利县洛河街人。清同治十年辛未科（1871），赐进士出身，第二甲第85名。同治辛未科进士，改翰林院庶吉士，授编修。历简广西、山西、云南等省正副主考，得士最盛。授国史馆纂修、功臣馆纂修、詹事府右春坊右赞善、官至内阁大学士兼礼部侍郎衔。清光绪二十年（1894）以丁忧归里，纂修删定《平利县志》成。联芳幼家贫，蒙业师教育之恩，及通显，事之如父。性直爽尤笃友，于俸禄所入，必分给兄弟，曰："同气连枝，乌可不均沾雨露耶？"家庭之内，油然可钦。（《安乐康平室随笔》、《清史稿》）

彭懋谦，字小皋，陕西兴安府石泉县人。清同治十年辛未科（1871），赐同进士出身，第三甲第65名。由增贡生报捐同知。同治九年（1870）登贤书，联捷成进士，授工部主事，改捐道员指分广东。历任报销、厘务、善后、矿政等局总办。清光绪壬午科（1882），充广东文武闱监试官。历署督粮及惠、潮、嘉各道。其任粮道也，筹修男、女养济院，加增号舍，力除积弊，穷民赖之。尝谓属吏曰："谚云，灭门县尹。须知做官不好，反灭自己之门。"闻者悚然。潮州民俗健讼，皆由讼师相惑。懋谦至，则痛惩之，积案一清，民为设长生禄位于韩公祠。懋谦总司厘务多年，应得余平银巨万，悉数捐助甘肃军饷。事闻，加按察使衔。又以新制棉衣千件，运回原籍石泉县，施予贫寒之户；并粤产木棉百余斤，慨馈贫民；又配方舍药，救吞食鸦片者，挽救瘾君子，全活甚众。寻乞假养亲归，主讲关中、味经两书院。校刊经书、古文、唐诗及乡贤先达遗集10种，并在粤刊刻之"四书"、《易经》、《尚书》、《诗经》各经读本暨《课蒙医药》、《山蚕易简》等书板式，交存关中书院尊经阁以惠士林。光绪二十六年（1900）陕抚延赞赈务总局，始终不受薪水，识者以为难。事竣，保奖二品顶戴。年六十九卒。（《续修陕西通志稿》）

曾星辉，号南垣，陕西兴安府紫阳县人。清同治十年辛未科（1871），赐同进士出身，第三甲第134名。历任直隶邢台、清丰等县知县，一以教养抚绥为务。公余则诣学校指授诸生经义，士之受指示者，多登巍科。清丰西乡霪雨成灾，漂没田庐，星辉为修永丰渠以蓄泄之。清光绪三年（1877）奉檄办赈，亲临散放，民沾实惠，上峰嘉之，饬令行其法于各州县。年末七十解组归，士民攀援泣送者不绝于道。（杨家驹《紫阳县志》、《清丰县志》、《重续兴安府志》）

王隆道，陕西兴安府砖坪罗金坪（今岚皋县）人。清同治十三年甲戌科（1874），赐同进士出身，第三甲第120名。[《清朝进士题名录》第1115页原注58：王隆道，《碑录》作陕西砖坪厅安康县人。按：砖坪厅为道光三年分安康等县地置，砖坪厅、安康县均为兴安府所领厅、县，砖坪厅与安康县之间并无领属关系，见《清史稿·地理志》。科举文献著录其人，均作砖坪人，如《同治十三年甲戌科会试录》作陕西兴安府砖坪厅附生，《同治十三年甲戌科会试同年官职录》作陕西砖坪厅附生，民国《续修陕西通志稿》卷四十《选举表》作砖坪人。砖坪厅民国二年废厅改砖坪县，王隆道亦见民国《砖坪县志》卷二《人物志·科贡》。今据改。题名碑作"甎"（同"砖"）坪县人，则非是，清代尚无砖坪县建置。]号静山，同治八年（1869）乡举人，甲戌科进士，以知县分发即用。签分广西署容县，补永淳，均有政声。在容县剔除积弊，民赖以安，为立生祠祀之。清光绪七年（1881）致仕，光绪十一年（1885）卒于家。（《砖坪厅志》、《重续兴安府志》）

附：王隆道妻杜继燕（1823—1920），砖坪厅化鲤墟杜家老院子人。其父杜官廉，清乾隆五十九年（1794）举人，修养品德，勤奋学习，为士林所尊崇。其母祝氏，知书习礼，精明和善。5岁，母为杜继燕缠足，足痛难忍，步履艰难，十分不便，便问母为啥缠足。其父对小脚也有反感，帮女说情放足。15岁时，杜继燕身着男装读书。亲友称她小楷端正，文墨雅众，赛过秀才，唯足大露丑。母再次劝小女缠足，继燕用缠足之苦说服母亲。清道光二十一年（1841），她18岁，按宗礼，男二十而冠，女十八而簪，因足大尚未婚配，其母一直担忧。直到20岁，秀才（后中进士）王隆道不嫌天足，前来求婚，父母大喜，问及小女，小女要求拜读王隆道府考文章再定。杜继燕见王隆道府考题为《善养浩然之气》，当读到"先有浩然之身，才能养浩然之气。身体发肤受之父母不敢毁伤，才能清白健全之身。无清健之身，而欲养浩然之气，是舍本而求末也！岂可言善养乎"时，脱口而出"好文章！好文章！"即联姻成配。后在杜继燕教育下，10个孙女均不缠足。清光绪五年（1879）始，杜继燕在化鲤壖私塾执教25年，学生过百人，其中周准、伍少棠、段小唐等14人学业优异，中秀才。5个儿子，其中4个秀才，1个举人。民国九年（1920）八月二十七，病逝。挽联大都是"女中状元"、"艺苑英才"、"一代女师"一类评语。

何希逊，字东阁，陕西兴安府石泉县人。清同治十三年甲戌科（1874），赐同进士出身，第三甲第180名。（《清朝进士题名录》第1116页原注71：何希逊，《碑录》作陕西汉中府石泉县人。按：石泉县为兴安府所属县，与汉中府从无领属关系，见《清史稿·地理志》。今改。《同治十三年甲戌科会试录》作兴安府不误。）同治八年（1869）陕西乡试举人，甲戌科进士。授直隶知县，补热河赤峰县令，历署滦平、丰宁等县知县。解组后，教授本族子侄及乡里后进，于是石邑文风蒸蒸日上。一时掇巍科，列仕版者多出其门。其族中受熏陶而成名者颇多，进士授主政业建；进士授庶常改河南观察使毓璋尤著者。故时论谓：何氏之大，实希逊开之也。（朱自芳《石泉县志》）

汤子坤，字抚辰，陕西兴安府汉阴县人。清光绪二年丙子科（1876），赐进士出身，第二甲第136名。光绪丙子科进士，改翰林院庶吉士，授编修，充功臣馆纂修，主传赞。笔削予夺，无稍偏私，京察一等。简授云南永昌府知府。府居三迤上游，为全省要害，治南红蚌河向驻英国军队，号称难治。甫下车，汤子坤即熟察情形，绸缪外患。一面采风问俗，弭盗劝农；一面广设义学，以化蛮风。期年大治。光绪二十一年（1895），镇康一地苗人作乱，凶悍异常，屡挫官兵。子坤奉令往讨，以苗之所恃在用竹签护营，以致人马裹足。乃故设疑兵，迅发巨炮，使敌不能逼进，派兵毁其竹签，乘势长驱，一鼓荡平，苗疆乂安，去出征时仅数月耳。叙功加三品衔补用道职，以在营受瘴气不治，还署即卒。赠太常寺卿。（《重续兴安府志》）

胡瀛，陕西兴安府汉阴县人。清光绪二年丙子科（1876），赐同进士出身，第三甲第157名。未仕，卒。

胡鸿典，陕西兴安府汉阴县人。清光绪三年丁丑科（1877），赐进士出身，第二甲第119名。礼部主事。早卒。

张成勋（1848—1912），字麟阁，号云门通，陕西兴安府汉阴县涧池镇洞河人。清光绪三年丁丑科（1877），赐同进士出身，第三甲第66名。清同治十二年（1873），以优等学业成绩补增举人。光绪丁丑科进士，授刑部主事，四川司正主稿职。光绪六年（1880），授员外郎总办秋审、中宪大夫（文职正四品）。精研法律，援引确当，屡主秋审，无稍宽纵，尚书薛允升尤倚重之。他在京任职

11年中，结识北洋大臣袁世凯、宦官安德海等权贵。光绪二十二年（1896），简放四川川北兵备道，阅兵察吏，无所瞻徇，风气为之一振。任期3年，因丁忧卸职返里。服阕，值八国联军进逼北京，慈禧太后携光绪帝逃至西安。成勋赴行在陛见，授安徽凤、颖、六、泗道兼督凤阳关。成勋抵任，值安徽涡阳捻军未靖，派兵抚绥安辑，以其地素称"薪桂"，燃料稀缺，每遇霖雨，阖城艰于炊食，乃设官柴局，并捐廉广置滩地为民储薪，凤阳人号曰"张公滩"，立生祠祀焉。告归后，诏起为京师总检察厅厅丞，复擢法律馆咨议官，俱不就。回到汉阴，先后购置田课7000多石（4370多亩）。为防匪盗，接着扩建洞河张家堡子，在堡墙的四角修筑炮楼，俨如城郭，占地面积约30亩（现为两个村民小组的村民住宅），成为全县绝无仅有的一个大"土围子"。清宣统二年（1910）张成勋捐资在家乡汉阴涧池铺倡立两等小学堂一所。林下数年，颇多善举，寻卒。著有《秋审实缓比较汇集》、《奏折抄存》等行世。（《汉阴县志》，陕西人民出版社1991年版）

戴家松，陕西兴安府石泉县人，清光绪三年丁丑科（1877），赐同进士出身，第三甲第124名。

陈文锐，字养锋，陕西兴安府汉阴县人。清光绪六年庚辰科（1880），赐同进士出身，第三甲第25名。性敏好学，长于古文词。以刑部主事洊升祠祭司郎中，拣发湖北知府。光绪十年（1884）实授襄州，勤慎廉明，谨厚朴雅，惠政洋溢。喜吟咏，凡风景名胜之区辄有题词，惜未逾年而卒，士论惜之，而著述亦多散佚。（《湖北通志》、《重续兴安府志》）

傅树堂，号荫亭，陕西兴安府汉阴县人。清光绪六年庚辰科（1880），赐同进士出身，第三甲第184名。光绪五年（1879）举于乡，第二年成进士。截取知县，以目疾改就教职，铨榆林府教授。涵养深纯，恬静寡欲，故教人崇实黜华，不事浮嚣。在任6年，从游日众。贫无膏火者，分清俸与之。告归，家屡空，淡如也。年八十有三，无疾而终。（《重续兴安府志》）

谢化南（1845—1917），号棠洲，陕西兴安府汉阴县人。清光绪九年癸未科（1883），赐进士出身，第二甲第89名。自幼攻读经史。凡登门求教者，悉心指点，诲人不倦。光绪癸未科进士，授户部主事。甲午战争后，国事日非，化南百感交集，回天乏术，便欲辞官归乡办学，未获准，调任云南思南府知府。莅任未久，因长兄病危，便托故辞职返里，设学堂讲学，倡导教学革新，增设数学、时事政治等学科。后学堂因故解散，谢从此深居简出，专心从事著述。民国六年（1917）卒。著有《滇程日记》、《庚子扈跸日记》、《京华从政录》、《题媳高氏遗墨》、《读书乐塾诗文》等。（《汉阴县志》，陕西人民出版社1991年版）

汪景星，字佐长，陕西兴安府汉阴县人。清光绪九年癸未科（1883），赐进士出身，第二甲第101名。中进士后，授兵部武选司主事。截取直隶州知州，分四川,补资州,调眉州。所至问民疾苦,兴利除弊,百废俱举,有慈父神君之称。先是眉州有通济堰,灌田两万余亩,分为小堰十四,每岁各举堰长二人理其事。修堰费由堰长垫给,无从取偿,动至破产,人皆畏而避之。有孀妇某,因子充堰长,鬻田垫款,不能自存,母子相继自缢。景兴夙闻其弊,下车后,召集父老,躬自履勘,于堰之过水及易塌处,甃石修固,按水摊工,并设局收费,凡买卖受溉之田,先报局缴费,然后诣县印契,永革堰长,积弊遂除。于是眉人大悦,为之歌曰:"汪公莅任,政美且都;弊端永杜,民困以苏。"因立生祠尸祝以报之。(《重续兴安府志》)

赖清键,原名霞举,号仙竹,陕西兴安府紫阳县人。清光绪九年(1883)癸未科,赐同进士出身,第三甲第46名。光绪二年丙子科(1876)举人,中进士后,授工部主事虞衡司行走,补花翎员外郎,升制造库郎中。出任广东肇庆府知府,加盐运使衔。与康有为善,尝同邑人桂长林游于康、梁之门。戊戌变法,参加强学会,推动维新,并参加各地举子赴北京上书(史称"公车上书")。光绪二十四(1898)九月二十一日,慈禧发动政变(史称"戊戌政变"),捕杀变法人士谭嗣同、林旭、杨锐、杨深秀、刘辉、康广仁6人(史称"戊戌六君子"),同时通缉康有为、梁启超等变法人士。赖清键逃亡上海隐居,清宣统三年(1911)辗转回籍,未几卒。(《戊戌维新史稿》;《紫阳县志》,三秦出版社1989年版)

谢裕楷(1844—1898),字端甫,陕西兴安府安康县流水店人。光绪九年癸未科(1883),赐同进士出身,第三甲第71名。(《清朝进士题名录》第1185页原注21:谢裕楷,《光绪九年癸未科会试同年齿录》云:"原籍福建龙岩州。")光绪元年(1875),举孝廉方正,旋中是年恩科举人。光绪癸未科进士,以知县用,签分直隶补顺天府固安县知县。时永定河溢成灾,裕楷捐办赈务,全活无算,并植柳数万株以护堤身,人称"谢公堤"。后河虽再决,而城获无恙。尝谓"治民必先造士",因葺书院,亲督课诵,士气丕变,民讼亦稀。复师王文成(守仁)保甲法,奸宄无容足地,咸逃入邻境。光绪十九年(1893),调署大兴县,燕南值大水,灾民流离,裕楷承父仁晖遗命,报捐千金助赈。六门三镇设粥厂,裕楷躬自巡视,风雨无间。大兴为顺天府首邑,陵差、场差络绎不绝,每午夜治官书,以经文断疑狱。有蠹役殃民,捕治不少贷。因杵权贵意被劾。直督潘文勤公知其诬,为奏白之。补宝坻县知县,以卓异升东路同知,再补西路同知。赏戴花翎。裕楷为政,务持大体,宽以治民,严以治盗,属邑房山煤窑,为盗贼渊薮,裕楷擒其巨魁,将置之法,而权贵求赦,书一日数至。裕楷投书于地曰:"一官不足惜,如苍生何?"卒不徇法。以直贾怨,言官诬劾,吏议落职,毫无恨意。盖裕楷衷怀淡定,故能处之夷然也。旋以病殁,固安士民为立祠祀之。(《续修陕西通志稿》、《谢裕楷行述》、《重续兴安府志》)

胡文瀚，陕西兴安府汉阴县人。清光绪十二年丙戌科（1886），赐进士出身，第二甲第 104 名。即用知县，分发广东。

阮善继，陕西兴安府安康县人。清光绪十五年己丑科（1889），赐同进士出身，第三甲第 124 名。

田宝蓉，陕西兴安府安康县人。清光绪十八年壬辰科（1892），赐同进士出身，第三甲第 76 名。

雷宝荃，陕西兴安府安康县人。清光绪十八年壬辰科（1892），赐同进士出身，第三甲第 80 名。

谢德昭，陕西兴安府白河县人。清光绪十八年壬辰科（1892），赐同进士出身，第三甲第 119 名。

谢馨（1870—1952），陕西兴安府安康县人。字崇山，号伯南，又号白石山樵、海月楼主人、复园老人。祖籍岚皋，随父定居白河县南康家坪。清光绪二十一年乙未科（1895），赐进士出身，第二甲第 25 名。[《清朝进士题名录》第 1288 页原注 8：谢馨，《碑录》作陕西兴化府安康县人。兴化府为兴安府之误。今改。《光绪二十一年乙未科会试录》、《光绪二十一年乙未科会试同年齿录》、《光绪二十一年乙未科进士登科录》作陕西兴安府安康县民籍不误。同科进士何业健（3/054）、潘宜经（3/069）籍贯亦误作陕西兴化府白河县，并改。] 光绪癸巳恩科（1893）举人，乙未科进士。钦点翰林院庶吉士。光绪二十九年（1903），签分云南省通海县任知县，后任定远、蒙自知县。对当时官场上的人浮于事、尔虞我诈有深刻之认识。故数载为政，除操心民间温饱外，寄情山水，借酒浇愁。辛亥革命后，辞职归里，到上海行医为业。民国三年（1914），归家奉亲。时袁世凯称帝，谢馨四处游说，并致函友好公开反袁。1932 年，被镇嵩军憨正琨师长聘为顾问，赞襄幕府，寄旅潼关。1933 年，邵力子主陕，聘为省府顾问、陕西省经济委员会委员。1935 年，成为中国国学会会员，复任省主席王一山顾问。谢馨精中医，花甲之年后除吟诗、练字外，常施岐黄之术于乡里，不取酬报，充实生活而已。馨书法极有功底，友好索其墨迹多能如愿，其书法对县内学人影响至深。谢馨抒情寄慨诗文颇多。1933 年，鲁秦侠驻白河时，与杨燮堂、陈贤之助资付梓，取名《海月楼诗文杂抄》，共 6 卷，十余万言，是近代白河县出诗文集第一人。白河县第一次解放，闻人民政府开村建政干部进驻茅坪，谢穿着清朝官服，从康家坪前往枣树岭欢迎。（《白河县志》，陕西人民出版社 1996 年版）

何业健，陕西兴安府石泉县人。清光绪二十一年乙未科（1895），赐同进士出身，第三甲第 54 名。

潘宜经，字纬堂。清光绪二十一年乙未科（1895），赐同进士出身，第三甲第 69 名，陕西兴安府白河县人。[《清朝进士题名录》第 1291 页原注 44：潘宜经，《碑录》作第七十一名，其上原有沈同芳一人，《碑录》注云："补朝考。"按：沈同芳已见光绪二十年甲午恩科（3/68），故本书将其删去，并将潘宜经以下各名次依次提上。小金榜、《光绪二十一年乙未科殿试题名录》著录其名次为第六十九名。参见本科都守仁（3/056）条校记。题名碑亦无其人。]光绪十四年（1888）举人，乙未科进士，以即用知县分发赣省，历署高安、吉水、安福等县知县。丁内艰，服阕，值戊戌变法，感世局纷乱，遂教授乡里，引掖后进，裁成颇多。（《白河县志》）

陈进钜，陕西兴安府汉阴县人。清光绪二十四年戊戌科（1898），赐进士出身，第二甲第50名。户部主事。

郭日章，陕西兴安府汉阴县人。清光绪二十四年戊戌科（1898），赐进士出身，第二甲第143名。工部主事，后改知县，分发湖北署兴山县知县。

余宝菱，陕西兴安府安康县人。清光绪二十四年戊戌科（1898），赐同进士出身，第三甲第26名。

傅学憼，陕西兴安府汉阴县人。清光绪二十四年戊戌科（1898），赐同进士出身，第三甲第132名。即用知县，分发云南补弥勒县，后调署禄丰县知县。

张孝慈（1878—1957），字紫樵，陕西兴安府安康县人。清光绪二十九年癸卯科（1903），赐同进士出身，第三甲第39名。幼入私塾，饱读诗书。清末中进士，进入翰林院任编修。后东渡日本求学，1907年毕业于日本法政大学。受民主思潮的影响，加入同盟会。陈树藩在陕西执政时，曾出任督军府秘书长和省财政厅厅长。后回归故里，历任安康县财务主任、安康县参议会参议长、"戡乱建国"委员会主任、安康县志局总编辑等职，并加入国民党。在地方从政多年，在消弭战乱，旱灾救赈，火灾善后，调和安康回汉矛盾，发展文化教育事业诸方面，建树颇多。张孝慈一生信奉佛教，1937—1940年间曾与董铭竹合作编纂《感应宝箓》（8卷），石印成书。与董铭竹、荆忍谦合修《续安康县志》。工书法、系馆阁体，兼习篆体。因其道德学问而成地方名士。1949年11月27日，鲁秦侠率安康自卫团起义，张紫樵积极支持，并在国民党县政府会议上表示一定要走和平起义道路。会后即热情欢迎解放军入城。新中国成立后，任安康地区土地改革委员会副主任委员、安康县政协副主席等职。（《安康县志》，陕西人民出版社1989年版）

张继信，陕西兴安府安康县人。清光绪二十九年癸卯科（1903），赐同进士出身，第三甲第144名。

何毓璋，陕西兴安府石泉县人。清光绪三十年甲辰恩科（1904），赐进士出身，第二甲第54名。

存疑——3 名清代进士：

民国三十年（1941），鲁论《重续兴安府志·选举志·进士》，"王允生，安康人，咸丰壬子科，翰林院庶吉士"，"刘光铣，平利人，光绪乙未科，云南即用知县"。这里记载了王允生、刘光铣两位"进士"，而对照《清朝进士题名录》的咸丰壬子科、光绪乙未科没有这两位"进士"的名字。后来安康市有关单位根据鲁论编纂的《重续兴安府志》手稿翻印《重续兴安府志（校注）》时又没有查对《清朝进士题名录》等有关文献进行校订。王允升（生）、刘光铣两人都是举人，清朝对举人可以放任为官，他们在任上业绩显著，得到升迁。因此，家乡人可能把他们传为"进士"，这只是猜想而已。

舒钧编道光《石泉县志·选举志第七》："王锦元，恩赐乾隆乙卯（乾隆六十年，公元1795年）举人，嘉庆丙辰（嘉庆元年，公元1796年）进士，翰林检讨，预千叟宴。"根据鲁论编纂的《重续兴安府志》手稿翻印《重续兴安府志（校注）》的《选举志》，所列进士、举人名单中没有"王锦元"的名字；《清朝进士题名录》嘉庆丙辰科进士名单中亦没有"王锦元"的名字。

武进士：

于兆熊，清顺治十七年庚子科（1660）武举，顺治十八年辛丑科（1661）武进士。

李红标，清道光五年乙酉科（1825）武举，道光六年丙戌科（1826）武进士，广西桂林营参将。

哈元祥，清咸丰十一年辛酉科（1861）武举，同治十年辛未科（1871）武进士，汉中左营都同。

哈成凤，清同治八年己巳科（1869）武举，同治十年辛未科（1871）武进士，汉中略阳营守备。

史永祺，清光绪十四年戊子科（1888）武举，光绪十五年己丑科（1889）武进士，花翎二等侍卫。

罗帮彦，清光绪十五年己丑科（1889）武举，光绪十八年壬辰科（1892）武进士，陕安镇中营守备。

朱光辉，清光绪十五年己丑科（1889）武举，光绪十八年壬辰科（1892）武进士，四川建安营都司。

吉人杰，洵阳县武举（无年科），清光绪十六年庚寅恩科（1890）武进士，陕安镇中营守备。

袁世佐，光绪二十年甲午科（1894）武举，清光绪二十一年乙未科（1895）武进士，陕安镇左营守备。

附录：刘勇先有关专题文稿8篇

对安康清代两名"进士"的初探

我因为编写《安康古代教育一隅》，其中有一编《明清安康进士名录》，手头参考资料有《重续兴安府志（校注）》、《安康历代名人录》等，还买了一套《清朝进士题名录》（上、中、下全三册，江庆柏编著，中华书局2007年版）。当我按《重续兴安府志（校注）》的《选举志·进士》名单对照《清朝进士题名录》查校时，除6处科考纪年有误、6位人名有别字外，还有"王允生，安康人，咸丰壬子科，翰林院庶吉士"、"刘光铣，平利人，光绪乙未科，云南即用知县"。这里记载了王允生、刘光铣两位"进士"，而《清朝进士题名录》的咸丰壬子科、光绪乙未科没有这两位"进士"的名字。《重续兴安府志（校注）》的《选举志·举人》名单中有"王允升"、"刘光铣"。《安康历代名人录》第259页，有"王允升，字敦甫，安康县新城人。广东广粮厅通判王玉树之子。道光十二年（1832）冒广东籍中式举人，联捷成进士，签分户部福建司职事，经言官参谒检举，父子异籍，免于进士资格，废福建司主事职。道光怜其才，赏还举人，准其一体会试，复中咸丰二年（1852）进士，殿试二甲一名，授翰林院庶吉士，改编修。历充广西、江西、福建等省学政，安康士林荣之。独是兵燹后，著作不传，为可惜耳"（《耆献类征》）。我不知该书作者对王允升的履历引用了什么文献。"复中咸丰二年（1852）进士，殿试二甲一名"，但《清朝进士题名录》咸丰二年壬子恩科（1852）赐进士出身，第二甲第一名是彭瑞毓，湖北武昌府江夏县人。这一科都没有"王允升（生）"的名字，咸丰六年丙辰科（1856）三甲第15名"王允升，顺天府大兴县人"，肯定不是安康的王允升。查遍整个道光、咸丰年间各科，均没有安康县籍"王允升"的名字。再查《清朝进士题名录》光绪二十一年乙未科（1895），也没有"刘光铣"的名字，查遍整个光绪年间各科，均没有"刘光铣"的名字。

《清朝进士题名录》是著名的中华书局出版的工具书，这部书在《清朝进士题名文献概述》中列举了"名录"来源文献：

（1）朱卷。《明史·选举志二》："考试者用墨，谓之墨卷，誊录者用朱，谓之朱卷。"朱卷，是明清科举制度下特有的文化教育产物，乡、会试卷考生用墨笔书写叫墨卷；然后由专门誊录的人用朱笔誊写，不书姓名，只编号码，使阅卷者不能辨认笔迹。《清会典事例·礼部·解卷》："顺治二年定，乡试填榜拆号之日，将朱墨卷并黏。朱卷大书姓名，墨卷大书名数。"发榜后朱卷发还考生，中式者往往刻以送人。

（2）小金榜。清制，殿试有大金榜、小金榜之制。金榜，即"殿试揭晓的榜式"，现存的大、小金榜今均藏于中国第一历史档案馆。

（3）题名碑。题名碑是指立于北京孔庙内的清朝全部进士姓名及甲第、籍贯的碑石，共118通。

（4）会试录、登科录。会试和殿试都是中央一级的科举考试，会试结束后由主考官主持编纂的会试文献称为会试录。殿试结束后由礼部主持编纂的殿试文献称为登科录。清朝对会试录、登科录非常重视，要进呈皇帝，并由礼部刊刻。

（5）履历便览、齿录。履历便览是一种按同科会试中式贡士（通常也称为进士）籍贯所在的行政区划编排的名录。齿录，在古代也称为同年录、同年谱、序齿录等，清代多称为"齿录"。这是一种按同科会试中式贡士年齿顺序排列的名录。

（6）题名录。清朝各种进士题名录，著录准确，内容丰富。从题名录收录的范围来看，可分为全国性的、单一科年性的、地方性的、家族性的等。

（7）地方性进士题名录。清朝的地方性进士题名文献，按所收录的范围看，有省、府、县之分，家族进士题名录也可以归入这一类。

（8）地方志中的"选举志"。在各级地方志中，大多设有"选举志"（也有用"科目"等名称），按科年著录本地进士。地方志多由本地人纂修，对进士人名的著录，尤其是对进士的改姓、改名等资料的著录，较为准确。

（9）《清实录》中的进士题名。实录是皇帝在位期间的编年大事记。《清实录》是清代官修的记录清代各朝皇帝大事的编年体史书。《清实录》记载的内容非常广泛，科举考试作为"抡才大典"，在《清实录》中亦有具体的记载。《清实录》中所记载的与进士考试和进士题名相关的内容，有复试、殿试、传胪、引见新科进士等。

《清朝进士题名录》从以上9个方面汇集成书，是很精心认真的，丢漏进士姓名可能性极小。经过朱卷、殿试大金榜、小金榜、进士题名碑、会试录、登科录以及《清实录》等多种严肃文献的层层核对，丢漏进士名额的概率微乎其微。

史载，清乾隆年间，兴安知府李国麒案牍之余，检阅州志，博考经史，始修《兴安府志》，成一地之文献。清嘉庆十七年（1812），兴安知府叶世倬咨采搜辑，拾遗订讹，修成《续兴安府志》。然而迄至民国百余年间，此地因兵燹灾祸，朝代更迭，致典籍散失，文献无征，方志断缺，无史可考。幸民国初年，安康名儒鲁论先生倾其家产，撰修续志，历二十寒暑，至1944年3月成《重续兴安府志》手稿，但尚未刊刻就积劳成疾辞世。后此手稿辗转流落，幸被北京师范大学收藏。2005年3月，安康市有关单位根据鲁论编纂的《重续兴安府志》手稿翻印成《重续兴安府志（校注）》，但可能因为校对不认真，出现差错较多。

综上所述，我对王允升（生）、刘光铣两人的记载初步认为有以下几点：①鲁论编纂的《重续兴安府志》手稿，可能"因兵燹灾祸，朝代更迭，致典籍散失，文献无征，方志断缺，无史可考"。他手头也可能没有咸丰、光绪朝的典籍、方志和清朝科考的核心文献，故在《选举志·进士》名单中出现讹误。例如：他把谢玉珩嘉庆庚辰科，误记为"己卯恩科"；把余怀堂道光戊戌刻，误记为"戊辰科"；把张九搏咸丰丙辰科，误记为"壬子科"；把汤子坤光绪丙子科，误记为"乙亥科"；把胡瀛光绪丙子科，误记为"乙亥科"；把阮善继光绪己丑科，误记为"乙丑科"；把罗儁记为"罗俊"、胡印远记为"胡应远"、傅树堂记为"傅树棠"、赖清键记为"赖清健"、余宝淩记为"余宝凌"、傅学憨记为"傅学敬"，还多出了"王允生"、"刘光铣"两人。②后来安康市有关单位根据鲁论编纂的《重续兴安府志》手稿翻印《重续兴安府志（校注）》时，又没有查对《清朝进士题名录》等有关文献进行校订。③王允升（生）、刘光铣两人都是举人，清朝对举人可以放任为官，他们在任上业绩显著，得到升迁。因此，家乡人可能把他们传为"进士"。不过这些只是猜想而已。

为查清王允升（生）、刘光铣两人是否为兴安府（现安康市）籍"进士"，笔者真想去趟北京，到孔庙看看"清朝进士题名碑"，到国家第一历史档案馆查查清朝"大、小金榜"的进士名单，到故宫博物院图书馆查查《清实录》。

（有资料说：刘光铣是戊戌科会试中式第261名贡士，陕西省兴安府平利县人，未殿试，理论上不是进士，但是因为殿试例不黜落，传统上民间就当其为进士了。）

汉阴为什么人才辈出

有一个谜，一直解不开。我们水电部第三工程局有不少局处级干部，是汉阴人；一些历史资料，也记载了不少汉阴人在朝廷和地方当官，或在大学任教。汉阴仅仅是陕南一个山区小县，这里没有巨商大贾，也没有丰富的矿产资源，是典型的农业县。这个县的人口，有史可查的是清嘉庆二十三年（1818）《汉阴厅志》的记载，全县有18900户，121660人；民国三十七年（1948），据《汉阴县志》记载，全县有21612户，112184人。就是这个人口不多，以农业为主的偏远山区小穷县里，仅在明、清两朝，就出过王应泰、茹金、温予巽、胡印远、谢化南、张成勋等21名进士，占总人口的0.18‰；出过齐伦、温训、蒋顺常等58名举人和33名副榜武举，占总人口的0.74‰；还有明代贡生120名、清代贡生211名，占总人口的2.88‰。史载，科举最高规格的考试是殿试，取中者称进士。由于殿试是皇帝亲自主持的，名次是皇帝钦定的，金榜又是以皇帝的诏令形式下达的，因此，中榜者有"天子门生"之称。能够金榜题名，不仅是科举的最高荣誉，而且可步入仕途。清朝从顺治三年（1646）第一次举行殿试，到光绪三十一年（1905）最后一届文科殿试，共开科取士112科（含特科、恩科），全国每届题名金榜者最多399人，最少81人。从《汉阴县志》中可查到，汉阴明清21名进士中，有清咸丰庚申科、光绪丙子科、光绪丁丑科、光绪庚辰科、光绪癸未科5届每科考中进士两名，光绪戊戌科考中3名。由此可看出，汉阴籍进士在泱泱大国应届进士中所占的比例是相当高的，值得汉阴人骄傲。

汉阴这个小县人才辈出的原因何在呢？我手头有民国三十七年（1948）续编的《汉阴县志》，经研究，心中的谜似乎有解了。一是明清在此任知县或通判的大多是进士、举人等社会精英和饱学之士。仅进士就有15人：唐希介（山西阳曲人，明弘治八年）、储作舟（湖南江陵人，明隆庆年间）、张启蒙（顺天坝州人，明万历四十一年）、杨六德（河南鹿邑人，清顺治十年）、黄鼎楣（河北宣化人，康熙三十八年）、王大树（山西平陆人，雍正四年）、史琮（山西太平人，乾隆四十一年）、孙辉增（山西兴县人，乾隆四十三年）、杜泰（江西人，乾隆四十八年）、赵廷俊（云南太和人，道光三年）、光朝魁（安徽桐城人，道光七年）、王羲樟（福建闽县人，道光二十六年）、石裕绅（山东蒙阴人，光绪三年）、周铭旗（山东即墨人，光绪五年）、刘容第（顺天昌平州人，光绪三十四年），还有两名解元——林元芎（山东人，同治五年通判）和沈祖颐（浙江吴兴人，沈尹默之父，光绪八年任抚民通判）。这些人不但把经济、文化发达地区的行政管理经验带进汉阴，更重要的是他们重视教育，带来了各地好的教育经验，重修文庙，尊崇孔子，设学田，扶助贫困学子。二是明清在此县任教谕和训导的官员很负责任,他们也是来自全国各地的优秀知识分子(举人、贡生。明朝和清初教谕阶九、训导阶未入流。后自清乾隆元年,升教谕为正八品,训导为从八品)。三是明清时从湖、广、晋、徽等地迁来了一些移民在汉阴城乡开垦荒地,经营手工业。他们带来了家乡吃苦耐劳的创业精神及鼓励子弟刻苦向学的风气。四是全县城乡大面积建立了稳固的基础教育系统。据《汉阴县志》记载:"自光绪二十九年(1903),通判姜渭(浙江会稽人)既改育英书院为高等小学堂,继又改义学为初等小学堂。当时共立十校,年支银五百余两。""宣统二年(1910),邑绅张成勋(卸任反里的花翎二品顶戴官品级的进士),复于涧池铺倡立两等小学堂一所。""(民国)十二年(1923)全县增至五十二校。(民国)十六年(1927)人民以捐款浩繁,多愿捐产兴学,(民国)十七年(1928)一年之中增加四十校。""至(民国)三十六年(1947)止,计有中心国民学校十八校,保国民学校一百五十校(在校学生达11048人,占当时全县人口的1/10)。"五是乡贤和较富裕的农户热心助学。以他们为主,民间建立了稳固的奖学金董事会。由于这5种因素的作用,汉阴民间逐渐形成了淳朴、刻苦向学的浓厚氛围,这可能就是汉阴人才辈出的原因吧。

民国三十七年(1948)编修的《汉阴县志》中,有关教育的部分记载较细:"清光绪三十二年(应是三十一年)科举制停,训导卢仁谦兼劝学总董,就署内设劝学所,创办初等小学堂。""教育经费来源:自清光绪二十九年开办学校,迄于民元。旧日学产,除将学田一百石零六斗划归财政局外,其余学田、书院田、印红田、卷价田、状元田以及宾兴会银概作教育经费……三十五年奉令:保国民学校精粮全部列入县预算内统一筹支,原有基金孳息应作充实设备之用。""奖学金。本县奖学金原有张氏(晓灵)、胡氏(勉斋)、杭氏(劲夫)等各种。计张氏捐稞(净谷)二百五十二石;胡氏及张维斋、陈卓玉共捐稞四十八石;杭氏捐稞三十四石。"民国三十四年(1945)六月,又倡组各氏联合奖学金董事会,并制定了《汉阴县联合奖学金董事会组织规程》,其"第二条:本会以奖励本县优秀刻苦力学之学生,得以升入高中、大学,培养健全人才为宗旨。第三条:本会以统一管理张氏晓灵捐产二百五十石(稞);张氏维斋、胡氏勉斋、陈氏卓玉共捐田稞四十八石;杭氏劲夫捐增基金一拾万零二千元,暨地方拨充基金二拾万元,共置田产三十四石(稞)。又以三十五年度存余稻谷,置田产三十二石(稞)。总计三百六十六石(稞)为职责"。其"第七条:本会应办事项如左(旧文书格式是竖行由右往左书写)。一、基金管理及运用事项。二、基金筹集及计划事项。三、审核应奖学生成绩事项。四、经收租稞暨发奖事项。五、调查学生家庭经济状况事项(可能是为了解除优秀贫困生的后顾之忧)。六、拟订各种章则事项。七、其他有关执行事项"。民国三十六年(1947)八月,还制定了《汉阴县联合奖学金董事会发给奖学金办法》。其"第一条:为奖励本县优秀学生继续深造,以培养健全人才起见,订定本办法"。其"第四条:本奖学金一律奖给实物(可能是当时币值不稳定之由),并以发稻谷为原则。其名额与实物暂定如左(因竖行书写):一、留学国外学生四名,每名每学期奖发稻谷四石。二、大学专科学校暨立案之私立大学专科学校学生二十四名,每名每学期奖发稻谷一石五斗。三、高级职校暨立案私立高级职校学生十名,每名每学期奖发稻谷八斗。四、高级中学暨立案之私立高级中学学生二十名,每名每学期奖发稻谷八斗。五、师范学校暨立案之私立师范学生二十名,每名每学期奖发稻谷八斗。六、简师学校暨立案之私立简师学校学生十名,每名每学期奖发稻谷四斗。七、初职学校暨立案之私立初职学校学生五名,每名每学期奖发稻谷四斗。以上各款所列奖发实物,均以老斗计之"。其"第十一条:领受奖金学生,其学业、操行、体育成绩,每学期逐渐降低者减发奖金"。

从民国时期汉阴县的奖学助学基金组织来看,奖学助学主要是靠民间社会贤达和有识之士的捐赠,有组织且有章程可依,是比较稳固和切实可行的奖学助学办法。明、清两朝汉阴是否也有类似的民间奖学助学组织,因手头无资料可查,还不得而知。仅从民国时期民间奖学助学的组织来看,汉阴从城镇到乡间,这种浓厚的向学传统和价值观念是长期的历史积淀,作为一种"汉阴精神",会一代一代传下去。因而,人才辈出也是不足为怪的。汉阴这种民间建立奖学助学基金会的做法,对今天也有很好的借鉴作用。

附明、清两朝汉阴县科考金榜题名进士名单(共21名):

王应泰,明天启壬戌科(1622)进士。
汪毓珍,清康熙丁未科(1667)进士。
茹金,清道光丙戌科(1826)进士。
温予巽,清道光癸巳科(1833)进士。
刘洪简,清咸丰壬子科(1852)进士。
蒋常垣,清咸丰癸丑科(1853)进士。
何贵高,清咸丰己未科(1859)进士。
陈进衔,清咸丰庚申科(1860)进士。
胡印远,清咸丰庚申科(1860)进士。
汤子坤,清光绪丙子科(1876)进士。
胡瀛,清光绪丙子科(1876)进士。
胡鸿典,清光绪丁丑科(1877)进士。
张成勋,清光绪丁丑科(1877)进士。
陈文锐,清光绪庚辰科(1880)进士。
傅树棠,清光绪庚辰科(1880)进士。

谢化南，清光绪癸未科（1883）进士。
汪景星，清光绪癸未科（1883）进士。
胡文瀚，清光绪丙戌科（1886）进士。
陈进巨，清光绪戊戌科（1898）进士。
傅学憼，清光绪戊戌科（1898）进士。
郭日章，清光绪戊戌科（1898）进士。

两府道台张成勋《奏折抄存》的价值

张成勋（1848—1912），字麟阁，号云门通，陕西汉阴人。张成勋是清同治十二年（1873）举人，清光绪三年（1877）进士，留京任刑部主事，四川司正主稿、中宪大夫（正四品）、总办秋审，掌生杀大权。后著有《秋审实缓比较汇案》一书。他在京任职11年，光绪二十二年（1896）调任川北兵备道台，任期3年，因丁忧卸职返里。光绪二十六年（1900），八国联军侵入北京，慈禧太后挟光绪皇帝于是年8月逃到西安，张成勋赶到西安拜见慈禧和光绪帝。次年以二品顶戴花翎官衔任凤（阳）、颍（上）、六（安）、泗（县）道台兼督理凤阳关税务（史载，袁世凯从朝鲜回京后，官居二品，是管辖温州、处州两府的道台。可见晚清二品官任道台的不止张成勋一人）。张成勋心细，懂法律，为官清正。清末预备立宪时，欲用张成勋为总检察厅厅丞兼法律馆咨议，因辛亥革命爆发，未能赴任。清宣统二年（1910），张成勋捐资在家乡汉阴涧池铺倡立两等小学堂一所。民国三十三年（1944）《重续兴安府志》有张成勋传：到安徽"抵任，适涡阳……以其地素称薪桂，每遇霖雨，阖城艰于炊，乃设官柴局，并捐廉广置滩地为民储薪。凤人号曰'张公滩'，立祠祀焉"。

笔者收藏了一本张成勋的《奏折抄存》，都是关于凤阳关税务的奏折底稿、皇帝及太后的朱批和户部的电报等手抄存根，以备自己或后任查询资料。《奏折抄存》长24厘米，宽14厘米，厚1.2厘米，宣纸红竖条格本，四眼线装，57张对折，114页。娟秀的小楷约25000字，每个字都约9毫米见方，功力精深，满纸珠玑。奏折底稿、朱批28件，电报3件。这件《奏折抄存》除具有历史价值外，还有很高的书法艺术价值。

从朱批户部一奏折中知道当时［光绪三十一年（1905）五月十六日］"安徽巡抚诚勋"、"督理凤阳关税务凤颍六泗道台张成勋"；从清光绪三十一年（1905）十月十二日奏折中知道张成勋是"花翎二品顶戴凤颍六泗道督理凤阳关税务"的官衔。

现摘录张成勋于清光绪三十一年（1905）二月二十九日的奏折，看看它的历史价值。

户部札同前由各到关奉此查原奏内开该关自光绪十九年起，至二十三、四、五、六等年份，每年收银六七万余两不等，二十七、八、九等年份均收银八万数千两，所短税银均经臣部奏明暂免著赔。今该关自光绪二十九年八月初一日起，至三十年七月底止，共征银九万二千七十两五钱九分五厘三毫，较之上届虽多收银六千四百二十一两零，而核诸原是正额盈余仍多短绌，自应划分办理所有该关本届短收税银一万五千八十九两四厘七毫。按三百六十日计算，自光绪二十九年八月初一日起，至三十年二月初二日止，计短收银七千六百二十八两三钱三分一毫五丝四忽。在奏准整顿关税以前，拟请援照历届成案免其赔缴其自三十年二月初三日起至七月底止，计短收银七千四百六十两六钱七分四厘五毫四丝六忽。应著落该关道全数赔缴十成实银以符奏案，仍遵照定例五千两以上至二万两者予限三年赴部呈缴实银，倘逾限不完，定即照例办理。……宪台缕细陈之，查凤阳关例定正额银九万一百五十九两六钱，余银一万七千两，二共应征银十万七千一百五十九两六钱。从前承平之时，长淮千里取之于商者，只有关税一项，利权归一，商人乐于输将，征此十万余金自觉绰绰有余裕，迨遭兵燹，于光绪二年始行复关，维时洋票已行，渐侵税课，厘卡林立，暗阻商情。试办数年，税务难期起色……关道职司，确务受国厚恩，蒿目时艰，敢不力图报称。无如凤关僻处偏隅，非沿江沿海各关商贾辐辏者可比。每年税课向以粮食为大宗，而年岁无常，收数靡定，已属十分可虑，矧沿淮两岸关卡相望，税厘并征，商人无利可图，往往因之裹足。加以奸商取巧日甚一日，南北杂货归于洋票者殆十之七八。比来各省又复开采矿产，创设公司，开办统捐，纷纷运货到关，均在免税之列。而各处采买官物，奏准免税者每年亦复不少。兼之芦汉铁路上年已造至河南许州，地方商人贪图便捷，将由上海镇江等处运赴豫省所销杂货及由豫省运赴镇江上海等处所销土货，向之取道淮河，应归凤关纳税者，现多改道长江，由汉口铁路转运，以致凤关固有之税层层分占，暗受亏耗，势无底止。关道适逢其会，深以税源短绌是惧，爰就各关口厘定比较，严核功过而于招徕一事，尤复无计不设，无法不施。幸而天助其缘，岁事又皆中稔，所有经征，壬寅（光绪二十八年）、癸卯（光绪二十九年）两届常税连同茶糖烟酒等税，均得征收银八万数千两，而甲辰（光绪三十年）一届所征常税连同茶糖烟酒等税，竟得征收银九万二千七十两有奇。虽核诸原额尚多短绌，而较诸以前各届实已加增不少……户部原奏，以关税原固有之利征收遵一定之额，如果认真稽征，实收实报，何至征不足额而无溢收，意在重议赔款，藉杜取巧立法至为严明，杜弊洵称扼要，然使征不足额果在吏胥之中饱，商贩之绕漏，监督稽征不力？则上干严谴自无可辞，惟凤关现在税务节经认真整顿不遗余力。复关已三十年，关道历过多任，岂尽全无天良，而税课卒未能任复原额者？其故实因利权种种旁落，人力难施，未可与承平之时相提并论也。且商人请领洋票已在海关纳税，即矿产统捐等类，以及改由铁路贩运货物，亦在起运处所完过税厘。在大部通盘筹划绌于此者，固盈于彼。若但责关道重赔，试思关道既经竭力稽征，毫无弊混，从何筹款弥补？则自爱者惟有洁身而退，不肖者又必别筹生财之方，将有不堪问者也！况复关以后征至五万九千九百余两即可邀免著赔，十二、十三两年均系如此。倘恃有免赔成案，希图取巧，则每年照此银数报解，当不致上干部诘。乃逐年均有加增，上届则征至九万二千有奇……自光绪二十二年起，初次报解之数只有一万三千余金，此项银两既非额征之数，解多解少无关考成，每年照案报解似亦未为不可，而近年则解至三万三千有奇，盖因清厘一项系解司凑偿洋款之需，但能尽力，多解一分即多济公家一分之急。天良难昧，尚不忍隐匿丝毫，何况正项税钞敢蹈征多报少之弊。此又经征关税实收实报，不敢稍有取巧之明证也。关道更有陈者，假使凤阳关税仍似从前定额之时，每年只解税课一项，此外别无解款，则因整顿关税责令照额认赔，似尚易于为力。现查凤关除税课外，每年筹解司库协济要需之款，尚有节省外销杂税，公费拨还洋息（从光绪三十一年十月十二日奏折中知是给俄、法、英、德的）银六千五百九十余两。又二十九年起，筹凑新案赔款银一万两（庚子赔款）。又上年起，认解报效归公助饷银三千两，连同清厘三万余两，统计每年解司约共银五万两，以外是正税。虽未足额，而以解款合而计之，每年已共解银十四万有奇，较诸正额盈余银数实溢解银三万数千两，其海分司每年代征盐船料税三千两上下，尚属另款存储，备凑京饷，未经并计在内。以凤关一隅之地，而解款如此之巨，实已筋疲力尽，不留余步。现如执定原额再行著赔，值此厘剔尽净之秋，无论为数多寡，委实难于措缴。再四思维，惟有仰恩……免其著赔……①

此奏折告诉我们以下几点史实：

（1）当时穷困的凤阳关辖区，一年要上交"十四万两有奇"的税，其中"赔款银一万两（笔者注：庚子赔款按当时人头计，每人白银一两，共四亿三千万两，年息四厘，分39年还清）"，发还洋息银"六千五百九十余两"、"报效归公助饷银三千两"、"连同清厘三万余两，统计每年解司共五万两以外是正税，虽未足额；而以解款合计之每年已共解银十四万两有奇"。从丧权辱国的不平等条约、给帝国主义列强的赔款和各种苛捐杂税背后，可以看到凤阳关地区民不聊生的境况。

（2）从张成勋叫苦与表功的陈述中可以知道，当时凤阳关周边地区经济发展、物流、税制、税种、税源、税收情况，以及五花八门的逃税、免税情况，也可以知道当时铁路已从武汉修到许昌，还可以知道当时"各省又复开采矿产、创设公司"，资产阶级已经存在，资本主义经济也在成长。此外，还可以知道当时中央和地方已用电报联系，铁路、电报的使用，说明有识之士在学习应用西方的先进科技文化。

（3）清光绪二年（1876），凤阳复关征税，至光绪三十一年（1905），张成勋奏折中反映出一本流水账：①光绪九年（1883），征税银四万八千十二两；②光绪十二年（1886）、光绪十三年（1887），征税银五万九千九百两以上；③光

---

① 《奏折抄存》文中没有标点，引文中的标点是作者加的，仅作参考。

绪十九年（1893）至光绪二十六年（1900），8年间每年征税银六七万两不等；④光绪二十七年（1901）至光绪二十九年（1903），3年均征收税银八万数千两；⑤光绪三十年（1904），征收税银九万二千七十两余；⑥光绪三十一年（1905），征收税银十万三千四百三十余两。由此流水账可见凤阳关地区收成之丰歉及老百姓的生活状况。

（4）从奏折中还可看到一些苛捐杂税："杂税公费六千五百九十余两，新案赔款一万两，报效归公饷银三千两，清厘三万余两。"每年凤阳关要额外多征缴以上4项，计银四万九千五百九十余两。

（5）自清光绪三十年（1904）八月初一日至光绪三十一年（1905）七月底止，"遵章加收五成茶糖税银七千五十四两七钱八厘六毫，又加收十一成烟酒税银三百九十六两二钱二分四厘四毫，又海分司运判代征盐船料税银三千一百八十九两四钱四分"。清政府腐败无能，想方设法在老百姓生活必需品上成倍征收税赋，加重对人民的压榨。

（6）从张成勋奏折中还可看到，当时清政府税收的混乱。自清光绪二年（1876）凤阳关复关征税之后，额定该关每年上缴户部银十万五千两，不管丰年和灾年都要按此数上缴。缴不足额的，地方官员要著赔。复关后三十年中没有一年足额上缴税银，有的才上缴一万两就奏准免赔。后来还出台"缴一免三"的规定，因弊端多很快废止。张成勋自己在任4年中，还以"以丰补歉"为由，自留税银三万七千十九两余："一存归台土税库平银九千一百九十七两六钱五分；一存解剩清厘库平银一万四千六十四两；一存经制赔款库平银一万一百七十五两一钱七分六厘；一存裁减银匠大耗津贴库平银三千五百八十二两七钱八分九厘三毫。"

（7）《奏折抄存》是一种乡土历史档案，可以起到补史的作用。1991年编纂的某地方志说，张成勋在"（光绪）三十年（1904），恐东窗事发，任期未满便假借为家老人修墓而卸职还乡"。此说法不准确，因为张成勋是于光绪三十二年（1906）二月任期届满，交割了手续后回乡的。

因本人不是专家，仅能发表一点粗浅的见解，希望历史学家和经济学家对这一乡土档案进一步研究。

笔者想对张成勋《奏折抄存》的书法艺术价值谈一点粗浅意见。他在安徽任职的4年中，留有一本《奏折抄存》，两万五千多字，虽是流水账，但从头至尾一笔不苟，字字为娟秀的恭楷，是工余时间信手写来的。

张成勋自幼饱读经书，临习历代名家字帖。他的小楷胎自欧阳，出入羲献，颇有"二王"的风骨。其字厚重沉稳，雍容丰美，用笔的提、按、顿、挫藏有隶书的痕迹，伸展舒缓，逸韵里涵聚着净澄、凝重，静中有动，故而劲秀俊逸，温润畅顺，焕发着秀丽典雅的书卷气息和泰然洁身的正气，给人以美的享受。笔者只是抛砖引玉，供书法艺术家进行研究。

安康历史长河中一颗灿烂的文星

——清嘉道咸年间教育家、出版家张鹏飞

我喜欢收藏古籍善本，手头有安康"来鹿堂"版的两本古书。一本是《天崇百篇》（卷四、卷五。见图6）。书高23.5厘米，宽13.2厘米；半框长18.8厘米，宽11厘米；半页9行，行25字，小字双行同。竹纸质，四眼丝线绳装订。书口燕尾上边印《天崇百篇》，燕尾处印卷数，下边印页数。集有黄淳耀、金升、陈际泰、项煜等18人的29篇文章。清道光十八年（1828）由"来鹿堂"雕版印刷的"学生课本"，是给应试士子阅读的范文集。值得一提的是，《天崇百篇》辑有明末爱国烈士黄淳耀的文章，用他"忍之须臾而已，与日月争光"的豪言，来培养学生的民族气节。这种思想也可能是清末民初旧民主主义革命的前奏。一本是《吴川楼杂字》（也叫《才子杂字》），一册三卷（见图7、图8）。书高23.4厘米，宽13.5厘米，棉麻纸质，五眼装订。半页7行，每行18字，小字双行同。书口鱼尾上方为书名，下方为卷数、篇目，下边是页数、堂号（来鹿堂），是清代乾隆年间的"富川（今广西富川县西南）吴国伦明卿川楼著"（作者字明卿，号川楼）。这是一本和《三字经》、《百家姓》、《千字文》同属一类的蒙童用书，3卷共有顺口词文128首，包含了极其广博的内容。天文地理、家庭社会、五谷六畜、草木虫鱼、历朝历代的治乱兴衰、为人处世的方法原则，应有尽有，让蒙童以识字为主，还能初步了解一些历史自然、社会生活常识等。这本书封面印有"较（即'校'）正一字无讹"，"旧板误人太甚，特逐一改正，识者察之，来鹿堂梓行"。好厉害的"来鹿堂"，口气真大，"堂主"一定是位大学问家，由此促使我去查"来鹿堂"的"掌门人"。查阅《安康县志》、《重续兴安府志》等史料后得知，"来鹿堂"雕版印书社，是张鹏飞创建的，"来鹿堂"印书馆原址，在今天安康市新城路111号。安康市有关单位对这一有重大历史意义的文化古迹应加以保护。

图6

图7

图8

张鹏飞（1783—1857），安康人，又名鹏扮、鹏翼，字扶九，号补山。少贫，食菜根度日，编蒲叶以抄书。手不释卷，以读书为乐。清嘉庆十八年（1813）拔贡，选为州判。嘉庆二十五年（1820）举孝廉方正，深得陕安道考评称赞。道光辛巳科（1821）中举，以州判职赴四川候补。清道光十七年（1837），以老人丧事丁忧回安康。他是一位笃实的教育家，因感觉陕南买书极为不便，于是就往四川成都聘请木刻雕版工匠，在那里镌刻木版，然后运回安康印刷出版。他当时觉得这也不够方便，安康遍地都是梨木、枣木等木刻雕版优质材料，何不就地进行雕版印刷？道光十七年（1837），张鹏飞创建"来鹿堂"，经营雕版印刷，开安康出版发行之先河，给陕南文化传播做出了很大贡献。

张鹏飞于清道光元年（1821）至道光十五年（1835），在临潼、褒城、安康等书院讲席。他执教"必本之经以厚其基，扩之史以宏其材，正之濂洛关闽以端其趋，游之诗骚古文以雅其情"（注：自北宋迄南宋，以理学著者，称濂洛关闽。濂溪周敦颐，洛阳程颢、程颐，关中张载，闽中朱熹）。他在家乡致力教育，举办兴贤学社，倡修关南书院、文庙、兴贤塔，恢复魁星楼，抢修水毁考院，在牛蹄岭建乡学等，由集资到落成，事必躬亲，一身百任，艰苦备尝。他还向8个书院捐赠书籍600余种，以惠士林。为解决贫寒童生膳食，他多方奔走，收回学田数百亩。在当时，张鹏飞的道德、学问备受学子敬仰。进士武庭珍、管涝、雷钟德，举人吴敦品、黄加焜、李芬等均为张鹏飞的受业弟子。在道、咸年间，张鹏飞已成为兴安府（安康）文坛之泰斗、教坛之师表、一方之名望。他去世后，门生吴敦品、武廷珍、蒋常垣等为他在万柳堤上（位于现安运司西侧）以巨石镌刻的《孝廉方正崇祀乡贤张补山夫子德政碑》（蒋常垣书丹）上撰写对联"策上治安追贾谊，教储桢干衍河汾"，这是对其生平的概括。

"来鹿堂"雕版印刷的经史子集书籍，雕版精美，印刷装订规整美观（当时流行的古籍大都是四眼装订，他们打破常规，用五眼、六眼装订）。张鹏飞自信"来鹿堂"雕版印刷的书籍可与京城各雕版堂号的书籍媲美。他于道光丁酉年（1837）秋，运书数车进京贩卖，在卢沟桥遭局丁盘查殴打，张率众还击，被拘留候审。他密拟《治平二十四策》转交皇帝。道光帝惜其才，特还举人位，不加治罪，放还乡里。"然自此，朝廷免征书籍、笔、墨税，鹏飞力也。""迨后梨园竟以打卢沟桥事，编为戏曲，亦可见当时实大快人心也。"

张鹏飞热心家乡公益事业：力促发展农桑；关注城堤和水利建设，为防水患，疏浚陈家沟，协同县令陈仅仅修千工堰，筑登春堤；开小南门，倡修小南门桥等，皆惮心力为之。清咸丰二年（1852），安康大水，老城人逃入新城，张鹏飞尽囤粟施粥，人称"张公粥"。咸丰三年（1853），张鹏飞享受"乡饮大宾"的荣誉。咸丰四年（1854），张鹏飞去世，入祀乡贤祠（在安康戟门西），属"中祀"，牌位是"清拣选知县四川候补直隶州州判孝廉方正崇祀乡贤张补山夫子德政碑"。他的学生进士武廷珍、蒋常垣给他树碑立传,碑高250厘米,宽113厘米,厚20厘米,"文革"时被砸,后被安康历史博物馆收藏。

张鹏飞著作颇丰,有《来鹿堂诗文集》、《六志·补遗》、《续边防备览》、《补皇朝经世文》8卷、《诗集》3卷、《别集》一卷、《关中水利议》等书行世。现在张鹏飞第五世孙女5人(见图9,左起张立凤、张秀琪、张秀英、张秀琴、张秀满),在安康市内居住,都是本份的普通居民,她们继承了先辈的优良品质。

从张鹏飞的道德、学问和对安康文化事业的贡献来看,他确实是清嘉道咸年间安康的教育家和出版家。他是安康历史长河中一颗灿烂的文星,永放光芒,安康人为之骄傲!

图9

从容瞻气度 峻清见精神
——跨越晚清、民国、中华人民共和国成立后三个时期的
陕南地方名人张孝慈

张孝慈（1878—1957），字紫樵，安康县人。幼聪颖过人，入私塾，饱读诗书，清光绪壬寅（1902）补行庚子、辛丑恩正并科举人。光绪癸卯（1903）科进士，内阁中书，入翰林院任编修。光绪三十一年（1905），朝廷选派留学生去日本，张孝慈入选，进日本东京法政大学学习法律。留学期间他受民主思潮的影响，加入孙中山领导的同盟会。1907年毕业后回国，不久清朝廷灭亡。这时，其同乡陈树藩以汉武将军身份督理陕西军务兼民政长（省长），张孝慈到西安，出任陈树藩督军府秘书长和省财政厅厅长。他不满军阀混战，辞职回故里安康。历任安康县财务主任、安康县参议会参议长、安康县县志局总编辑等职，并加入国民党。

安康县在陕南秦巴山区，地处偏隅，新中国成立前交通闭塞。但20世纪初，民主革命思想在这里很活跃。民国十五年（1926），张孝慈、汪更生、李振滋、刘绰然、杨星平、边仲理、刘静屏、柳子毅等与西安国民党组织取得联系后，在山西会馆（今安康市安悦街电影院）设立县党部筹备处。张孝慈在地方从政多年，在消弭战乱、旱涝灾救赈、火灾善后、调解安康回汉民族矛盾、发展文化教育事业等方面建树颇多。他信奉佛教，1937—1940年间曾与董铭竹合作编纂《感应宝箓》（8卷），石印刊行，还与董铭竹、荆忍谦合修《续安康县志》。

民国二十四年（1935）五月，省立安康中学树人楼落成，张孝慈撰文并用寸楷书丹《树人楼碑记》。此碑碣现仍珍藏在安康中学，按现镶嵌在墙内的尺寸计，宽85厘米，高55厘米，青石质。碑碣文为：

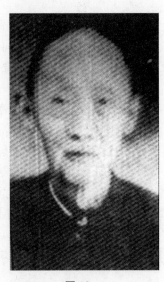

图10

古之以楼传者，如黄鹤、岳阳，经李太白、范仲淹之留题而名高千古，然究其实不过表示名胜之迹而已。他如齐云、摘星、望仙、五凤，游谳所资，无关典要。而推其命意所在，专注培植人才为国家树立百年之大业者，盖鲜此树人楼所由重也。刘君焰荣，吾陕怀璧奇士也，毕业于上海复旦大学，民国廿三年秋衔教

厅命来长安康中学,首先开设高中班。复见校址湫隘,设备简陋,思有以改进之而无其资也。会唐旅长子封、严专员祥禾、宁县长逊生、王党委禹九热心倡导,又得地方士绅顾元伯、汪更生、杨瑞周、徐博泉、聂允文诸先生之赞助。动用其中校款一千四百元,益以教厅拨款四千元,起建大楼一座。上下通广一十二间(教室),瓦甍崇墉,规制宏壮,为陕南所未有,颜曰"树人"。于以械朴造士,为国家建不朽之基。较诸记名胜,资游谳,供骚人政客所玩赏者,殆不可同日而语矣。刘君于建楼伊始,甚感各方面精神上、物质上之援助始克乐观厥成,属余一言,以纪其盛美。余既嘉刘君用意之勤而又深佩其行坚志卓、才能迈众,故能得各界之信仰。半载以来,刷新学校,添置器具,增购图书,建修宿舍,平治操场,学生则沉浸醲郁其读书之志趣。校风日益改善,不独为安康中学立百年不拔之基。俾济济名士,登光明之先路,而其将来事业发展,大有造于全民族之复兴者,尤未可限量。斯楼之工作,持其嚆矢耳,故于其落成之日,敬缀数语,以志其缘起,且使后来者有所观感云。安康张孝慈紫樵甫敬撰并书,民国廿四年五月。

张孝慈曾任安康中学督学,他在此碑文中赞扬安康中学校长刘焰荣(1934年秋至1936年底任职)向社会贤达筹款兴建树人楼及其他教学设施。此碑文证明了张孝慈对安康的教育事业的热心,同时也保留了他的书法墨迹,供后人观赏。

新中国成立前夕,张孝慈在国民党县政府会议上表示,一定要走和平起义的道路。1949年11月27日,鲁秦侠率国民党安康自卫团起义,张孝慈积极支持。解放军入城时,张孝慈和国民党县政府一些进步人士上街欢迎。新中国成立后,张孝慈任安康地区土地改革委员会副主任、安康县政协第一届副主席(1955年7月至1957年7月)、第二届副主席(1957年7月至1957年11月病故)。

《安康县志》(1989年版)选有张孝慈对联4副、诗一首,即:

一炬灰飞,浩劫难忘深夜火;六楹玉立,仙踪犹忆旧时扉。

这副对联作于1930年鲁秦侠部围安康城期间被焚的大南门外纯阳殿重建后。

四面夹攻踏平三岛,五年抗战复兴中华。
近卫内阁倒坍敌势已见穷蹙,远东战争爆发倭奴定兆灭亡。
民主大同盟歼灭侵略祸首,国家跻平等讴歌战胜年华。

以上3联作于1942年。

《自题小照》：

渐觉韶光老，萧然白发新。从容瞻气度，峻清见精神。与世毫无忤，今生却有因。留将清照在，持付后来人。

由此对联和诗句，可见张孝慈对内忧外患的情思。我手头有张孝慈的一副对联（见图11），联语为：

文以先秦前汉为则，居有三山五岳之图。

上联右上角题"敬诚仁棣法属"，下联左下落款为"紫樵张孝慈"，下钤白文印"张孝慈印"、红文印"紫樵"。

安康历史博物馆收藏了张孝慈的横批两幅，诗词一幅（见图12）：

图11

峨眉高出西极天，罗浮直与南溟连。名工绎思挥彩笔，驱山走海置眼前。满堂空翠如可扫，赤城霞气苍梧烟。洞庭潇湘意渺绵，三湘（江）七泽情洄沿。节太白粉图山水歌，丁卯冬应敬诚仁棣法属。紫樵张孝慈。

图12

下钤白文印"张孝慈印"，红文印"紫樵"。丁卯年为民国十六年（1927）。这幅书法横批是节录李白《当涂赵炎少府粉图山水歌》中第一段8句。这是为当涂县尉赵炎的厅堂壁上一幅山水画所写的诗，从诗中"名工绎思挥彩笔"可知，壁画为当时一位有名的画工所绘。全诗极力渲染壁画内容的雄奇秀丽，融入诗人的合理想象，同时赞美了赵炎的磊落襟怀，诗末还表达了诗人退身求仙的思想。这段粉图山水歌，言峨眉之山高出于西极之天，罗浮之山南与滇海而相连，此天下山水之至大者也。名公能画则细绎其心思，挥其彩笔，想象而模仿之。如驱山海置眼前，有若鬼神之斡旋乎造化，移彼而就此也。空翠满堂，浓若可扫。又若霞起赤城，烟出苍梧，洞庭潇湘之渺绵，三江七泽之洄沿，则其绎心思、运精神于丹青者，宛然而得其山水之真也。按"绎思"字就画上说，曰意、曰情；贴"绎思"说，曰驱、曰走、曰扫，皆容其画之精妙也。另一幅横批是60厘米×135厘米的行书（见图13）：

幽壑来寻物外情，石门遥指白云生。林间伐木时闻响，谷口逢僧不记名。天壁倒涵湖月晓，烟梯高接纬阶平。松堂静夜浑无寐，到枕风泉处处声。

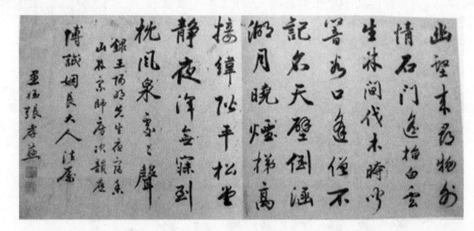

图13

落款"录王阳明先生夜宿香山林宗师房次韵，应博诚姻长大人法属，至侄张孝慈"（按旧时当地亲戚之间的称谓，"姻长"是对妻子姑父的称呼，"至侄"是对妻子的姑父自称），下钤白文印"张孝慈印"、红文印"紫樵"。平利县博物馆收藏张孝慈行书对联一副（见图14）：

魏子洛中惊蛱蝶，徐公天上石麒麟。

上联右上题款"子青仁兄法属"，下联左下落款"紫樵张孝慈"，下钤白文印"张孝慈印"、红文印"紫樵"。联语中的"魏子"与"徐公"，是南北朝历史中的两个人物。魏子，北齐

图14

史学家魏收（506—572），字伯起，小字佛助，曲阳（今河北省晋州市西）人。魏收15岁时文章就已写得相当高妙，北魏时任散骑常侍，编修国史；北齐时任中书令兼著作郎，奉诏编纂《魏书》，后累官至尚书右仆射，监修国史。魏收聪明能干，少年得志，风度翩翩，可是此人性情褊急，为人浮薄轻佻。修史本是严肃的事情，魏收却凭个人好恶行事，对有些人捧之上天，对有些人则按之入地，弄得众怨沸腾，一部《魏史》时称"秽史"，于是洛中人都称魏收为"惊蛱蝶"。徐公，南朝陈文学家徐陵（507—583），字孝穆，东海（今山东郯城人）人，梁时官东宫学士，陈时历任尚书左仆射、丹阳尹、中书监。诗歌和骈文轻靡绮艳，为当时宫体诗重要代表人物。原有集，散佚，后人辑录《徐孝穆集》，另有《玉台新咏》传世。据《陈书·徐陵传》记载：当时有位宝志上人，是有道高僧，徐陵幼小时，家人携他去见宝志和尚，宝志手摩徐陵的头顶说："天上石麒麟也。"石麒麟是帝王陵前的神兽，古人心目中的"太平之兽"，只有"圣人出王道行乃见"。

张孝慈书法所录前人诗句及典故，表现了他对当时社会的想法和感慨。

张孝慈的书法，初宗颜欧，中学米芾，晚年任自然，自立一家。他笔下的馆阁体，平和朴厚，显露书者光明磊落的人品；行书字体俊秀潇洒，飘逸流畅，吸收了李邕、赵孟頫修长、端丽的结构形式和张即之的飞动用笔，从字里行间可看出他情绪的起伏和苍凉惆怅的笔意。他的书法在陕南名重一时，求书者颇多。

张孝慈经历晚清、民国，参加过同盟会、国民党，亲身看到清廷、军阀及国民党反动派的腐败和凶残，以及日寇侵华时的烧杀、奸淫、抢掠、无恶不作。他和一些爱国文人一样，在抗日救亡中尽了自己的微薄之力。在这一过程中，他对共产党逐渐有了认识，认为只有共产党才能救中国。所以他在新中国成立前夕，在国民党军、政之间做工作，大声疾呼"要起义"、"要欢迎解放军入城"。新中国成立后，他积极参加"土改"工作，又被选入县政协，参政议政，在共产党领导下，施展才华，直至80岁卒于县政协副主席任内。

赘述，1989年版《安康县志》、2004年版《安康地区志》、2010年版《安康历代名人录》等安康史志书籍关于张孝慈的记载，都是"张紫樵，字孝慈"，而1944年成稿的《重续兴安府志》关于张孝慈的记载，中举人、中进士以及选录他的诗歌、对联等用名都是"张孝慈"。朝廷金榜上进士题名，肯定是他的名而不是他的字。而他个人书法落款也都是"紫樵张孝慈"。古人书画落款习惯大都是字在前，名在后；古代对人当面只称字，不叫名，表示尊重。因此，我们对张孝慈的正确记载，应是"张孝慈，字紫樵"。

陈树藩与和珅的淑春园、燕京大学校长司徒雷登的瓜葛

我居住的安康市汉滨区，有一个王彪店村，村里出过一个历史名人叫陈树藩（见图15）。我曾收藏过陈树藩所书的一块填金牌匾——《建福延釐》（见图16）。我对这名民国初年的陕西军阀有一些初步研究，在本地乡亲及文史界也听到对陈树藩的各种议论。我今天想从另一个角度，从陈树藩与和珅的淑春园、燕京大学校长司徒雷登①（见图17）的瓜葛看看这名军政大员的另一面。不妥之处，还望方家指正。

图15

图16

图17

在1916年6月6日，当了83天皇帝的袁世凯终于在举国上下的唾骂声中死去。黎元洪出任民国大总统，段祺瑞任国务总理。6月10日，段祺瑞发出命令，委任陈树藩为将军府汉武将军；7月，正式任命陈树藩为陕西督军（省长）；1916年底任命陈树藩为陕西护国军总司令。自此，陈树藩投靠段祺瑞，成为北洋军阀皖系军阀的得力干将，成为手握一方军、政大权的"诸侯"。

陈树藩在陕西当政期间，为了增强实力，扩充军队，打击靖国军，保住督军的地位，决定在陕西大种鸦片以征钱款。1918年春开始，陈树藩通过各县县长明令农民公开种烟，强令各县按耕地面积的50%交纳烟款。开放烟禁后，陈树

---

① 司徒雷登（John Leighton Stuart，1876—1962），美国基督教长老会传教士、外交官、教育家。1876年6月生于杭州，父母均为美国在华传教士。1904年开始在中国传教，曾参加建立杭州育英书院（即后来的之江大学）。1906年，司徒雷登的独生子杰克也在杭州出生。1908年，应南京金陵神学院聘请，司徒雷登携妻儿离杭赴任。1919年起任燕京大学校长、校务长。1946年任美国驻华大使，1949年8月离开中国。1962年9月19日逝于美国华盛顿。

藩从中捞到了巨额款项，但给陕西人民带来的痛苦和损失则无法估算。陕西的粮田逐年减少，从产粮区变成缺粮区，陕西吸食鸦片烟的人数达两三成，造成了极大的危害，搞得民不聊生，怨声载道。

时过境迁，今天我们对历史人物可以客观地用两分法来看，在当时的历史环境下，虽然陈树藩做了一些祸国殃民的事，但政绩也是有的。

（1）陈树藩于1918年开办的私立成德中学，校址位于莲湖路东段，是当时教学质量、教学环境最好的中学之一。由于学校经费比较充裕，学生不用交学杂费和伙食费，条件相当优越，当时能够在成德中学教书或是读书都不是一件容易的事。成德中学培养了不少出类拔萃的学生，像屈武①（当年西安的学生领袖，后去苏联留学，曾任全国政协副主席，见图18）、著名的教育家和政治家杨明轩（见图18）、董汝诚（曾留学苏联，西北农学院教授）、耿炳光（地下党负责人，新中国成立后任宁夏师范学院副院长）、王子明、陈俞廷、易秉坤等，还有先当学生后做教师的田克恭。陈树藩在新中国成立后任省外事部门领导，离休后呕心沥血写出了皇皇巨著《西安的街巷》一书，留下了无比珍贵的历史资料。1927年成德中学改为公办"省立中山中学校"，1934年改为"省立西安第二中学校"，1956年迁往陕西师范大学内，成为陕西师范大学附属中学。

图18

（2）陈树藩是个孝子，他在北京西郊海淀区买了一个园子。这个园子是明代米万钟创建的勺园，清初收为清廷所有，称为淑春园，也叫十笏园。后来，清乾

---

① 20世纪中国著名的教育家和政治家杨明轩（1891—1967）和杰出的政治活动家屈武（1898—1992）都是五四运动时期中国青年的杰出代表。屈武是陕西师范大学附属中学前身私立成德中学杰出的学生领袖。1931—1933年，杨明轩在陕西师范大学附属中学前身陕西省立中山中学校任教务主任。

隆皇帝把淑春园赏给宠臣和珅。凭借雄厚的财力，和珅把淑春园装扮成京城屈指可数的私人园林。和珅被清嘉庆皇帝问罪赐死后，淑春园属内务府管辖。后来，清道光皇帝又把淑春园赏给了多尔衮的后人睿亲王仁寿。因此，淑春园又被称为睿王园。1860年，英法联军火烧圆明园，殃及与之毗邻的睿王园，昔日冠绝京华的园林被破坏殆尽，只留下山形水系和石舫基座。陈树藩以20万银圆从睿亲王后人德七手中买下这处颓败的园林旧址，改名为"肄勤农园"，准备修建别墅和家庙，以供其父安享晚年。

1920年乍暖还寒的季节，受任燕京大学①校长的美国牧师司徒雷登来到十三朝古都西安。他此行的目的是想用20万大洋买下陕西督军陈树藩在北平购置的肄勤农园，作为燕京大学将要扩建的校舍。司徒雷登来到西安，找到在西安中学任校长的牧师董健吾。董牧师慨然允诺，充当说客，前往督军府游说，不料陈督军以此园的"留让之权，全在老父"为由，没有同意。首吃闭门羹，司徒雷登毫不气馁，他得知董健吾与水利专家李仪祉之父李桐轩、陈树藩之父陈声德都是秦腔票友，就怂恿董健吾找李桐轩与陈父面谈。酒过三巡之时，李桐轩问陈父："柏生（陈树藩的字）为你在北平置购的花园别墅现在谁在享用？"陈父说："我不去住，柏生不去住，只是雇了几个园丁，打扫清洁，保护树木，费用倒不少，不如卖掉它，倒去掉我一桩心事。"李桐轩说："正好燕京大学校长最近来到西安，要与勺园的主人见面，你能否把勺园转让给燕大做校址，这也是利国利民的百年善事。"陈氏并非草莽之人，对百年树人的教育自然看重，当面表态："这事可与柏生商量，至于价格嘛，二十万大洋加中间代笔及两年的园子保养费，合起来近三十万银圆。"董健吾一听有门，待到便宴结束，就直奔司徒雷登的下榻处。司徒一听，大喜望外地说："我已从美国募到一笔巨款，除付园价外，还可修建几幢华丽的校舍和教授住宅。不怕卖方开价高，就怕不卖。"当天晚上，董健吾与司徒雷登如约来到西大街的督军府，宾主相见，略事寒暄，然后入席就座，李桐轩老先生与陈树藩出资兴建的成德中学校长董雨陆也应邀到席。陈树藩致辞欢迎，司徒也致了答谢辞。这时，陈父出来了，众人纷纷起立以示尊重。接着，陈树藩开始发言。他说："我购置勺园，是为家父晚年退休养老之用，绝无

---

① 燕京大学：1916年美国美以美会、公理会、美北长老会、英国伦敦会将3所教会学校合并，初名北京大学，司徒雷登任校长。1921年在北京西郊得陈树藩赠送的勺园，聘建筑设计师墨菲进行总体规划，建造成为近代中国规模最大、质量最高、环境最优美的一所校园，1926年正式迁址。太平洋战争爆发后，日军封闭学校。1942年四川省成都市办起燕京大学临时学校，孔祥熙任校长，梅贻宝任代理校长。1945年学校在北平原址复校开课。1946年成都临时学校师生发回，开办工学院。1952年高等院校院系调整，学校民族学系、社会学系、语文系（民族语文系）、历史系并入中央民族学院（今中央民族大学），法学院并入北京政法学院（今中国政法大学），经济学系并入中央财经学院（今中央财经大学），工科并入清华大学，文、理科并入北京大学，北京大学迁至原燕京大学校园"燕园"。

出让之意，也无谋利之图，有朋友劝我价让燕大，这是违反我聊尽孝道的初衷，我是坚决不肯的，毫无商量的余地……"说到这里停顿了一下，司徒雷登听到此，心里咯噔凉了，与董牧师对视了一下，不知所措，还得硬着头皮听陈树藩继续讲下去："我遵循家父宏愿，不是卖给燕大，而是送给燕大。"司徒雷登听了，岂止是高兴，那简直是激动得要落泪。经过协商，陈树藩答应将勺园以6万大洋的低价转让给燕大，其中两万元作为基金资助寒苦学生。岂料陈树藩话锋一转，又说："不过，我要求司徒博士答应我三个条件：一是在燕大立碑纪念捐献勺园的家父；二是承认我在西安创办的成德中学为燕大的附属中学；三是成德中学有权每年保送50名毕业生到燕大上学，一律享受免费待遇。"此时，司徒雷登心里非常高兴，马上站起来，向陈氏父子和到席的诸位行了漂亮的西方旋转式鞠躬礼。他致辞答谢："尊贵的督军和尊翁慷慨之举，不仅值得我在中国广为赞扬，而且也值得我回到美国广为宣传。督军和尊翁将可爱的勺园赐给燕大为校址，此举意义极大，一来纪念了尊翁，二来提高了成德中学之地位，三是使寒苦学生有得以深造的机会，四是促进了燕大的发展。中国古圣有云'为善最乐'，今天督军与尊翁所行之善举，一举而有四得，其乐无穷，其乐无穷啊！"司徒的答谢恰到好处，听得陈氏父子心花怒放，众人亦是赞语迭出。

司徒雷登校长从陈树藩手中得到勺园后，将其建成了一座中西合璧的园林式校园——燕园。燕南园因位于燕园的南部而得名，是燕园建成初期燕大专门为教师打造的住宅区，占地48亩，按照当时燕大所有中外教师住宅的编号顺序，燕南园的住宅被定为51号到66号（后来增加了50号）。燕京大学是有名的"高薪养师"学府，为教授、学者们提供了一流的条件，燕南园的建设可谓不惜工本。与教学区和办公区飞檐斗拱的中国传统建筑风格不同，燕南园取的是美国城郊庭院别墅的模式，除泥石砖瓦取自当地，其他建材多由国外运来。门扇窗框用的是上好的红松，精美的门把手全由黄铜制成，房间里铺设打蜡地板，屋角有典雅的壁炉，卫生间里冷、热水分路供应，每座住宅还有独立的锅炉房以供冬季取暖，家家门前屋后有一个宽敞的庭院，花草繁茂。66号是吴文藻与冰心的新房，56号是力学泰斗周培源的"周家花园"，63号院新中国第一任北大校长、经济学家马寅初曾居住过，57号是冯友兰与宗璞的"三松堂"。

（3）1926年10月，直奉战争期间，张作霖盘踞北京，大肆逮捕共产党人，北京"三眼井"陕西革命学生地下组织遭破坏，杨晓初等二十余名学生被捕。陈树藩知晓后，认为他虽然不赞成这些学生的作为，但作为陕西的最高领导者，却不能袖手旁观，坐视不管，便多方奔走，策划营救，最后利用和直系将领杨宇霆的私人关系，将这些学生全部保释出狱。

（4）蒋介石执政以后，陈树藩闭门不出，研究佛学，绝意于官场，不与政界来往。日本侵略军占领华北以后,派人请陈树藩出来任职,他坚决不愿当汉奸,只身徒步与难民一起逃往成都。蒋介石得讯派人聘请其为军事参议院参议,并送法币 200 元。陈树藩留钱退聘,婉谢不受职。嗣后隐居峨眉山,在致友人的信中写道:"峨眉自囚,忏悔罪孽,佛前祈祷,为众生消灾化劫。"抗日战争胜利后,陈移居杭州。蒋介石发动内战,他曾上书规劝。1949 年春,国共两党再次和谈时,陈树藩希望谈判成功,以消弭战争。

《建修仙峰书院碑记》及紫阳县"官员薪俸单"表明清代重视偏远山区教育

我手头有清代道光年间《紫阳县志》,其卷六《艺文志·仙峰书院碑记》,原碑是邑令张志超撰文并书丹,清乾隆四十五年(1780)立石,此碑已湮没。现据《紫阳县志》抄录碑文如下:

从来文教之奋兴必由士类之聚处,昔贤所谓以文会友,以友辅仁也。顾士子之聚处如百工之居肆。所以书院之设,历府郡县皆然,何独于紫阳而无之。紫阳在万山之中,士子每散处穷谷深溪,家自为师,人自为学,少所见闻。即附近城市者,不过数人,欲其朝夕聚处,切磋琢磨,已戛戛乎难之矣。而又且无居业之地,乏延师之资,此文风较他邑之兴起为尤难也。方今圣天子文教覃敷,作人雅化,遍洽山陬。紫阳一区山水秀奥,生其间者不乏聪明俊伟,十室之邑必有忠信,不其然乎。庚寅(1770)岁,余宰是邦,亟招左近好学者,按月课试以鼓其志,复捐修金延教习以训蒙。而设书院之举,有志未逮。庚子(1780)岁,始得度地而经理焉。既建正房六间,大门一座。又捐廉置买龚大绪田租一分,价银一百零五两,坐落长滩沟、双岔河、桐叶坝、枣树碥各处计种三斗粮五合,每年收市斗稻谷一十石,永作膏火之资。落成详明上宪,名之曰"仙峰书院"。盖欲士子深造自得有所成就,不啻登瀛洲,陟蓬莱,而非徒记紫阳真人之旧踪也。今夫凿石而未获玉,功力之薄也;寻蹊而未成路,步趋之微也。余不过介然用之于前,敢矜言创始哉。倘由此而砥砺其璞,开辟其径,俾多士如玉润山辉,采诸清庙明堂,直与丰镐名人并驾齐驱者,是又重赖于后之君子云。

从此碑文可见这位县令非常重视教育,千方百计设法创建"仙峰书院",延师、置学田,给穷乡僻壤的学子提供较好的学习条件,为国家培养人才,借以改变本县落后面貌。据清道光年间《紫阳县志》载:张志超,云南白盐井人,乾隆三十五年(1770)以举人任紫阳县知县。"明能烛奸,强足任事,在紫阳多善政,以卓异升去",民留之不能得,乃为立德政碑载善政有:"其一,清查保甲以靖盗源也。远人新来必令牌甲查明出结,编入烟户。若单丁无业,尤取房主认保,听其佣工。访有游手唆讼者,即惩责递回原籍,民少讼焉。其二,虚衷听断不存成见也。新户旧民视如一体,倘两造构讼,务使新民不得舞文乱法欺压土著,借开山之功本,强占人田,更令旧民相让相容,是以近悦远来焉。其三,则速拿匪类,不分畛域也。山深林密,时有川省啯噜会同棍徒出没不测。一有风闻,即多遣干役或亲自督拿,常就获,是以盗贼敛迹,民得安堵焉。其四,惩刁顽以安良善也。流寓之民率多黠猾，或借旧病以赖仇，或中伤痕以鸣冤，恃尸亲以讹诈，控虚词以耸闻。公片言折之，莫不畏服焉。其五，严束书役以肃官箴也。民间词讼当堂亲接批准，次日发差唤讯，定以路程，限以时日，随到随审，不使稽留。凡审毕时，即原被两造有无原差书役勒索银钱，务令当堂首出，有则追还责革，无即销票开释，除命盗赌博案件外，不许衙役擅带铁绳私行拴锁。事不烦而民不扰焉。其六，稽查，行舟以重救生也。汉江滩多水险，额设救生水手，公时捐修船只，按季早发工食，令其认真救人。又恐沿江小舟潜匿匪犯，常令巡役实力盘诘，商旅未闻失事焉。其七，因地因时设学课士也。紫阳民多力农，就学者寡，数年前童子不满三十人，公到任后，勤勤培植，人文渐盛，每月朔望宣讲上谕，次日即传集生童入衙会文，亲定甲乙，其仙峰书院及膏火田亩，系公捐资创建。他如茸城修学，建兴古迹，敬老怜贫，百废俱振，父母斯民实有不可殚述者焉。"清乾隆四十六年（1781）举行计典，公膺卓异入觐天颜。张志超工古文词，能诗，地方凡名胜之地皆有题咏，著有《紫阳县赋》、《瓮山仙迹记》等文传世。

安康市古玩爱好者罗先余收藏了一册清代咸丰至同治年间紫阳县衙人员的俸银资料（见图19、图20、图21）。该资料为手抄本，白绵纸质，长宽各20厘米，共13张25页，正反两面书写，两页合订处中缝均加盖紫阳县印，县印为6.8厘米×6.8厘米，篆书"紫阳县印"为满汉文对照。该俸银资料记录着从知县到轿伞扇夫的"年工资"。整个资料除封皮脱落，其余页面完好，字迹清晰。在资料中详细记载了清咸丰十一年（1861）至同治三年（1864）共4年间紫阳县在县衙领取俸银、工食银的相关情况。其中咸丰十一年（1861）资料表明，计有县衙各类人员105人领取俸银、工食银，年总需银两为833两1钱8分（同治元年至同治三年人员及银两收支情况略有变化）。其中县衙共72人，知县本人年俸银20两4钱2分6厘。另有儒学（管教育官吏）方面，共9人。训导（管教育官员）本人年俸银40两；斋夫（教师）3名，每名年领10两；廪生（享有津贴的学生）2名，每名年补助3两4钱；禀膳15名，每名年领3两3钱8分。

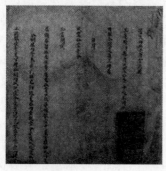

图19　　　　　　　　　　图20

这本《县官员薪俸单》特别让人惊讶的记录是：知县本人年俸银20两4钱2分6厘，而训导（管教育官员）本人年俸银40两，是县太爷年俸银（20两）的两倍。

据民国三十三年（1944）鲁长卿编纂的《重续兴安府志·官职》（兴安府，即今安康市）载，清咸丰九年（1859）至同治三年（1864），在紫阳任知县的是："彭瑞麟，四川监生（咸丰九年）；吕生律，山西拔贡（咸丰十一年）；袁诗熙，江西副贡（咸丰十一年）；孔广晋，浙江监生（同治三年）。"这期间紫阳县的县学训导是："王育秀，眉县举人；张大钧，澄县举人。"这样看来，当时清政府可以任命监生、贡生、副贡做知县，而训导大多

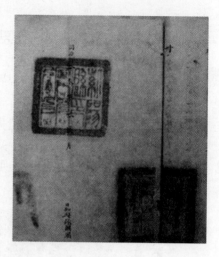

图21

是举人。按级别，知县是正七品，县学训导是从八品，知县比县学训导高两级。从学历讲，举人比监生、贡生高（清代也有不少进士任知县的，另当别论）。科举时代，挑选府、州、县生员（秀才）中成绩或资格优异者，升入京师的国子监读书，称为贡生（清代，国子监的学生称监生和贡生。监生有恩监、荫监、优监、例监）。清代有恩贡、拔贡、副贡、岁贡、优贡和例贡。做了监生、贡生以后，理论上可以当官了。清代，举人为乡试考中者的专称，考取第一名的考生又称为"解元"。考中举人，就可以参加全国性考试（有可能参加殿试，钦点进士），即便是会试未能取中，也具备了做官的资格。

清代府、州、县学训导都是选拔的饱学之士，其"工资"为知县的两倍，这也是国家重视教育的一个方面。

清代"民人"刘洪春捐资兴学碑被发现

在安康市汉滨区新城办木竹桥村9号(东药王殿梁)院内发现一通"民人"刘洪春捐入兴贤学社田地房屋自记碑,碑为圭首,青石质,碑身通高1.73米、宽0.96米、厚0.135米(碑座遗失)。碑阳面原禀批示,阴刻楷书;碑阴面刻绘有文约及所捐房地产位置略图。关于石碑来历,据户主说是在20世纪80年代末,清理安师附小建筑垃圾时,见有旧石碑,取回作为地窖盖使用(见图22、图23)。

图22

图23

因此碑一百多年来,命运多舛,正面阴刻文字不少被污垢覆盖,还有几处磕碰,使一些碑文漶灭,故在未清理前很难译出全文,但现在仍可读出碑文大意。第一行为:"民人刘洪春捐入兴贤学舍田地房屋自记一碑,碑阳原禀批示,碑阴文约绘图。"第二行为:"具禀,小的刘洪春年六十八岁,住本城丕树村……安康民籍……"从零星可辨认的碑文知道,刘洪春原配妻子病故,"立成形影相吊","复续妻胡氏",都没留下后代。"于光绪二年"开始,以业石灰窑致富。先后"捐过西义渡、中义渡"(汉江上的免费船渡),以利行人和商贾往来渡江。碑文一一写明刘洪春自己的地产、房产所在位置:"田地一契,地名簦叶沟,水田二十一亩","药王殿梁坡地十二坵(一坵即一块地),折水浇地……","买蒋来玺(房)基一块,均有契","药王殿梁地上新盖砖精瓦房三间,捐入学舍"，"小的久有助捐资产（给）学舍以助膏火，而振文风……所具捐禀，出自情愿，并无劝捐勒令……光绪十二年正月初十奉安康县正堂焦（云龙）大老爷批核，耆民愿将自置家产捐入兴贤学舍。舍斋长查明，复甄酌请（奖），以示鼓励。"末行署纪年："大清光绪十二年岁次丙戌三月吉日。"安康土地，向全无亩分，民间买卖契约，有以稞、石计数。旧时贫苦农民租地种，地租一般是五五计，即平常年份水田一石稞约可收谷400斤（一石等于10斗，一斗40斤），农民自留200斤，交给地主人200斤，故一石稞相当一亩；如是贫瘠的坡地（或旱田）一石稞，相当两亩或三亩不等。

清康熙五十二年（1713），诏令州、县兴办义学。康熙年间，安康有4所义学，分布在老城内、西关、东关和秦郊镇（今五里神仙街），以兴安知州王希舜创设的东关朝阳阁义学较早。义学是由官绅私人捐资，照顾贫寒子弟的免费学校。兴贤学舍即东关义学，在教学上无学制年限，又无教学计划和具体要求，学生混合一堂，年龄参差，程度不一，学童启蒙以读诵为主。教学内容一般按顺序读《三字经》、《百家姓》、《千字文》、《论语》、《孟子》、《大学》、《中庸》、《诗经》、《易经》、《礼记》、《左氏春秋》、《纲鉴易知录》等。清光绪三十二年（1906），废科举制，兴贤学舍改为高等小学堂，即现在的安师附小前身。"膏火"，即学舍学生的伙食费。"斋长"，即学舍类似的"校长"。刘洪春自称"民人"、"小的"，即平民百姓。

安康名儒鲁长卿"历二十寒暑，至1944年3月成稿"的《重续兴安府志·孝义》中给安康平民刘洪春立传，对一介平民将自家田地、房产"捐入兴贤学舍以助膏火，而振文风"的作为给予肯定和赞扬，显示当时安康最基层民众重学兴教的风气已有丰厚的土壤。"民人"刘洪春捐资的兴学义举，被当时的官府重视，也受到文化界的赞扬，并被载入史册。

鲁长卿给刘洪春作的传曰：

刘洪春，安康县人。生而贫寒，未得从事诗书。第天资明敏，以业石灰窑致富。凡地方善举，如中（津）、西（津）套湾各义渡，皆捐助巨资，不少吝惜。盖好善乐施，天性然也。尝以幼失学为憾，小康后，蓄意资助寒士，而于邑中名士柳元杰、陈行智等辈，皆事之惟谨，以故门前时停长者之车。晚年无子，曾托人往郧西原籍，访求近支不可得，爰决意举所有捐助学校，作士子膏火之用。时有人劝立异姓子为后，或捐庙宇以饭僧道，洪春皆拒之，其伟识卓见实加人一等矣。光绪十一年（1885）冬，具禀县署，略谓：年老无子，愿意置明水旱稞四十余石，乐输于兴贤学舍，作士子膏火之用，不希奖励云云。时知安康县事焦云龙得知。捐资兴学义举，乃出于未尝学问之人。见禀词恳切，又惊又喜，褒勉有加。值邑中士民亦以洪春申明大义，乐善不倦，呈请奖励，焦公遂为之申详各大府上奏，饬准于通衢建牌坊旌表义士。光绪十二年（1886）卒，寿六十九岁。葬东药王殿西。每岁仲春，学舍斋长率在舍肄业生童赴茔致祭。现学舍改为高等小学校，由学校教职员率学生合祭，仪如曩时。

刘洪春碑文中所记"奉安康县正堂焦大老爷批核"和鲁长卿《重续兴安府志·孝义》中给安康平民刘洪春立传中的焦知县为焦云龙。《重续兴安府志·名宦》中有：

焦云龙，字雨田，山东济南府长山县人。同治十二年（1873）举人，同治十三年（1874）联捷成进士（赐同进士出身第三甲第171名《清朝进士题名录》），以知县分陕西。光绪十二年（1886）任安康县知县。性刚爽慈厚，尤拳拳加意学校，整顿书院，亲加课士。又以安康回民尚武者多，创修演武厅，于课士之暇，复设立武课，月试武生童，剖自己薪俸奖励优异，故安康武风为之一振。迨后光绪十四年（1888）至十七年（1891）间共中文举人6名、武举人14名。会试成文进士3人（阮继善、田宝蓉、雷宝荃），武进士3人［史永祺（钦点花翎二等侍卫）、罗帮彦、朱光辉］。焦云龙后升任陕西潼关厅同知。

建议有关单位设法把刘洪春捐资兴学碑从农户家征集过来，立在新修复的安康文庙院内。据文献记载，安康县从元代至清代，有15通有关文庙创建、重修及官绅捐资兴学碑，现都不知去向。这通清代"民人"刘洪春捐资兴学碑如立在文庙内，可为之增添不少光彩，使后人有所启发。

后 记

我退休后，在安康古玩市场淘到一本张成勋的《奏折抄存》，都是关于凤阳关税务的奏折底稿、皇帝及太后的朱批和户部的电报等手抄存根，以备自己或后任查询资料。娟秀的小楷约25000字，每个字都约9毫米见方，功力精深，满纸珠玑。奏折底稿、朱批28件，电报3件。经查《汉阴县志》，才知张成勋（1848—1912），字麟阁，号云门通，陕西汉阴人。张成勋是清同治十二年（1873）举人，清光绪三年（1877）进士，留京任刑部主事、四川司正主稿、中宪大夫（正四品）、总办秋审，掌生杀大权。他在京任职11年，光绪二十二年（1896）调任川北兵备道台，后又以二品顶戴花翎官衔任凤（阳）、颖（上）、六（安）、泗（县）道台兼督理凤阳关税务。同时，从旧本《汉阴县志》中我惊讶地发现，清嘉庆二十三年（1818）全县有18900户，121660人；民国三十七年（1948）《汉阴县志》记载，全县有21612户，112184人。就是这个人口不多、以农业为主的偏远山区小穷县里，仅在明、清两朝就出过王应泰、茹金、温予巽、胡印远、谢化南、张成勋等21名进士，占总人口的0.18‰；出过齐伦、温训、蒋顺常等58名举人和33名副榜武举，占总人口的0.74‰；还有明代贡生120名、清代贡生211名，占总人口的2.88‰。我还发现明清在此任知县或通判的大多是进士、举人等社会精英和饱学之士，这些人不但把经济、文化发达地区的行政管理经验带进了汉阴，更重要的是，他们重视教育，把各地好的教育经验也带来了，并且重修文庙，尊崇孔子，设学田，扶助贫困学子。这时乡贤和较富裕的农户也热心助学。以他们为主，民间建立了稳固的奖学金董事会。汉阴民间逐渐形成了淳朴、刻苦向学的浓厚氛围。

后来我又找到一些有关古代安康地区教育的资料，引起我编写一部《安康古代教育史略》的想法。这个想法曾得到作家巫其祥、李大斌、刘继鹏和安康市教学研究室蒲耀才副主任的大力帮助。通过年静、沙忠平、王典根、郭斌、王长林、向忠菊、柯昌平等同志，我收集到有关安康古代教育方面的碑版及拓片。此外，我还参考了《兴安州志》，《重续兴安府志》，《安康县志》（咸丰三年郑谦撰），谈俊琪主编（执行副主编张会鉴）的《安康文化概览》，李启良、李厚之、张会鉴、杨克搜集整理的《安康碑版钩沉》，《清朝进士题名录》，李厚之、张会鉴、郑继猛纂辑的《安康历代名人录》等史料。还有小白兔口腔医疗集团资助了此书的出版费，曹晓琳、李静、刘杨协助完成了本书的打字工作。在此，对帮助我们完成此书编写和出版的同志表示感谢。由于我们手中的材料贫乏，此书内容有限，可以说是挂一漏万，只能作为某方面查阅和研究的参考。其中的差错及不足之处，望读者批评指正。

刘勇先

2014 年 7 月 5 日